Baby·Daddy·Mommy·Family·Love...

Baby·Daddy·Mommy·Family·Love...

幸福摇篮系列

胎教早教益智游戏同步百科

中国早教网◎编著

中国人口出版社

第1篇 胎教·早教——奠定宝宝一生发展的基础

第2篇 胎儿期——让宝宝赢在起跑线上

第3篇 0~1岁——宝宝IQ、EQ开发与培养

第1篇

胎教·早教

——奠定宝宝一生发展的基础

科学的胎教和早教犹如催化剂，能够在很大程度上促进宝宝的智力发育，并挖掘宝宝在各个方面的潜能，还能培养宝宝在生活、社交等方面的良好素养，从而提高宝宝的综合素质，为宝宝一生的成功添砖加瓦。

胎教，让宝宝聪明又健康

什么是胎教

狭义的胎教

也称“直接胎教”。是指利用条件反射原理，在胎宝宝发育成长的每个阶段，都科学地给予一定的外界刺激。比如，和胎宝宝对话、适度地拍抚、放轻音乐、把胎宝宝置于明亮的环境中等等，这样有效地给胎宝宝提供味觉、触觉、听觉、视觉等方面的刺激，不但能够促进其大脑细胞的发育，使其神经系统和各个器官的功能得到最大限度的训练，还能最大程度地发掘胎宝宝的智力。

广义的胎教

也称“间接胎教”。主要是指为了顺利产出健康宝宝，对孕妈妈的营养补给和精神状况等方面多加关注。为了保证胎宝宝身心健康和正常发育，孕妈妈应该在饮食、起居、生活习惯、精神情绪等方面注意什么，都是广义胎教的研究内容。

胎教的缘起和发展

胎教是一门实用科学，是胎和教彼此结合的学问。“胎教”一词源于古代的中国，当时认为，孕妈妈必须保持良好的情绪和优雅的举止，因为母体中的胎宝宝能够间接地受到这些影响。

随着科学和时代的发展，自20世纪80年代起，胎教越来越引起人们的关注。科学研究表明，胎宝宝大约在6个月时，脑细胞的数量就已经接近成人，对来自母体内外的刺激会做出相应反应。随着他们感觉器官发育的渐渐完善，胎宝宝对母体的种种反应也会愈来愈强。也有科学表明，在接受正确的胎教指导和教育以及受过专门训练的孕妈妈所生的宝宝中，智力超出一般宝宝智力水平的比例高达70%～80%。

现在，许多国家相继成立了很多胎教研究中心等相关机构。美国一位医学人士有声有色地办起了“胎儿大学”，其中设有音乐、数学、语文、形体等课程。

把握好胎教时间很重要

胎教应从孕前3个月开始

从广义上来说，胎教应该从择偶时就开始。择偶时就应该为自己的下一代着想，尽量选择那些形象、教养、性格气质、思想品德、健康状况等都比较好的对象，因为父母往往在各个方面都对子女有着非常深刻的影响。从狭义上来说，胎教应该从孕前3个月开始。

妊娠是精子和卵子的结合，新生命在此刻宣告开始。而精子和卵子的发育和成熟在此之前就已经开始。科学研究显示，精子从精细胞分裂、形成到成熟大概需要90天，那么，要使得精子质量最佳，孕育出健康的后代，胎教必须在孕前的3个月时开始。母亲子宫内的温度、压力决定着胎宝宝生长的环境，良好的环境也需要提前创造。

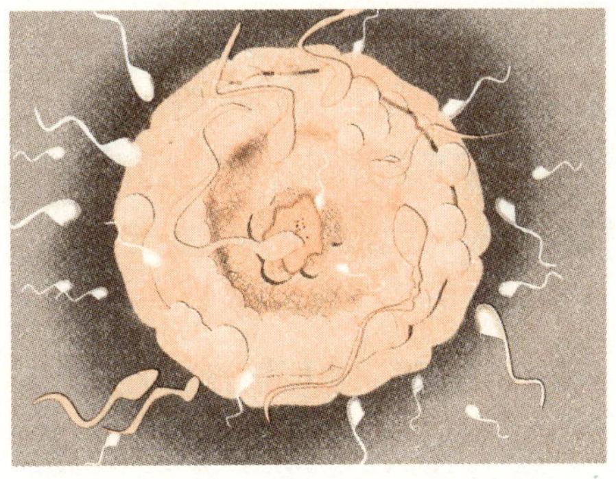

妊娠是精子与卵子的结合。

依据胎宝宝的发育情况实施不同的胎教

科学研究结果表明，胎宝宝发育到第4周时，就已经建立了神经系统；第8～11周时，胎宝宝有了触觉反应，这时可以通过轻轻拍打、抚摸母体腹部来促进胎宝宝感知系统的发育；第12～15周胎宝宝已有了自己的情感，能够同时感受妈妈的喜、怒、哀、乐等情感；第16～19周时，胎宝宝的听力形成，此时他能听到妈妈唱歌的声音和爸爸对他的低声细语，也能听到妈妈心跳和血液流动的声音；第20周时，胎宝宝有了视觉感知，能对外界的光线做出反应，并能对自己喜恶的光线做出选择。胎宝宝的大脑在妊娠9个月时就已经具备了140亿个细胞，这是一生中所需的全部脑细胞数量，其后的任务则是如何提高脑细胞的质量。因此，父母在胎儿期就实施合理且科学的胎教显得尤为重要。

科学地进行胎教

树立科学的胎教观念

准爸妈必须认识到，胎教不是万能的。并不是受到良好胎教的宝宝就会成为小神童、小天才。因为宝宝的智力还会受到遗传因素、环境因素以及个人意志、兴趣、毅力等非智力因素的影响。受过胎教的宝宝有可能智力超群，也有可能智力一般，但可以肯定的是，胎教有利于宝宝在智力、性格、能力等方面的发育，这些都有利于促进宝宝今后人生道路的发展。胎教是人生教育的第一堂课，它的有无在宝宝生长的初期可能差别不明显，但到后期差别就会越来越大，这就像运动员进行中长跑一样。

我们不能苛求每个宝宝都是神童，况且影响胎教成功的因素还有很多。对此，应该从个人和家庭的实际情况出发，“不能尽如人意，但求无愧于心”。只要父母在胎教方面努力了，就可以毫不愧疚地面对宝宝出生后的情况。同时，如果加强对宝宝后天的继续教育，也能培养出优秀的人才。

胎教应从多方面进行

日常生活方面

- 孕妈妈的衣物要洁净、宽松，最好采用全棉质的。衣服太紧会影响骨盆的血流，胎宝宝的成长发育就会因此受到影响。同时，孕妈妈的鞋子要以舒适合脚的坡跟鞋为主，不能因为爱美而穿高跟鞋，否则会造成危险。
- 孕妈妈要常洗澡，保持身体清洁，避免感染疾病。同时要定期检查身体，若发现不适，尽快治疗。
- 孕妈妈要保持足够的睡眠，不能过度劳累；要适当地进行运动，如散步。这样既可以保持身体健康又有利于顺产。
- 孕妈妈要时常保持平和的心态，切忌过度焦虑、悲伤、愤怒以及过度用脑。同时，孕妈妈的生活环境要舒适、干净，因为居住环境嘈杂、脏乱同样会影响孕妈妈的心情，进而影响胎宝宝的发育。

胎教常识方面

◆ 语言胎教法

- 孕妈妈可以在固定的时间和胎宝宝对话，也可以尽早给胎宝宝起名字，经常呼唤胎宝宝的名字。准爸妈在同胎宝宝说话时要充满爱意，轻声细语。
- 教胎宝宝些简单的词语，诸如一些水果的名称和字母，读音的同时说出它们的形状、颜色、气味等。
- 孕妈妈可以在别人的陪同下出去郊游，告诉胎宝宝大自然中的风景，如山、水、花、鸟、鱼、虫等，有声有色地描绘它们的特点，让胎宝宝有一个整体上的认识。

◆ 音乐胎教法

音乐对胎宝宝的智力开发有特殊作用，被誉为胎宝宝的“特殊营养”。音乐不仅可以使孕妈妈心情平和，也可以带给胎宝宝安宁感，为胎宝宝提供良性精神刺激和锻炼，培养胎宝宝的听力和智力。怀孕6个月后，孕妈妈可以给胎宝宝播放一些温馨、悦耳、柔和的音乐或活泼有趣的儿童歌谣，孕妈妈也可以轻轻地跟着唱。

音乐胎教是很多准父母的选择。

唱歌时，孕妈妈要心情愉快、富有感情，通过音乐传递母爱，但声音不宜过大，节奏不宜过快，时间不宜过长，每次最好20分钟左右。

◆ 抚摸胎教法

胎宝宝不仅需要优美的音乐、甜美的语言，还需要与父母进行身体上的接触。父母，特别是母亲要时常轻轻拍打、抚摸胎宝宝，刺激胎宝宝的大脑，促进胎宝宝的知觉发育。抚摸时，动作要轻柔，顺着一个方向进行，以每次5分钟左右为宜。也可以边爱抚边同胎宝宝讲话。

除了以上3种胎教方法，常用的胎教方法还有情绪胎教、对话胎教、运动胎教、美术胎教、环境胎教、游戏胎教、视觉胎教等。

营养方面

怀孕后，由于孕妈妈发生很多生理变化，容易出现诸如呕吐、偏食等问题，进而给胎宝宝的营养吸收带来不利影响。因此，孕妈妈在怀孕期间要少食过甜的食物或快餐食品，如糖果、薯条、饮料等。孕妈妈的食物应该多种多样，营养搭配全面、均衡。

大脑是开发胎儿智力的物质基础

胎儿智力发育的物质基础是大脑。大脑有左半球和右半球之分，两半球的分工各有不同，如果不开发左脑的功能，右脑的功能也不可能完全开发出来，反之亦然。因此，必须促进左右脑的平衡与协调发展，从整体上开发大脑。

左脑是人类的高级神经活动区，可对逻辑思维、理性、文字、符号等抽象信息进行处理。也就是说，左脑是高度精确的习惯逻辑思维的脑。左脑与右半身的神经系统相连，因此，右耳、右视野的主宰是左脑。左脑最大的特征是具有语言中枢，掌管说话、领会文字、数字、作文、逻辑、对事物进行分析并做出判断等，因此被称为“知性脑”。左脑善于把复杂的事物分析为单纯的要素，比较偏向于理性思考。

右脑与左半身的神经系统相连，掌管左半身的运动、知觉等。因此，左耳、左视野的主宰是右脑。右脑掌管图像、感觉，具有鉴赏、绘画、音乐等能力，被称为“艺术脑”。右脑还具有韵律、想象、颜色、大小、形态、空间、创造等能力，因此右脑又被称为“创造脑”。

右脑的工作节奏很快，能够最大量地记录信息数据。在这一点上，左脑无法与右脑相比。左脑没有处理信息的能力，所以信息处理的工作就被委派给了能够快速处理信息的右脑，因此，速视、速听、速读对刺激右脑的活性很有帮助。

大脑的发育是从胚胎开始的。新生儿的脑的重量为350～390克，大约为成人的1/4，4个月时达700克，周岁时达900克，到3岁时达1040克，相当于成人的3/4。所以说0～3岁是大脑发育最快的时期。这期间，一方面大脑的代谢率高，学习最容易；另一方面，根据用进废退原则，如果有某种能力未得到开发和利用，管理这方面的神经元有可能消退。

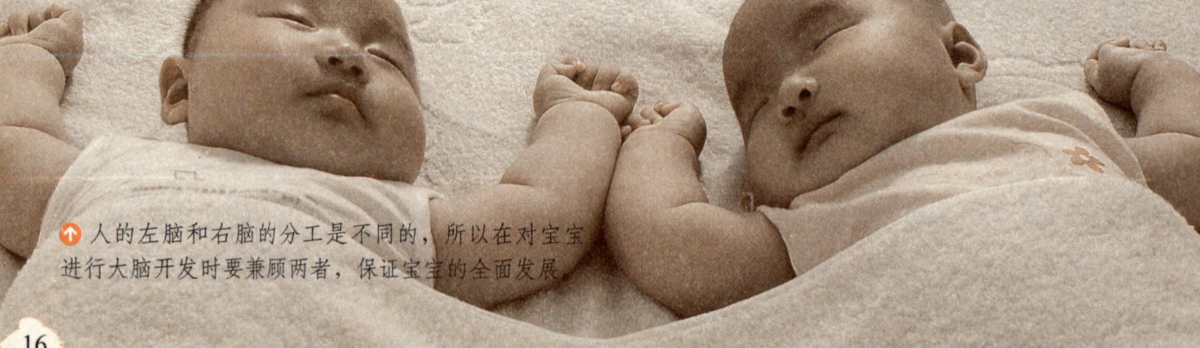
人的左脑和右脑的分工是不同的，所以在对宝宝进行大脑开发时要兼顾两者，保证宝宝的全面发展。

胎儿期是大脑发育的重要时期

聪明宝宝的前提取决于胎儿期大脑的发育情况。

在受孕后的第20天左右，胚胎中已有大脑原基存在；怀孕2个月时，大脑里沟回的轮廓已经很明显；到了3个月时，脑细胞的发育进入了第一个高峰时期；怀孕4～5个月时，胎儿的脑细胞仍处于迅速发育的高峰阶段，并且偶然出现记忆痕迹；从6个月起，胎儿大脑表面开始出现沟回，大脑皮质的层次结构也已经基本定型；7个月的胎儿大脑中主持知觉和运动的神经已经比较发达，开始具有思维和记忆的能力；8个月时，胎儿的大脑皮质更为发达，大脑表面的主要沟回也已经完全形成。

胎儿的脑从怀孕9个月起已具有140亿个脑细胞，也就是说已经基本具备了一生中所有的脑细胞数量，其后的任务只是在于如何提高大脑细胞的质量，所以孕妇营养对胎儿脑的发育有一定影响。

由此可见，胎儿期是脑发育十分重要的时期，仅仅从这一点来看，从胎儿期开始系统的、科学的胎教就势在必行。

当然，胎儿脑的发育还不够成熟，尤其起重要作用的脑神经鞘尚未完全形成，大概要到出生后10岁左右才能全部发育完成。

胎教早教一点通

大脑的发育过程

1.受孕18天之前，形成管状的神经管，其头端变厚，形成3个膨大，其后成为脑，而剩下的另一头形成脊髓。

2.这3个膨大重叠、弯曲，区分为间脑、小脑以及端脑，并形成了聚集脑脊液的脑室。

3.端脑逐渐变大形成大脑半球，神经系统开始发育，首先出现感受触觉和气味的感觉区，脑内部也开始形成感受快感和不快感的区域。

4.大神经元细胞分裂达到高峰，表面褶皱开始形成，到怀孕9个月时脑细胞达到140亿个，与成人基本相同。

5.大脑半球表面皮质层开始发育，包裹间脑和小脑而形成大脑皮质。前方的皮质特别厚，形成额叶，听觉和视觉的神经回路也逐渐形成。

0~6岁是大脑发育的黄金阶段

从胎儿期到6岁，是人脑发育的“黄金阶段”。在这段时期营养不足或其他外部影响对大脑造成的伤害是不可弥补的，越早发生，持续时间越长，伤害越大。

对于大脑中的某些区域来讲，如果本质上的刺激没有发生在一个特定时期，那么这个区域的功能就会丧失，而且无法再重新获得。

例如，当一个新生儿睁开眼睛开始观看外界时，他的大脑中与视觉功能相关的神经细胞开始互相连接。这时他的眼睛没有真正具备视觉功能，只是将外部信息传递给相应的神经细胞。这对于宝宝学习将外界刺激转化为头脑中的形象，在视觉神经细胞之间建立起连接是十分必要的。

如果宝宝一出生就被蒙住眼睛，或者是患有先天性白内障而无法看见物体，那么在他大脑中与视觉有关的神经细胞就不会进行正常的发育。一旦这种情况发生，即使将来白内障被清除，这个宝宝还是无法获得视力。

当宝宝能够开始辨别各种形状，例如，一张熟悉的面孔，神经细胞之间新的连接就会形成。那些对于理解当前任务不是十分必要的连接会被删除，同时那些最必要、有效的连接会得到加强，尤其是大脑中那些对于记忆和学习起着非常重要的作用的区域。神经连接的改造和新神经连接的形成必须伴随着宝宝不断接触、掌握新技能而出现。

在宝宝出生后的几年里，整合大脑的各个部分，使之适应宝宝世界的工作有重大的意义。大脑发育的关键期，形成了关于哪些部分需要优先发育的目录，这也是一个大脑发展计划。

这个计划表明，在宝宝能够分辨面孔和表情之前，他的视觉功能应该已经发展得很好了。

如果大脑的各部分功能和活跃性没有按照发展计划时间表来进行发育，“删除程序”就会开始清除那些还没有发育的无用的细胞。在这以后，如果神经系统想再次发展那些功能，就会困难得多，甚至不可能。

在发育的关键期，当大脑的一种功能受到损害，其他一些功能可以实现部分弥补，但无法完全取代受损部分，实现其全部功能。

宝宝智能开发的可能性和必要性

宝宝智能开发，就是在宝宝具备某种能力之前的适当时期内，给他们提供恰如其分的感官刺激，促进其大脑的发育，以加速他们先天潜能变为现实的能力。也就是早期给感官以合理的刺激，使它们增加反应的敏感性，启发宝宝的潜在智力，包括发展感知能力、动作及语言能力，培养记忆力、注意力、思维想象力及良好情绪和意志等等。

有人认为儿童的性格是天生的，但科学研究认为，后天的经验是决定孩子性格的重要因素。一个经常微笑并与周围人有眼神接触的孩子，在某种程度上适应了这个环境，这个环境又反过来影响孩子的性格。当父母对孩子温柔地说话、开心地皱鼻子，也就同时增加了孩子的乐观天性。

宝宝一出生，就用他的眼睛、耳朵、嘴巴、皮肤甚至身体来感知这个世界。每个宝宝都是天生的学习者，他们对什么事情都有兴趣。路边的影子、远处的狗吠声、电话里的说话声、积木的碰撞、玩具铃铛的摇摆，这些对孩子来说都是挺奇妙的事物。父母要善用孩子的好奇心，并了解和分享孩子的好奇心和欢乐，让孩子对外界进行观察和反应，开发孩子的智力。

关于幼儿智能开发应从什么时候开始，是否应及早让孩子认字或数数，是人们长期争论的问题。有些专家指出，时间越早越好，但是过早地让孩子认字、数数和打电话，不如让孩子玩各种玩具，如积木、瓶瓶罐罐、小推车和小工具等。同时，早期的社交和情感经验是智能发展的关键。父母应针对每个孩子的经验和需求，设立丰富的物质环境，提供足够多种类的玩具及和睦的家庭环境，帮助他们感受爱和安全，鼓励他们对未知世界进行探索和尝试。

幼儿堆积木可以开发智力，父母应该努力为孩子创造这样的条件。

开发宝宝的IQ

IQ即人们通常说的“智力商数”，是测量个体智力发展水平的一种指标，其公式是：IQ=（心理年龄/实际年龄）×100。

IQ有一定的稳定性，但也并非完全不可变。在良好的环境下，受到良好的教育，IQ可以有一定程度的提高。反之，疾病、营养不良、环境恶劣及教育不良等会使其IQ下降。

影响宝宝IQ发展的因素有环境刺激、教育、营养、运动等多种。

- **环境**。大脑为人类IQ提供了发展的可能，但这只是一种遗传潜能力（即如果得不到及时开发就会逐渐丧失的一种能力）。研究表明，人类的IQ是随着大脑的活动而发展起来的，而大脑的活动是在外界各种信息刺激下进行的。外界刺激越丰富多彩、生动活泼，大脑的活动也越积极，进而使各种相应能力也得到发展，IQ水平才会不断提高。
- **教育**。科学而系统的教育和训练对宝宝IQ的发展起着主导作用。家庭教育对宝宝的身心发展有着巨大影响，尤其是0～3岁的宝宝，他们几乎每天都与父母生活在一起，在头3年里，父母的教育方式正确与否对宝宝的IQ发展起着非常重要的作用。
- **营养**。大脑是宝宝IQ正常发育的物质基础，而营养又是宝宝大脑正常发育的物质基础。因此，营养的充足与否与宝宝IQ的发展有着直接的关系。
- **运动**。最新研究表明，运动不足会导致额叶联络区功能降低。而额叶联络区功能降低则会给宝宝带来多方面的障碍，从而使其IQ明显降低。所以，父母千万不要让宝宝从一出生开始就长期待在相对孤立的环境中，只让他学习。

宝宝的IQ会受到环境、教育、营养等多方面因素的影响。

关于IQ测评

IQ值的高低与否与人日后是否成才和成功没有必然的联系。但相比IQ较低者，IQ偏高的宝宝会有更大的发展潜能，他们的成长会比一般同龄宝宝更快、更早且更好。他们可能在很年幼时便开始懂得认字、说话，思维发展良好，兴趣广泛，注意力集中，喜欢发问，爱观察周围事物，联想和领悟力强。研究显示，儿时IQ高的宝宝，长大后能力可能更强，获得成功的概率也就更高。因此，很多父母都给自己的宝宝做IQ评测。

宝宝智能的开发需要父母的共同努力。

但是高IQ宝宝在不同方面的潜能必须配合良好的环境和教育条件协调发展，才能成为他日后成才和成功的助推器，否则这些潜能完全可能会随着年龄的增长而消失退化，最终使宝宝成为表现平平的普通人。因此，父母应正确对其进行早期教育，使宝宝在学习知识、开发IQ的同时也发展起其他各种非IQ因素，因为毕竟人的成功＝IQ因素+非IQ因素+其他。

IQ测评的应用范围

医学方面

IQ测评在诊断宝宝脑机能障碍方面具有重要的作用。当脑有某种障碍时，宝宝就会出现IQ障碍，这时IQ测评就可以作为诊断脑功能障碍宝宝的一种方法。

幼儿教育方面

通过测评明确宝宝IQ的发育程度，掌握宝宝的发育特点，从而可以因材施教地促进宝宝在各方面的发展。

儿童保健方面

IQ测评能帮助儿童保健工作人员了解不同年龄阶段儿童智能的发展规律，并对其心理发育状况进行定期监测，从而及时对发育偏离的儿童采取相应的保健措施，保证其智能发育正常化。

哪些地方能做IQ测评

一般来说，省级以上的儿童保健院都有给儿童做IQ测评的资格。不过要注意的是，家长望子成龙、望女成凤的心情可以理解，但如果无法客观对待IQ测评结果而陷入误区，那就可能给宝宝的成长带来不利影响。

医学研究表明，我国IQ超常宝宝和IQ迟滞宝宝其实只占人群的极少部分。从这个角度说，测试的结果其实并不值得特别关注。

谨防陷入IQ测评误区

- **误区1：IQ高就是天才。** IQ测试只是儿童心理咨询中一项科研或治疗的评定手段，单纯的IQ指数并不能说明宝宝是天才还是庸才。
- **误区2：IQ反映宝宝的全部智力情况。** IQ测评结果受很多因素的影响，所以单纯的IQ数值只能反应宝宝的一部分智力情况。
- **误区3：所有宝宝都需测试IQ。** 一般宝宝不必做IQ测评，因为绝大多数宝宝的IQ都是正常的，动辄让宝宝做IQ测试并非明智的选择。
- **误区4：IQ是不变的。** 人的IQ是变化的，一次测试只能说明他此时此刻的IQ状态，而不能作为预测他将来IQ的指南。所以，千万不要对宝宝的IQ“一锤定音”。
- **误区5：IQ测试就是回答问题。** IQ的测试不能简单地用几道题目的答对与否来下定论，对于宝宝的测试更是要求严格。在某一特定的文化中，通常会有几个被大家广泛接受的方法来测试以及衡量智力水平。

哪些宝宝应该做IQ测评

- 表现出超常IQ或能力的宝宝。
- 被怀疑弱智的宝宝。
- 可能有心理问题的宝宝。

开发宝宝的EQ

EQ的固有特性

- EQ主要反映一个人感受、理解、运用、表达、控制和调节自己情感的能力，以及处理自己与他人之间的情感关系的能力，它常反映个体把握与处理情感问题的能力。
- EQ主要与非理性因素有关，它影响着人们认识和实践活动的动力。它能够通过影响人的兴趣、意志、毅力来加强或弱化人们认识事物的驱动力。比如IQ不高而EQ较高的人，学习效率虽然不如高IQ者，但是有时却能比高IQ者学得更好，成就更大，因为高EQ使他所具有的锲而不舍的精神为他带来了“勤能补拙”的好结果。
- EQ是人们对自我和他人情感进行把握和调节的一种能力，因此它与人们处理人际关系的能力有极大关系。拿到现实中来看，EQ低的人往往情绪波动不稳、人际关系紧张、婚姻容易破裂、领导水平不高。相反EQ较高的人，则通常具有较健康的情绪状态、有较完满的婚姻和家庭、有良好的人际关系，并且容易成为某个部门的领导人，还具有较高的领导管理能力。

早期开发EQ的必要性

宝宝到四五岁时，大脑发育是一生中最快的阶段，最重要的学习能力，尤其是情感学习能力，也在这个时期得到最大发展。在幼儿阶段进行正规系统的EQ教育十分必要，是奠定人生成败的基础。开发宝宝的EQ可以从以下几方面来做：

- **自信心**。要让宝宝相信很多东西通过自己的努力就能够得到。
- **好奇心**。好奇心是宝宝主动认识世界的表现和极佳前提。
- **自制力**。要培养宝宝善于控制和支配自己行动的能力。
- **人际关系**。要培养宝宝与他人友好相处的性格。
- **情绪**。EQ高的宝宝活泼开朗，对人热情、诚恳，经常保持愉快心情。
- **同情心**。有同情心的宝宝才能与别人在情感上发生共鸣，这是培养宝宝爱人、爱物的基础。

EQ、IQ大对决

最近，EQ越来越多地成为人们谈论的热门话题。一般来说，EQ被认为是一种发掘情感潜能、运用情感能力影响生活各个层面和人生未来的关键的品质因素。目前，尚没有像测定IQ那样对EQ做测验的办法和量表。

EQ与IQ的相似之处

同IQ相似，EQ也与遗传、成长环境有着莫大的联系，甚至可以说完全为这两方面所决定。

- **遗传**。人的性格是EQ的重要组成部分，因为有50%～60%的EQ来自上一代的遗传。另外，根据对基因一致的同卵双胞胎和基因一半相同的异卵双胞胎差异的研究，也能证明对于性格的形成，遗传因素大概能占到50%。
- **成长环境**。宝宝所获得的信息大多来源于父母及家庭环境。父母对宝宝的生长发育过程看得最清楚，并对宝宝的生长发育发挥着最大的影响。在养育宝宝的过程中，父母与宝宝朝夕相处，对宝宝的性情十分了解，知道怎样引发宝宝的兴趣，怎样鼓励或迁就他，也知道宝宝何时需要激励或挑战，并能理解他的感受和行为。一般来说，帮助宝宝在社交、性情等EQ能力上健康成长的最有效的方法就是赞扬、鼓励和爱护。父母可以从最佳的角度给宝宝建立一个理想的学习环境，这是任何老师和儿童发育专家都做不到的。这样说来，父母是宝宝的第一任EQ老师，肩负着重大的教育责任。

EQ与IQ的不同应用

相对IQ，EQ其实对人有着更大的现实意义。

高IQ也许能使人显得聪明，能让人成为某个学术领域的专家，如学者、教授、法官、律师等，但只有同时具有高EQ，这些“专家”才能够圆融处世、情绪稳定、内心平和而愉悦。

我们经常看到这样的人，受过高等教育，他的高IQ使他具有非常丰富的知识，使他能顺利地到一个单位就职或者从事一项研究工作。如果他的EQ也高，那么他就会在接下来的日子里情绪稳定，适应能力强，对外界和上司、同事不过分苛求，对自己也有适当的评价，不会因外界的影响而“热胀冷缩”，在受到挫败时能“重整旗鼓”，并能不断提高自身的心理素质，从不怨天尤人或悲观失望。这样他的潜能就能得到充分地发挥，从而使他在工作中游刃有余，走向成功。

反之，如果他的IQ很高，但却以此自负，即EQ低下，他就会时时为自己周围并不理想的环境所困扰，以致他的结局或是愤世嫉俗、孤芳自赏，与社会、公司、同事融不到一起；或高不成低不就，一辈子碌碌无为；甚至走上邪门歪道，毁于高IQ犯罪。

也就是说，IQ高的人很容易在专业里出成绩，而EQ高的人却可以在管理自己和他人方面出成绩。而不论在何种事业上获得成功，成功者都往往高IQ、高EQ兼备。

由此可见，一个人成功与否，EQ与IQ其实是一样重要的。美国有一位研究人员提出，预测一个人能否成功，主要指标不是IQ，而是EQ。

EQ高的宝宝往往性格活泼开朗，特别善于处理人际关系，因而在生活上、事业上都很容易取得成功，因此父母需注意宝宝EQ的开发与培养。

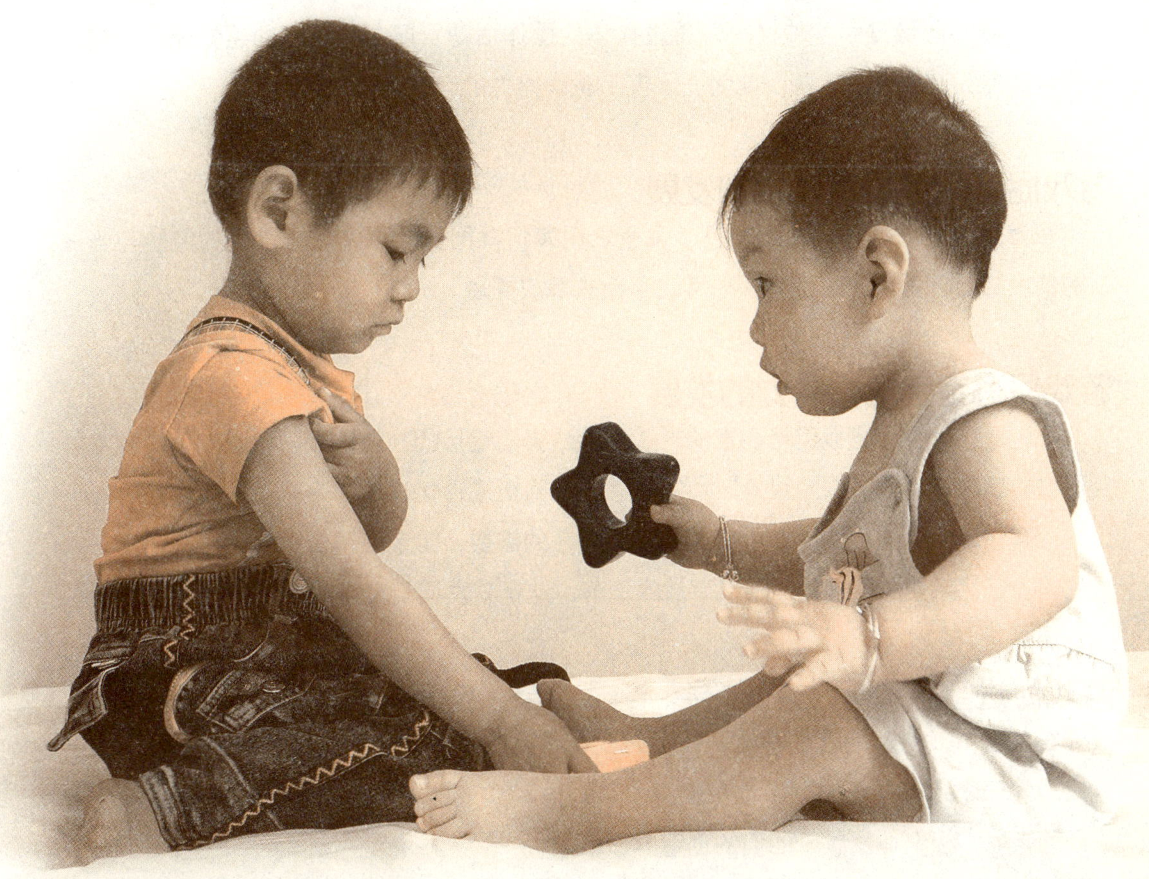

游戏——宝宝全面发展的“金钥匙”

高尔基曾说过：“游戏是宝宝认识世界和改造世界的途径”。许多心理学家的实验也表明：游戏是包含了多种认知成分的复杂的心理活动，是宝宝最佳的学习方式。有人形容，主动探索和积极学习是开发智力的“金钥匙”，而这把“金钥匙”就是游戏铸造出来的。

游戏能够促进宝宝的智力发展

游戏促进宝宝观察能力的发展

宝宝在游戏中无时无刻不在观察着周围的环境和事物，并获得丰富的知识。游戏使宝宝直接接触玩具和各种材料，通过具体的操作活动发展各种器官的感知能力、动手操作能力和观察能力。游戏成为发展宝宝观察能力的有效手段。

游戏促进宝宝思维能力的发展

在游戏中，怎样确定主题、多个角色之间如何共同行动、如何把过去的经验与当前的情境结合，都需要宝宝积极思考，不断去解决问题。

游戏促进宝宝记忆能力的发展

在游戏中，宝宝是以记忆表象的方式保存过去的经历的。由于大多数游戏反映宝宝经历过的事件，因此需要宝宝不断地、有意识地回忆或追忆过去的事件，从而加深对知识的理解，起到巩固记忆的作用；由于扮演角色的需要，宝宝必须自觉地、积极地、有目的地去记忆某些游戏规则或追忆事件的情节，这样就发展了宝宝的有意识记忆能力。

游戏促进宝宝想象力的发展

在角色游戏中，游戏的情节、行动方式都没有什么固定模式，宝宝可以把自己想象成另外一个人，并可以不断地变换身份等。这种游戏的假想性为宝宝的想象提供了广阔的天地，极大地发展了他们的创造力。

游戏促进宝宝语言能力的发展

游戏使得宝宝彼此之间交谈的机会增多，因为大多数游戏不是宝宝独自一人玩，而需要一定的合作和交往。在游戏的全过程中，宝宝都要用语言交流思想、商量办法，有利于宝宝口语表达能力的培养。

游戏能够增强宝宝的社交能力

游戏可让宝宝学会与别人分享。

在游戏中，有些宝宝不愿与别人分享自己心爱的玩具，所以这些宝宝在玩耍中总是不合群，难以与别人合作，久而久之容易形成唯我独尊的孤僻性格。针对这种情况，在游戏过程中，要让宝宝学会如何与别人友好地相处，从而增强宝宝的社会交往能力和自我控制能力。这样才能促进宝宝学会自我克制，学会听取别人的建议，也可以培养宝宝开朗乐观的性格和善于协作的精神。这些品质对于宝宝将来上学，直至长大走上工作岗位、步入社会都是十分重要的。

宝宝是游戏的主人，只有当宝宝的各种感官被充分调动起来，宝宝自己动手、自己动脑、自由表现、主动探索时，他的一举一动才是真实情感的流露，因而此时随机教育的契机最多。父母要“眼观六路、耳听八方”，善于捕捉教育时机。如宝宝在游戏中可能对制定的规则不能好好地遵守，这时父母大可不必严格要求宝宝一定要按规定执行，说不定他的想法或玩法也有可取之处。

游戏能够培养宝宝的良好品德

通过游戏，宝宝能够识别最基本的真、善、美与假、恶、丑。宝宝在游戏中，往往能识别好人和坏人，这会让他们懂得，自己如果想成为游戏中的好人，就必须要求自己具有讲信用、守纪律、诚实、勇敢、坚强等优秀品质，并努力在游戏中达到这些要求，以此在游戏伙伴中树立威信。可以利用宝宝喜欢游戏的心理特点，在游戏中启发和纠正宝宝的一些不良行为，起到事半功倍的教育效果。

男女宝宝有着不同的发育过程

众所周知，男宝宝和女宝宝天生就有所不同了。这种不同不仅是在生理上，还有智能方面。因此，男女宝宝的教养也就不同，父母要采取不同的教养方式。

男女宝宝天生就有所不同

男宝宝的体型一般比女宝宝略大，出生时男宝宝平均比女宝宝重10%，身高和头围也略胜一筹。

女宝宝的触觉比男宝宝灵敏，或许因此让父母以为，女儿比儿子需要更多的爱抚照顾。女性对声音的音量大小较男性敏锐，这种差异从宝宝出生起就有所表现。男宝宝总是比女宝宝能够“忽略”外在环境的“刺激”，如大人的逗弄，女宝宝总比男宝宝更有反应。

男女宝宝在大脑结构上也有细微的差异。科学家说男宝宝的大脑比女宝宝大约重10%，而女宝宝拥有更大的胼胝体使左右脑可以频繁地沟通。

男女宝宝的智能差异

视觉空间能力

视觉空间能力是指识别物体的结构或想象形状的改变，包括空间知觉和心理旋转。在这方面男宝宝要优于女宝宝。4岁时，男宝宝在心理旋转的能力上就有一些优势。这种优势随年龄的增长而逐渐增长。

语言能力

女宝宝左脑的语言中枢比男宝宝的更发达，所以，一般来讲，女宝宝比男宝宝能够更快地掌握所有与语言相关的技能。女宝宝在语言能力的很多方面包括词汇、阅读理解、写作、拼写和语法等方面均优于男宝宝。女宝宝比男宝宝说话早，词汇量更丰富，说话也更流利。

个人、社会和情感发育

女宝宝在情绪方面更加平和，并且对周围事物更加敏感。她们比男宝宝更专注，注意力更集中，解决问题时更执著，期望别人尊重自己的需求、观点，能够考虑别人的观点，理解何为对、何为错，并且能够流利地、恰当地表达各种情感。

家长应该分性别教育宝宝

给男女宝宝不同的饮食方法

一般说来，男宝宝的胃口多好于女宝宝，这是因为男宝宝好动，喜欢奔跑、跳跃和打斗，能量消耗大，需要补充较多的营养。女宝宝的视觉、嗅觉较男宝宝灵敏，对食物就更挑剔，不容易接受新口味，这是因为女宝宝比较安静，消耗量较小。

给男女宝宝不同的玩具

男宝宝对新的物品感兴趣，喜欢将新买来的东西拆开看个究竟，喜欢快速移动的物体，如电视、汽车、电脑等。男宝宝动手能力也比女宝宝强，能熟练地使用工具，组装玩具和搭积木。女宝宝对新生事物常抱有畏惧心理，对玩具比较爱护，喜欢照顾娃娃。家长不要认为男宝宝拆装东西是搞破坏，要鼓励并引导他如何拆装东西。对女宝宝则要更加温和、细腻和关心。家长对男宝宝应多给予一些挫折教育，在游戏中，鼓励其独立自主，内容可激烈一些、具有冒险色彩。

男宝宝对拆装东西有着本能的爱好。

给男女宝宝树立不同的榜样

想要把男宝宝培养成小男子汉，宝宝的爸爸首先就要成为一个顶天立地的人。爸爸的每一个眼神、每一句话、每一个举动，宝宝都会看在眼里。如果爸爸能拥有强健的体魄，能够行侠仗义、保护弱小、尊重女性，那么一定是宝宝的好榜样。

而女宝宝总能与妈妈心灵相通。因为与妈妈有许多共同性，这使女宝宝有了榜样。如果妈妈自信、果决，她的女儿也往往会有同样的个性。生女儿，是妈妈的福气，把她培养成什么样子，也是妈妈的责任。

第2篇

胎儿期
——让宝宝赢在起跑线上

当胎宝宝在体内“生根”，孕妈妈就要走上为期十个月的胎教旅程了。胎教不仅可以让孕妈妈身体健康、心境平和、提升艺术上的修养，更能让胎宝宝在孕妈妈的子宫内健康、茁壮地成长，并促进胎宝宝的大脑发育，为出生后的IQ、EQ开发、培养打好基础。

孕1月——“幸孕”来临

孕妈妈与胎宝宝

孕妈妈的变化

- **子宫如鸡蛋样大**：子宫状态与怀孕前相仿，但子宫内膜变得柔软和稍厚。
- **没有特别的感觉**：稍感疲劳，身体发软。
- **乳房变硬且有痛感**：由于黄体素的作用，促使乳腺发育、乳房增大、乳头敏感，稍触即痛，且颜色变深。

胎宝宝的成长

- **胎宝宝身长**：约1厘米。
- **胎宝宝体重**：约1克，相当于1粒豆子。
- **像条带尾巴的小海马**：大脑已经开始发育，头部大约占到身体的一半，几乎还没有人的特征。
- **基本状态已经确定**：性别、肤色、头发颜色、单双眼皮、身长、体格等大部分遗传因素已经确定。

本月孕检小啰嗦

- **血液检查**：采取孕妈妈的血液，通过化验了解血型、贫血的程度和是否感染荨麻疹、肝炎、梅毒等。
- **小便检查**：利用试剂通过小便了解妊娠反应。通过该检查，能够了解胚芽是否着床。一旦判定怀孕后，要进行内生殖器官检查和超声波检查。
- **超声波检查**：确认胚囊的位置，观察是否存在卵巢肿瘤或子宫肌瘤等异常症状。

享受巴罗克的愉快、轻松——音乐胎教

本月音乐胎教原理

此期孕妈妈的情绪容易波动，还可能出现不利于胎宝宝生长发育的忧郁和焦虑。因此，这个时期孕妈妈适宜于听轻松愉快、诙谐有趣、优美动听的音乐，使孕妈妈不安的心情得以缓解，在精神上得到安慰。这样，孕妈妈的良好情绪就可以传递给胎宝宝，从而有利于胎宝宝的健康成长。

本月选曲原则

在开始音乐胎教前，先选择让自己觉得特别放松和愉快的音乐。由于巴罗克音乐或类似巴罗克音乐的慢节拍，最接近胎宝宝从子宫中听到的妈妈在休息状态的心跳声，所以专家建议采用这类音乐。

本月音乐胎教策略

如果孕妈妈选择录制一卷包括了多位音乐家的录音带，应尽量让前一支曲子和下一支曲子间的转换平缓且自然些。不要因自己营造出来的气氛让胎教受到干扰。听录音带时孕妈妈不要躺下——因为这样你可能会睡着，错失了让你在清醒中放松的目的。

本月推荐曲目

在这个时期，孕妈妈可以选择一些舒缓柔和的音乐，如《春江花月夜》《江南好》和《二泉映月》等民族音乐。特别是《春江花月夜》这支曲子，如果仔细体会这支和谐、优美、明朗、愉快的乐曲，就仿佛置身于春光明媚、鸟语花香的大自然中。

缓解孕妈妈的担心和焦虑——情绪胎教

本月情绪胎教原理

怀孕3周以后，胎宝宝的中枢神经和心脏开始形成，尽管孕早期的胎宝宝还不能听到声音，但却已经能感知振动了。所以，胎宝宝可感觉到随着母亲的心情变化而出现的心脏波动，而且也能够感受母亲的心情和情绪的变化。在这个时期，孕妈妈的情绪对胎宝宝的发育有很大的影响。

本月情绪胎教策略

首先，要明确由于早孕反应而引起的情绪低落是正常现象，可采取转移注意力的办法，如和丈夫一起去看电影、去朋友家做客、逛公园、观花赏景，以减轻孕期反应，同时，为了胎宝宝的健康发展，一定要坚持饮食。

其次，初次怀孕的女性，容易产生心理负担，如担心怀孕和哺乳使自己的体型发生变化、对分娩过分害怕、对胎宝宝性别想得太多等等，这就需要医生给予耐心地解释，及时消除孕妈妈这些多余的担心。

再次，在这期间，准爸爸能起到很重要的作用，此时的准爸爸更应该体贴关心孕妈妈，并给以精神上的抚慰，努力调节好日常生活，帮助孕妈妈尽快度过这段焦虑的日子，切实保护好初期孕育的胚胎，为胎宝宝日后的正常生长发育开个好头。

本月情绪胎教DIY

将胎宝宝成长过程的点点滴滴记录在案，体会孕育过程中的辛苦和美好，同时这也是胎宝宝的详细健康档案。胎教日记的内容可参照下面提示的内容进行。

胎教日记

孕周：	日期：
天气状况：	身体状况：
胎动数：	胎教者：
情绪上的感觉：	生理上的感觉：
对胎宝宝的感觉：	想象中胎宝宝的样子：
最关心的事情：	最快乐的事情：
最感严重的问题：	胎教内容：
胎宝宝的反应：	其他（用药、产前检查等）：

控制噪声，减少化学毒素——环境胎教

本月环境胎教原理

胎宝宝能否正常生长发育，除了与父母的遗传基因、孕育准备、营养因素有关外，还与孕妈妈在孕期的内外环境有着密切的联系。

尤其在怀孕的前8周内，胚胎从外表到内脏、从头到四肢都在此时期形成，加上胚胎幼嫩，不具备解毒功能，极易受到伤害，所以孕期最初3个月是胎宝宝是否畸变的关键时期。

本月环境胎教策略

高噪声可致流产、早产甚至胎儿先天畸形，但低噪声也不可忽视。据测定，电视机、电冰箱等家电所产生的低噪声如果超标，将会成为致畸的祸因。

因此，孕妈妈的卧室内不要放置家用电器，尤其是电冰箱；音响的音量和使用时间也要严格控制；家住闹市或机场附近的孕妈妈，可暂住到宁静的地方；孕妈妈也不要在舞厅、体育场等高噪声环境中停留。

本月环境胎教DIY

- 尽量食用自然生成的有机食品。
- 不让任何人在家中吸烟。
- 尽量不用化妆品，特别是气雾剂型化妆品。
- 购买绿色清洁剂和洗涤用品。
- 不买塑料包装的即食食品。
- 开窗换气而不是使用空气清新剂。

当准爸爸想吸烟时，孕妈妈要及时制止。

让胎宝宝拥有强健体质——营养胎教

本月营养胎教原理

孕1月，因为胎宝宝只有约1厘米长，所以只需要极微量的营养。可是很快地胎宝宝就需要从母体摄取大量的养分，供自己生长，因此，孕妈妈必须从此时开始合理地摄取营养，为胎宝宝的发育打下良好的基础。

本月饮食原则

要养成良好的饮食习惯。良好的饮食习惯是保证胎宝宝健康发育的基本条件，一般情况下，要坚持不断地补充充足的水果和蔬菜，少吃刺激的、过咸的食物，更不要吃一些变质的、含过量添加剂或受污染的食物。早餐是很重要的，一定要重视。少量多次进食要比一次性吃大量的东西更科学，所以要养成少食多餐的习惯，即每天吃5～6次饭，每次少吃一些，并吃1～2次零食，如坚果、牛奶（每天300～500毫升）、乳酸菌发酵食物、水果等。

此外，要养成多喝水的习惯。这时期饮用充足的水分很重要，专家建议孕妈妈每天除多饮白开水外还可用水果、汤菜、牛奶、淡茶、酸梅汤、柠檬汁等来补充水分，但禁止喝含有酒精的饮料，如米酒、红酒等，避免喝咖啡、浓茶、可乐等。

本月营养胎教策略

食物种类	每天食用量	食物内容
蔬菜	每餐100克，共300克	以菠菜、胡萝卜、菜花、青椒、西红柿等黄绿色蔬菜为主
羊栖菜	1天25克	孕晚期为每天75克
薯类	1天1次	土豆100克，甘薯65克
水果	1天3～4次，与点心共计300克	以柑橘类为主
牛奶（乳制品）	1天2杯（280毫升）	牛奶和酸奶等
鸡蛋	1天1个	必须熟食
畜肉、禽肉及鱼类	1天150克	鱼类应多些，肉类要选用脂肪少的瘦肉，不要用加工成品，如火腿肠和腌肉等
杂粮	若其他食品都遵照了上述要求，此类食品份量可自由决定	米饭应以胚芽米为原料，面包也应是胚芽面和全麦粉面

本月推荐食物

富含有益于肝脏的维生素和铁、钙、磷等无机盐的食物，如红豆、燕麦、大麦、荞麦、柠檬、橙子、葡萄、木瓜、苹果、樱桃、李子、葡萄干、韭菜、花生、黑芝麻、松子、苏子油等。

本月营养胎教DIY

- 食用黑芝麻粥。
- 食用茯苓粥和莲藕粥。
- 食用大枣。

完美胎教每月一问

Q 我怀孕前喜欢穿高跟鞋，怀孕后鞋跟的高度以多少为宜?

A 即使不是孕妇，穿高跟鞋也会给腰部和腿部带来负担。怀孕以后，为了支撑隆起的腹部，上半身总是倾斜，这时再穿高跟鞋更会加重腰部的负担，而且也会因身体失去平衡而容易摔倒。孕期较为适中的鞋跟高度是3厘米左右。

Q 我很喜欢洗澡，每天都要洗个澡才能睡觉，现在刚刚查出怀孕了。我还可以坚持每天洗澡吗，如果可以的话该注意些什么?

A 孕妈妈在孕早期坚持每天洗澡是没什么问题的，但应注意的是避免盆浴和过热的热水浴，而且洗澡时间不宜过长，更不能洗桑拿浴，因为高热会导致孕早期胚胎的中枢神经系统受到损伤，从而可能引起畸形儿、低能儿，所以孕妈妈应该特别注意这些。

Q 因为是双胞胎，所以做了3次B超（两次黑白、一次彩超），这会不会对胎宝宝产生影响?怀孕期间什么时候必须做B超检查?

A B超检查使用相对安全、简便，是目前最常用的产前诊断和胎宝宝监护方法。国内外研究表明，胎宝宝接受超声诊断在10分钟内是安全的，而一般产科检查仅需5分钟左右，因此不会对胎宝宝造成损害。但尚无足够证据证明这种检查绝对安全，临床上仍然要严格掌握其检查指征。一般在孕早期会进行一次检查，以确定是否宫内妊娠，孕中晚期再做一次B超检查以了解胎宝宝的发育、胎盘功能等，其他视产检情况由医生决定。

Q 我一直养着宠物，怀孕了还可不可以把宠物继续留在身边?

A 在猫等宠物身上寄生着弓形虫，它有可能使孕妈妈感染。由于弓形虫的感染有隐性和显性之分，所以孕妈妈被传染后不一定出现症状，但却可能会通过胎盘传染胎宝宝。以往弓形虫病在我国并不多见。目前，随着养宠物的人越来越多，发病率明显增加。为了预防弓形虫感染，要想生一个健康宝宝，在怀孕前及怀孕期间最好不要在身边养宠物，尤其是猫。如果养宠物，一定不要给宠物吃生食，并杜绝宠物在户外随便吃东西。

孕2月——出现妊娠反应

孕妈妈与胎宝宝

孕妈妈的变化

- **子宫如鹅蛋样大**：子宫增大，分泌物增多。
- **月经消失**：胚芽已着床，月经不会再出现。
- **开始妊娠反应**：出现食欲不振、恶心、呕吐等感觉，早晨空腹时尤甚。
- **出现恼人的尿频便秘状况**：增大的子宫压迫膀胱，导致不时感觉有尿意，而且妊娠激素使肠胃蠕动变缓，容易造成便秘。

胎宝宝的成长

- **胎宝宝身长**：2～2.5厘米。
- **胎宝宝体重**：约4克，相当于一只小虾米。
- **渐渐显出人的模样**：身长2～3厘米、体重4克左右，能分辨头部和身体及腿脚等的形态。
- **砰砰……心脏开始跳动**：妊娠6周以后，开始出现心脏搏动，心脏血管产生向全身输送血液的能力。
- **营养通路已基本开通**：羊水生成，脐带和胎盘迅速发育。

本月孕检小啰嗦

- **禁止接触X光及其他射线**：在第4～5周，胎宝宝的心脏、血管系统最敏感，最容易受到损伤。因此这个阶段禁止接触X光及其他射线是非常必要的。
- **第一次产检**：第8周可以进行第一次产检了，除了做盆腔检查外，还需要测量血压，以了解基础血压；检查心、肺；化验尿常规及尿糖；进行一次口腔检查。如果没有什么异常情况，应该在孕中期每月检查一次，到孕晚期时每周检查一次。

每月胎教推荐

用平静舒心的旋律促进食欲——音乐胎教

本月音乐胎教原理

孕1月，胎宝宝没有听的能力，只能通过母体内的波动而感受到外界的刺激。到孕2月时，胎宝宝的内耳已经形成，可以正式进行音乐胎教了。

本月选曲原则

这一时期孕妈妈由于早孕反应的影响，需要一些镇静、舒心、促进食欲的音乐，在优美的音乐声中缓解妊娠反应带来的不适，这样也有利于胎宝宝的发育。

本月音乐胎教策略

从这个月的月末开始，孕妈妈可以听一些优美、柔和的乐曲。每天听1～2次，每次放5～10分钟。

孕2月的孕妈妈可以听一些镇静舒心的歌，以舒缓情绪。

本月推荐曲目

民族管弦乐《喜洋洋》《春天来了》等乐曲，柔和平缓、优美细致，具有镇静的作用；奥地利作曲家约翰·施特劳斯的《春之声圆舞曲》等乐曲，曲调优美酣畅、起伏跳跃，旋律轻盈优雅，可以缓解孕妈妈忧郁的情绪；《江南好》《春风得意》等乐曲，轻松悠扬、节奏明朗，使人赏心悦目；《锦上添花》《矫健的步伐》以及奥地利作曲家海顿的《水上音乐》等乐曲，清丽柔美、抒情明朗，可以消除孕妈妈的疲劳。

向敏感、暴躁说“不”——情绪胎教

本月情绪胎教原理

从孕2月开始，孕妈妈就有了早孕反应，除了恶心呕吐之外，还会出现口中发酸、头痛、肩膀僵硬、腰痛、倦怠、焦躁等现象。孕妈妈很容易因此将怀孕视为很可怕的事情，从而影响自身的情绪。而此时的胎宝宝已经能够感受到母亲的反应了，这种情绪会通过母体直接传递给体内的小生命，影响胎宝宝的正常发育。

本月情绪胎教策略

准爸爸可以帮孕妈妈按摩太阳穴，以调节孕妈妈的身心状态。

孕妈妈应该学会自己调控心情。如凡事要往好处想，不要生气，不要着急，离开不愉快的情境，转移注意力；偶尔把眼睛闭上几分钟，什么都不要想，全身放松，按摩头部和太阳穴；工作之余到附近草木茂盛的宁静小路上散步。总之，尽量做一些令自己愉快的事情，心情舒畅才会对胎宝宝有利。

本月情绪胎教DIY

当出现不良情绪时，孕妈妈可学做以下“情绪养胎心灵操”：

1.在椅子上端坐，微闭眼睛，把注意力集中到自己的身上，先深深地吸一口气，然后控制住稍停一会儿，再慢慢地呼气，要又细又柔和地呼气。

2.暗示自己放松下来：“放松——慢慢地放松——我的头部放松了——脑袋内部放松了——脑袋外部也放松了——我的颈部放松了——肩部也放松了——我的胸部开始放松了——后背部也放松了——我的腰部放松了——腹部也放松了——我浑身都放松了——我内心的结已经解开了——我放松极了——全身很舒服——非常舒服——啊，真好——没什么可忧愁烦恼或不安的了……”

3.继续暗示自己：“我的气已经平息下来了——它不再往头上冲了——不再往上冲了——也不再凝结在心头了——它开始往下走，回到腹部了——它已经平静下来了——它现在已经像清澈的湖水一样，在我全身均匀地流动，使我感觉非常舒服——真的非常舒服”。

4.慢慢睁开眼睛，内心保持微笑，然后站起来去干别的事。

让日常运动“慢”下来——运动胎教

本月运动胎教原理

适时练习胎教体操，有益于强健母婴体质，也是早期进行间接胎教的手段之一。

本月运动原则

孕2月，孕吐已经开始，胎盘尚未完全固定，因此，在这个时期，绝对不能做一些激烈的运动。

另外，虽然这时的孕妈妈看上去腹部隆起不明显，和以前没什么两样，但如果运动强度仍然像以前一样，孕妈妈和胎宝宝可能都会感觉疲劳，进而影响胎宝宝的发育。

本月运动胎教策略

散步是孕早期最适宜的运动。最好选择在绿树成荫，花草茂盛的地方进行。这些地方空气清新、氧气浓度高、尘土和噪声都比较少，有利于呼吸新鲜空气，可以提高孕妈妈的神经系统和心、肺功能，促进全身血液循环，增强新陈代谢和肌肉活动。

本月运动胎教DIY

适合孕2月的体操主要是坐的练习和脚部运动。

- **坐的练习**。在孕期尽量坐在有靠背的椅子上，这样可以减轻上半身对盆腔的压力。坐之前，把两脚并拢，左脚向后挪一点，然后轻轻地坐在椅垫的中部。坐稳后，再向后挪动臀部把后背靠在椅子上，深呼吸，使脊背伸展放松。这虽然不能算作一节操，但在孕早期应学会“坐”。
- **脚部运动**。活动踝骨和脚尖的关节。由于胎宝宝的发育，孕妈妈的体重日益增加，会增加脚部的负担，因此，必须每日做脚部运动。

胎教早教一点通

运动前要了解自己的体能极限

- **测量脉搏**。可以通过手腕或颈部的脉搏进行测算。在脉搏上轻轻地按压10秒，然后将脉搏数乘以6，就能够得出每分钟的心跳数。专家建议，孕妈妈在运动时将心率控制在每分钟120～140次是最好的。
- **说话测试**。可以在运动时试着说话，如果感觉上气不接下气，那么就应该减缓运动强度，直到能正常说话为止。

补充优质蛋白——营养胎教

本月营养胎教原理

在孕2月，受精卵开始发育，到10～18周，胎宝宝的脑细胞增殖达到第一次高峰，这是人体的神经系统和其他系统功能发育的基础阶段。为了保证胎宝宝大脑的良好发育，孕妈妈此时应该特别注意及时补充足量的优质蛋白，为胎宝宝大脑的发育打下良好的基础。

本月饮食原则

为了胎宝宝，孕妈妈要注意摄取富含钙质或蛋白质的食物，此外还要保证营养均衡的饮食，以免影响胚胎发育。想吃的时候就放心吃，稍微改变饮食习惯，如可采用少食多餐的方法，并多吃清淡易消化的食物，如面包、饼干、牛奶、稀粥、果汁、蜂蜜及新鲜水果。

本月营养胎教策略

食物种类	每天食用量	食物内容
主食	200～250克	大米、面等
杂粮	25～50克	玉米、小米、燕麦、豆类等
蛋类	50克	鸡蛋、鸭蛋、鹌鹑蛋等
牛奶（奶制品）	250克	牛奶及酸奶等
动物类食品	150～200克	牛肉、羊肉等
蔬菜	200～400克	菠菜、油菜、圆白菜等
水果	50～100克	苹果、桃、香蕉等
植物油	20克	大豆油、花生油等

本月推荐食物

黄绿色蔬菜、荞麦、大枣、菠菜、菜花、紫菜、炒南瓜籽、大酱等都是适合这一时期的食物。如因厌恶食物的气味而不愿意吃东西时，可以吃些冷食，因为凉的食物比热的食物气味少，如凉豆腐、凉粉等。

本月营养胎教DIY

- 饮用金莲花茶。
- 饮用栀子茶。

完美胎教每月一问

Q 和婆婆同住感到焦躁，该怎么办？

A 怀孕期间，婆媳之间的矛盾常常会变得更加严重。但是婆婆是有孕育经验的人，所以，感到不安时可和婆婆商量，这样的沟通也许能让你们产生共鸣。

Q 因为孕吐而无法吃东西，胎宝宝能够顺利成长吗？

A 孕吐并非一种疾病，孕妈妈对此不必过于神经质。最好采用少食多餐的方式。想吃的时候，不要担心吃了又会吐，能吃就尽量吃，这样胎宝宝才不会因为孕吐而营养不良。

Q 在不知道怀孕的时候，因为发质干枯，我几乎每天都用头发保湿水，知道怀孕后我才停用的，这对胎宝宝会有影响吗？

A 女性在孕前及怀孕后要慎用化妆品，尤其应避免使用一些劣质化妆品，但并不是说使用了化妆品就一定会对胎宝宝产生不良影响。胎宝宝在怀孕的前3个月对有害因素较为敏感，你已经在发现怀孕后停用头发保湿水，对胎宝宝的影响应该不会很大，不必有太大的思想压力。

Q 我的月经周期一直都很准，所以刚刚怀孕我就知道了，而且得到了医生的确认，可是这个月，月经又一次到访，这是怎么回事？是医生误诊了，还是其他的原因？

A 你所说的“月经”可能是异常阴道流血。孕早期发生阴道异常流血可能是因为先兆流产和宫外孕，也可能是葡萄胎引起的。若是先兆流产，可以视情况进行保胎治疗；如果是宫外孕或是葡萄胎，可能随时发生宫外孕破裂或阴道大量流血而危及生命。因此，出现上述症状一定要尽快到医院进行相关检查，明确原因，并采取相关医疗处理，以免延误病情危及生命。

Q 孕期虫牙现象严重，应该一直忍受到分娩以后吗？

A 孕期牙龈充血变软，很容易出血或发生血管肿胀。这种现象一般在产后会消失。虫牙或牙龈不牢固的女性最好在怀孕之前就进行彻底治疗。

孕3月——面临妊娠反应的最高潮

孕妈妈与胎宝宝

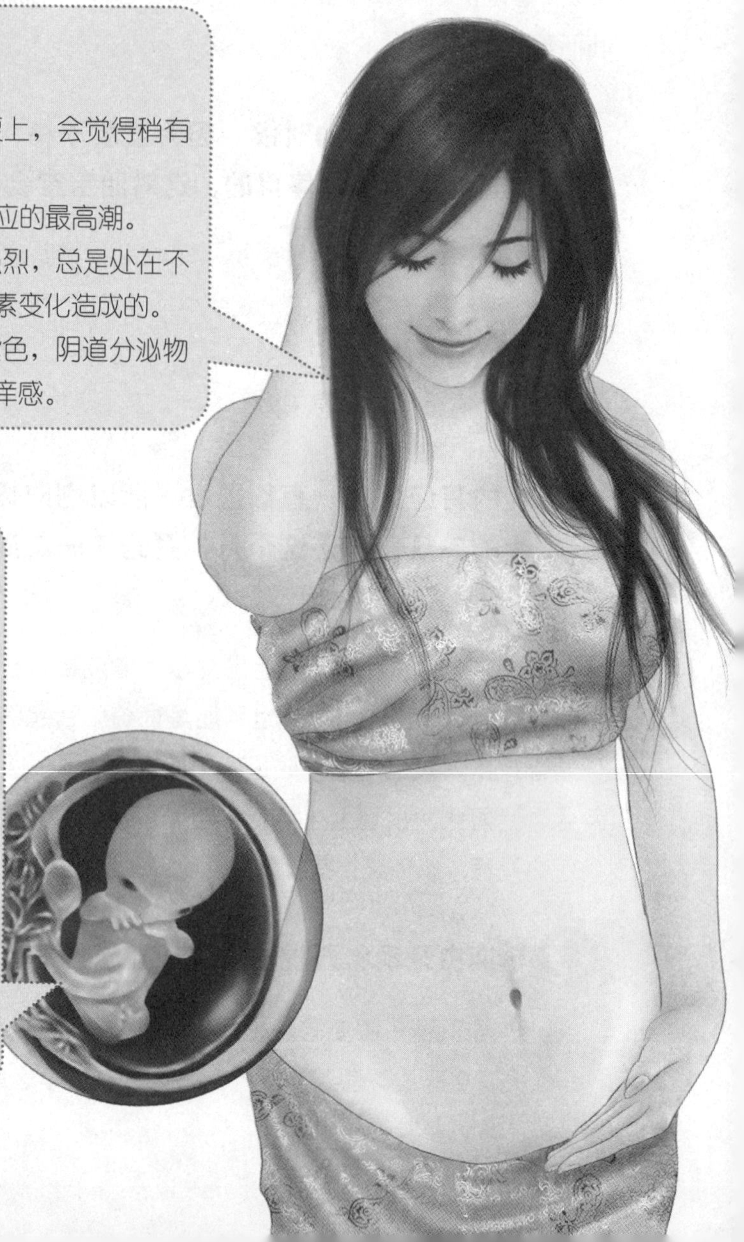

孕妈妈的变化

- **子宫如拳头样大**：将手放在小腹上，会觉得稍有鼓起，但外表看上去变化不大。
- **妊娠反应加剧**：这个月是妊娠反应的最高潮。
- **情绪变得喜怒无常**：感情起伏强烈，总是处在不安、烦闷、忧郁之中，这是体内激素变化造成的。
- **外阴颜色加深**：外阴部呈现深紫色，阴道分泌物增多，并呈乳白色，但无异味和瘙痒感。

胎宝宝的成长

- **胎宝宝身长**：8～9厘米。
- **胎宝宝体重**：20～30克，相当于1颗草莓。
- **内脏器官发育已完成**：内脏器官逐渐发育，肌肉组织也具备了完全的形态。
- **眼皮、眉毛、耳朵生成**：眼球上已经生成了眼皮，并长出了汗毛一般的眉毛；耳廓和耳垂生成，形成了耳朵。

本月孕检小啰嗦

● **进行精密的超声波检查**：此期用超声波检查能观察到胎宝宝心脏波动的情况，还能测定胎宝宝从头部到臀部的长度，从而能够比较准确地推算预产期。

拒绝节奏紧张激烈的音乐——音乐胎教

本月音乐胎教原理

这个阶段胎宝宝原始的耳朵已经形成，虽然内耳的发育尚需一段时间，但从宫内观察，胎宝宝对声音已经有了一些反应，此时播放乐曲，有利于胎宝宝整个听觉系统的发育和完善，为以后的听觉训练打下基础。

本月选曲原则

孕妈妈在孕3月时的妊娠反应最剧烈，此时，孕妈妈很容易产生情绪波动。因此，这个时期孕妈妈适宜听轻松愉快、优雅柔和的音乐，以缓解不安的心情，同时也有利于胎宝宝的健康发育。

这段时期内不宜听过分激烈的现代音乐，因为这类音乐音量较大，节奏紧张激烈，声音刺耳嘈杂，会引起胎宝宝躁动不安，而且会促进母体分泌一些有害的物质，影响孕妈妈和胎宝宝的健康。另外，孕妈妈还可听一些活泼有趣的儿歌、童谣，也可随着轻轻哼唱，通过母体的振动将音乐传递给胎宝宝。

本月音乐胎教策略

● **听乐曲**。为了提高对胎宝宝听觉训练，从这个月起，可以每天进行2次听觉训练，每次3～5分钟，孕妈妈选择的音乐应柔和平缓、优美动听、带有诗情画意。

● **唱歌**。孕妈妈每天可以哼唱几首自己喜爱的抒情歌曲，或优美而富有节奏的小调。

本月推荐曲目

此时的孕妈妈最好听一些曲调优雅柔和、节奏委婉轻盈的乐曲，如《春江花月夜》，特别是《降E大调夜曲》，是肖邦所有的夜曲中知名度最高的一首，其甜美动人的音色仿佛水晶灯般晶莹剔透，令人心醉。

谨防情绪的极端变化——情绪胎教

本月情绪胎教原理

当孕妈妈紧张、焦虑、愤怒时，孕妈妈的情绪会通过神经系统的调节而影响内分泌系统，产生相关激素，使心脏搏动加快、血压升高，这些变化会通过胎盘的血液循环影响胎宝宝的情感与性格或心理的发育。特别是在孕早期，孕妈妈情绪的极端变化有可能造成胚胎分化异常，导致畸形，如新生儿唇腭裂等。

本月情绪胎教策略

为了胎宝宝的健康，对于那些令人不愉快的事情，孕妈妈应一笑置之。时时拥有一颗平静愉快的心，过充实舒畅的生活，这就是最好的胎教。此时孕妈妈对待自身的变化要有一个积极的心态，多欣赏娓娓动听的儿童歌曲，想象胎宝宝的样子，输入眷恋小生命的母爱，这样对胎教起着尤为重要的作用。

本月情绪胎教DIY

在纸上写下身体的不适与一切的不愉快，然后把它丢掉、撕掉、烧掉或者藏起来，告诉自己，在不久之后一切不适即将远去。

办公一族孕妈妈记得多揉小腿——运动胎教

本月运动胎教原理

孕3月，孕妈妈虽然感觉不到胎动，但实际上胎宝宝已经在子宫中开始有所动作了，因此，此时就可提前进行运动胎教了。如果以后胎宝宝发脾气使胎动激烈时，都可在各种胎教方法之前应用此法，以缓解胎宝宝的不良情绪。

本月运动原则

这个时期胎宝宝仍然处于胚胎阶段，胎盘还未完全固定，孕妈妈的活动量仍然宜小不宜大，以免引起流产。

本月运动胎教策略

此时最佳的选择仍然是延续上个月的运动模式，不过，如果此时期的孕妈妈仍然坚持在工作岗位上，就要稍微注意一下了。工作一段时间后要适当地做做伸展运动，抬腿并适当按摩小腿部以缓解腿部麻木、酸痛感。

充满爱意地抚摸肚皮——抚触胎教

本月抚触胎教原理

胎宝宝的皮肤在孕后8周开始出现，到12周左右便发达了。胚胎的外胚层有的发育成皮肤，有的发育成大脑，为此有人称皮肤是人的第二大脑。

本月抚触胎教策略

这时，孕妈妈经常轻柔、有规律地抚摸腹部，可使羊水轻轻晃动刺激胎宝宝的触觉，同时也能促进大脑的发育。因此，这个时候孕妈妈就可以实施抚触胎教了，这样才能沟通信息、交流感情。

本月抚触胎教DIY

实施月份如下：

孕3月，胎宝宝在子宫中已经有一些细微的动作了，因此，这时正是实施“爱抚肚皮胎教法”的最佳时机。

具体做法如下：

胎教时，准爸爸、孕妈妈可以用手轻轻地、充满爱意地抚摸肚皮，让胎宝宝感受到爸爸妈妈对他的爱。另外，可选一处安静场所，采取一种最舒服的姿势，每天花10分钟，不听音乐，不说话，集中精力通过手的抚摸和胎宝宝进行独特的情感交流。这项工作也可以由准爸爸协助完成，孕妈妈躺在床上，准爸爸对胎宝宝进行抚触，可以让胎宝宝提前感受家庭的温暖。

孕妈妈充满爱意地抚摸肚皮，有助于胎宝宝健康成长。

在进行抚触胎教时，首先要遵守的一个原则就是一定要充满爱意地抚摸，而不是拍打或按压。另外，孕妈妈千万不要在情绪不佳时进行胎教，这样很容易因手法过重而对胎宝宝造成伤害。

保证充足、优质的营养——营养胎教

本月营养胎教原理

在孕3月初期，由于胎宝宝体积尚小，所需的营养不在于量的多少，重要的是质的好坏，所以孕妈妈此时尤其要注意多种优质营养素的摄取，平时需要蛋白质、维生素较多的食物。

本月饮食原则

这个时期，如果孕妈妈胃口好转，可适当加重饭菜滋味，但仍需忌辛辣、过咸、过冷的食物，应以清淡、营养的食物为主。

本月营养胎教策略

食物种类	每天食用量	食物内容
主食	200～250克	大米、面粉等
杂粮	30～50克	小米、燕麦、玉米面、豆类、薯类
动物类食品	150～250克（动物肝脏50克）	鸡、鸭、肉、兔、虾、动物肝脏等
蛋类	50克	鸡蛋、鸭蛋、鹌鹑蛋、鹅蛋等
烹调油	20克	大豆油、玉米油、橄榄油等
奶类	250～500克	牛奶、豆奶等
豆类	50克	鲜豆或豆制品等
蔬菜	200～400克	以黄橙色及绿叶蔬菜为主等
水果	50～100克	以新鲜水果为宜

本月推荐食物

多食胡萝卜、松口蘑、莼菜、圆白菜、黄豆芽、黄瓜、茄子等食物有益于孕妈妈的身体健康。

本月营养胎教DIY

食粥时要细嚼慢咽

细嚼慢咽可让消化酶充分地分泌，保证营养的吸收，让宝宝健康成长。

食用柚子清

香气清冽的柚子清不仅可帮助妈妈调理情志，还对胎宝宝的感觉和听力发育有益。

食用茯苓粥

用茯苓做成的粥有助于保持心情的平静。

完美胎教每月一问

Q 老公买了蛋白粉给我，不知道能不能吃？

A 除了低蛋白血症和其他蛋白质营养不良的患者及不喝奶的素食主义者，一般身体健康的人没有必要额外补充过多的蛋白质。对不少孕妈妈来说，过量的蛋白质反而有可能因增加肝肾的排泄负担，影响肝肾功能。

Q 我的妊娠反应很剧烈，吃的东西都吐出来了，胃口也变差了，怕这样会引起胎宝宝发育不良，有什么办法改善？

A 一般来说呕吐几次不会影响胎宝宝的营养吸收。但如果呕吐严重，经常吃不下东西，可能引起脱水、酮尿症甚至代谢性酸中毒，对胎宝宝发育不利。因此，如妊娠反应特别剧烈，最好到医院查血尿情况，也可到营养门诊就诊。

Q 我想一直服用维生素B_6来减轻恶心反应，这对胎宝宝有影响吗？

A 孕吐反应严重时，可以在医生指导下适量服用一些维生素B_6，但不可大量、长久地服用。因为，过量服用维生素B_6会使胎宝宝产生依赖性，发生维生素B_6依赖症。这样在胎宝宝出生后，会经常哭闹，容易兴奋或受惊，眼球出现震颤或反复发生惊厥。所以，不应以大量服用维生素B_6的方法来减轻孕吐反应。

Q 孕早期能服用补铁口服液吗？

A 孕早期有妊娠反应，食物自然吃得少，这时再服用补铁口服液，容易导致便秘。因此，孕早期不要服用补铁口服液。一般建议从孕 16 周以后开始服用。

Q 我特别不喜欢喝牛奶，有没有其他的替代食品呢？

A 许多医院都建议孕妈妈喝牛奶，因为牛奶是最方便的钙质供应源。但如果不喜欢喝牛奶，那么吃奶酪、酸奶等富含钙的食品也很好。

Q 腹部和右腰经常隐隐作痛，是不是胎宝宝的位置不理想呢？

A 这是正常的孕早期反应，大部分孕妈妈都会有这种感觉，对此不必过于担心。若感觉疼痛感比较重时，可去医院进行及时的身体检查。

孕4月——胎宝宝初具雏形

孕妈妈与胎宝宝

孕妈妈的变化

- **子宫如小孩头样大：**小腹明显隆起，因支撑子宫韧带牵引，腰部产生痛感。
- **妊娠反应逐渐消失：**肚子难受和恶心症状消失，食欲开始恢复，体重逐渐增加。
- **流产担忧消失，要开始预防贫血：**给胎宝宝提供血液和氧气以及营养素的胎盘已经基本长成，开始出现贫血现象，故孕16周开始需服用贫血药。

胎宝宝的成长

- **胎宝宝身长：**16～18厘米。
- **胎宝宝体重：**110～120克，相当于1个猕猴桃。
- **内脏器官逐一归位：**各脏器功能几乎已完备，附着在脖子附近的肺和心脏下移至胸部。
- **有着乒乓球般的头部：**头盖骨内充满脑细胞，对刺激有反应。
- **进行蠕动性活动：**抚摸脐带，或触摸膝盖，还会打哈欠、伸懒腰、皱眉头等。

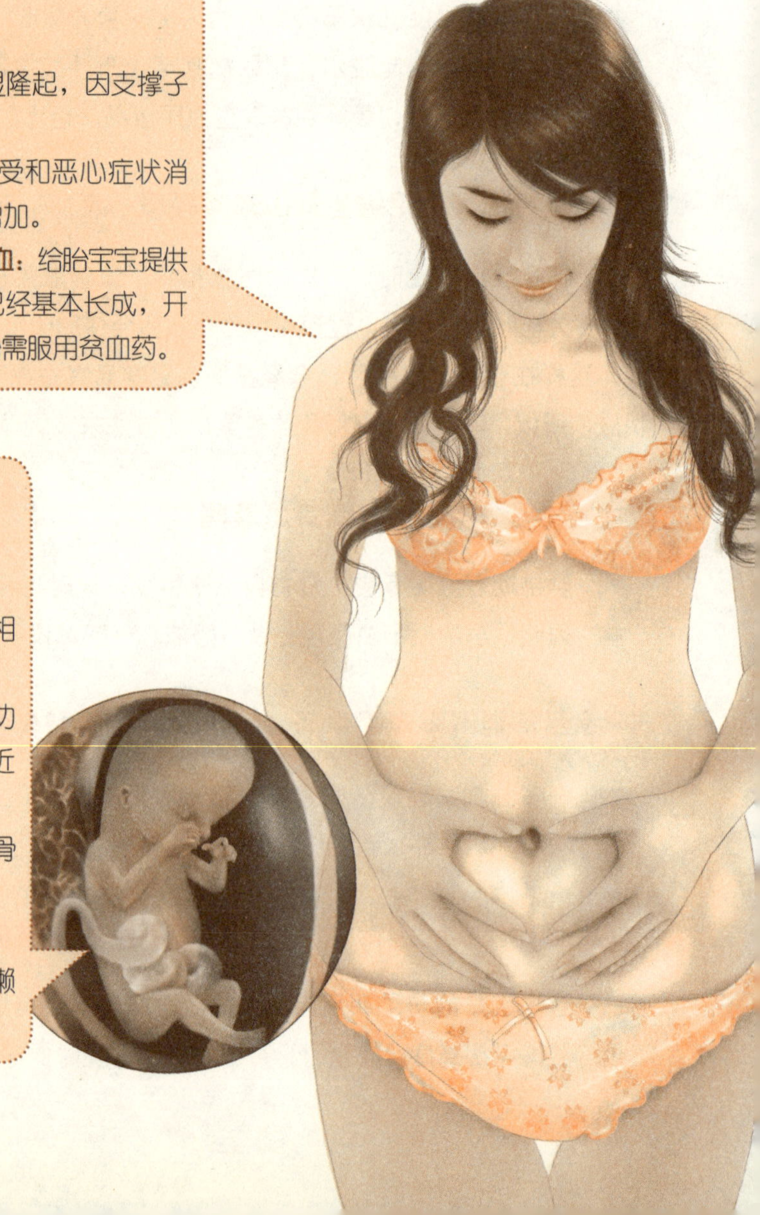

本月孕检小啰嗦

- **超声波检查**：通过超声波测量两耳之间的长度来判断胎宝宝成长的状态，并能诊断出大脑和头盖骨没能及时发育的无脑症。
- **小便检查**：目的是检查小便中是否含蛋白或糖，以证明孕妈妈在怀孕前是否患有肾病。
- **血液检查**：了解孕妈妈是否贫血，以便及时补充铁剂。

每月胎教推荐

听几首妈妈唱的歌——音乐胎教

本月音乐胎教原理

前几个月的音乐胎教都是孕妈妈听音乐，然后通过母体将自己的感受传递给胎宝宝，胎宝宝自己并不能真正听到音乐。到怀孕的第四个月时，胎宝宝的听觉感受能力明显提高，依稀能够听到外界的声音了，由此也就能听到音乐了。

本月选曲原则

这一阶段，音乐胎教的目的是以声波刺激胎宝宝听觉器官的神经功能，以促进其更好发育。这时，孕妈妈和胎宝宝听的胎教音乐内容可以丰富一些，种类可以多一些。胎教音乐的节奏宜平缓流畅，不带歌词，乐曲的情调应温柔甜美。

孕妈妈此时可多听低音的歌曲和乐曲。

本月音乐胎教策略

此期可播放大提琴独奏曲或低音歌声和乐曲等，特别是父亲的低音哼唱，是胎宝宝最容易接受的。另外，孕妈妈亲自哼唱歌曲会得到令人满意的效果，孕妈妈每天可以哼唱几首自己喜爱的抒情歌曲，或优美而又富有节奏感的小调、摇篮曲等。一方面，孕妈妈在自己的歌声中陶冶了性情，获得了良好的胎教心境；另一方面，孕妈妈在唱歌时，产生的物理振动和谐而又愉快，使胎宝宝从中得到感情和感觉上的双重满足。

本月推荐曲目

《B小调第一钢琴协奏曲》《喜洋洋》《春天来了》等乐曲，尤其是柴可夫斯基的《B小调第一钢琴协奏曲》，以新颖明晰的素材，表达了对光明的向往和对生活的热爱，曲调中充满了青春与温暖的气息，尤其适合作为此时的胎教素材。

不做暴躁的孕妈妈——情绪胎教

本月情绪胎教原理

英国一项研究证明，夫妻吵架，对胎宝宝产生的不利影响比母亲患有高血压病对胎宝宝产生的不利影响大6倍，可见母亲的情绪对胎宝宝的影响很大。

孕4月时，胎宝宝大脑中枢内控制本能、欲望、心理状态的间脑或旧皮质部分已经形成，夫妻吵架时，如果用超声波来观看胎宝宝，可发现胎宝宝会有一些异常行为。

当孕妈妈情绪不稳定时，间脑的激素就会变化，这时会通过母体的血液，经由胎盘流入胎宝宝血液中，再进入胎宝宝间脑，间脑受到刺激，就会让胎宝宝的行动产生变化。这种刺激的反应，对出生后的宝宝影响甚大。

一般来说，脾气较暴躁的宝宝，在母体内孕育时的家庭环境，特别是父母关系往往不是很和谐。

本月情绪胎教策略

准爸爸应该体贴孕妈妈，为了腹中胎宝宝的安全，应尽量避免让孕妈妈做吃力的家务劳动，减少孕妈妈的负担。

近来很流行“孕妈妈在怀孕期间多看可爱婴儿的照片会生出漂亮宝宝”等说法。如果这样做能使孕妈妈高兴，也不失为一种良好的胎教。

如果孕妈妈能够保持心情平静开朗，身体情况便能维持良好状态，同时也能减少孕期的负担，如此一来，腹中的胎宝宝就能在舒适环境中健康地成长发育了。

准爸爸要尽力承担家务活，以减轻孕妈妈的负担。

和胎宝宝聊天、说话——对话胎教

本月对话胎教原理

孕4月的胎宝宝，已经产生最初的意识，不仅孕妈妈胸腔的振动可以传递给胎宝宝，而且孕妈妈的说话声也可以被胎宝宝听到。但胎宝宝此时还没有记忆声音的能力，只能判断声音的规律以及高低起伏，因此，孕妈妈要特别注意自己说话的音调、语气和用词，以便给胎宝宝一个良好的刺激印记。

本月对话胎教策略

对话胎教要求父母双方共同参与，准爸妈可以给胎宝宝起一个中性的乳名，经常呼唤他，使胎宝宝牢牢记住。如此，宝宝出生后哭闹时呼其乳名，宝宝便会对子宫外的崭新环境不再陌生，而是有一种安全感，会很快安静下来。

这时，准爸妈要把胎宝宝当作一个懂事的孩子，经常和他说话、聊天，或唱歌谣给他听。对话的内容不宜太复杂，最好在一段时间内反复重复一两句话，以便使胎宝宝大脑皮层产生深刻的记忆。

男性的低音是比较容易传入子宫内的，而且研究发现，胎宝宝比较喜欢这种低沉的声调，因此，准爸爸要经常给胎宝宝唱歌、讲故事，同他说话。通过这种声音训练的胎宝宝出生后会很快适应新的生活环境。

本月对话胎教DIY

- 准爸爸将每天的话题构思好，可以在当天的“胎教日记”中拟定一篇小小的讲话稿。稿子的内容可以是一首纯真的儿歌、一首内容浅显的古诗、一段优美动人的小故事，也可以谈自己的工作及对周围事物的认识，刻画人间的真、善、美。
- 准爸爸在开始对胎宝宝讲话的时候，可以用抚慰和能够促使胎宝宝形成自我意识的语言对胎宝宝讲话。开场白可以是这样：“宝宝（或者叫乳名），我是你的爸爸，我叫×××，我会天天和你聊天……”
- 对话结束时，要对胎宝宝给予适当的鼓励，可以这样说，“宝宝学习很认真，你是一个聪明的孩子，好吧，今天就学习到这儿，再见！”

让胎宝宝每天都拥有清新环境——环境胎教

本月环境胎教原理

胎宝宝在母体内长到4个月时，就有了种种感觉。如对声音刺激有了反应，当母体处在过分嘈杂的环境中，受到干扰的胎宝宝就会频频蹬腿以示反感；视觉也有了一定的反应，当母亲腹部处于强光照射下时，大部分胎宝宝都会微微侧脸。此时的胎宝宝已经有了味觉，实验表明：注射了糖汁的羊水被胎宝宝吸收的速度加快了一倍，相反，如向羊水中注射带苦味的碘，胎宝宝吸收羊水的速度显著放慢。母亲吸烟时，胎宝宝的心脏也会随着母体心跳的加快而加速搏动，母亲吸烟过量，胎宝宝会烦躁不安，甚至出现痉挛。

本月环境胎教策略

孕妈妈要经常打开窗户换空气，以保持室内空气清新。

俗话说："一日之计在于晨"。每一位即将做妈妈的孕妇都应该克服自己的懒惰情绪，争取每日早些起床，到有树林或者有草地的地方去做操或散步，呼吸那里的清新空气，因为在树林多的地方以及有较大面积草坪的地方，灰尘和噪声都比较少，对孕妈妈和胎宝宝都比较有益。

除早晨外，孕妈妈在休息时间也应到树木多的地方、草坪上或喷水池边走走。白天多开窗户，保持室内空气清新。

另外，假日里与丈夫和亲朋好友一起去郊外游玩，也是一种呼吸新鲜空气的好方式。孕妈妈在欣赏秀丽大自然的同时，腹中的胎宝宝也会受到益处——含氧丰富的血液会使胎宝宝像喝足水的庄稼一样茁壮成长，有时还会在腹中手舞足蹈，以示感激之情。

本月环境胎教DIY

- 每天开窗，把室内空气中的毒素释放出去。
- 经常把被褥拿到室外晾晒。
- 让洗涤物在室外自然晾干，不要用带有人造香味的转筒式干衣机来烘干。
- 在浴室的窗户上装一个排气扇，方便空气交换，并可以除去湿气。

适当加大运动强度——运动胎教

本月运动胎教原理

胎宝宝一般在孕7周后开始活动。胎宝宝在宫内的活动方式是丰富多彩的，如握拳、吸吮手指、吞咽羊水、蹬腿、翻身等。研究资料表明，如果从此时开始对胎宝宝进行宫内运动训练，经常帮助胎宝宝活动，胎宝宝出生后动作的发展要比一般婴儿早些，也更灵活些。

本月运动原则

孕4月，胎宝宝已经处于一个相对稳定的状态了，此时孕妈妈可适当增大运动的强度，但是一定要避免剧烈运动和过度疲劳。孕妈妈可以散步、做孕妇操、慢跑，随着体重的增加，活动应日趋轻微柔和。

本月运动胎教策略

孕中期可适度地根据自己的情况进行体育锻炼，比如散步、跳舞、坐健身球。孕妈妈对孕中期体重增加、身体失衡的情况还未完全适应，因此不要做爬山、登高、蹦跳之类的平衡运动，以免发生意外。

本月推荐运动项目

适宜运动：散步、健身球、慢舞等。

本月运动胎教DIY

风浴可以向母体提供大量的清新空气，从而促进胎宝宝的大脑发育，因而属于有益的胎教法。即使平常经常感冒的孕妈妈也可以进行此练习，以提高人体抵抗力，预防感冒。进行风浴时尽量不穿衣服，准备比应季使用稍厚的被子或毯子。敞开窗户，使室内空气充分流通，饭前1小时或饭后30～40分钟后进行风浴即可。

具体方法如下：

1.褪去衣服，盖上被子，静坐1分钟。

2.1分钟后，拿下被子，对头部进行20秒钟的按摩。

3.盖上被子，安静地休息1分钟。

4.1分钟后，拿下被子，对颈部和肩部进行40秒钟的按摩。

5.盖上被子，安静地休息1分钟。

6.1分钟后，拿下被子，对腰部和腿部进行40秒钟的按摩。

通过这些步骤，使各阶段裸露的时间各不相同。进行风浴时，盖被子的时间可以稍长一些。在裸露的时间里，通常是按照头部、颈部、肩部、腰部的顺序进行按摩。也可以不按上述顺序而根据孕妈妈的身体状况，对身体各部位中感觉僵硬的地方进行按摩。按摩时，不要忘记同时抚摸腹部，这样可以与胎宝宝进行间接肌肤接触。

孕妈妈可不能偏食哦——营养胎教

本月营养胎教原理

从这个阶段开始，胎宝宝的运动增多了，正值胎宝宝需要大量养分的时期，所以孕妈妈必须均衡地摄取各种需要的营养素，这不仅是为了胎宝宝的生长发育，也是为了自己本身的健康。

本月饮食原则

此时胎内的环境安定，胎宝宝进入了急速生长时期，因此孕妈妈需要补充充分的营养，平时可以多摄取蛋白质、植物性脂肪、钙、维生素等营养物质。这些营养素对孕妈妈自身和胎宝宝有着不同的作用，缺一不可，不要因为喜欢吃某种食物而养成偏食的习惯。

本月营养胎教策略

就餐时间	食物种类及饭量
早餐	米饭1碗，豆腐海带汤1碗，鸡蛋1个
加餐	橘子1个（富含维生素C）
午餐	牛肉凉面1盘，番茄鸡蛋酱适量
加餐	牛奶1瓶，饼干几块
晚餐	米饭2碗，海带丝拌菠菜1盘，酱菜适量，胡萝卜豆腐汤1碗

本月推荐食物

土豆、蕨菜、蜂王浆、白萝卜、芦荟、玉米、牛蒡、竹笋、芋头等食物都是孕4月的孕妈妈应该注意摄取的。这一阶段是胎宝宝飞速成长的时期，应多食富含B族维生素和镁的食物，如豆腐、无花果等。

本月营养胎教DIY

咸草有调节呼吸，保持头脑清醒的作用，能帮助形成大脑的神经细胞的核心物质的生成，因此此时孕妈妈可经常食用咸草粥。

完美胎教每月一问

Q 我一直有喝浓茶的习惯，怀孕后可不可以继续喝浓茶？

A 建议你最好暂时先不要喝浓茶了。因为浓茶中含有咖啡因，而咖啡因会加剧孕妈妈的心脏跳动，增加排尿量，从而加重心、肾的负担，诱发妊娠高血压综合征；咖啡因还会刺激胎动增加，对母婴健康均有不良影响；浓茶中含有的大量鞣酸，也会与食物中的铁结合，在肠道形成不易吸收的复合物，影响铁的吸收，使孕妇易患缺铁性贫血。

Q 我怀孕4个月了，尽管离分娩还有较长时间，但由于我的骨盆有些偏小，所以担心在分娩时会发生难产，应该怎样避免难产？

A 能否顺利分娩不只是取决于骨盆大小，还包含产力、产道和胎宝宝等三方面的因素。其中任何一个或一个以上的因素发生异常，都会导致难产。因此，你应该从以下几个方面去避免难产：

- 孕期注意科学地摄取营养，在医生指导下合理安排每天的饮食。不要过度摄食，以免胎宝宝长得太大，娩出困难。
- 注意适当地进行运动，如散步或做孕妇保健操，增加骨盆和腹部肌肉的力量，增加产力。
- 发现胎位异常时，应在医生指导下做胸膝卧位，尽量使胎位在临产前转为正常。

Q 我是容易感冒的体质，怀孕期间有没有预防感冒的好方法？

A 每天吃富含维生素C和柠檬酸的水果能有效预防感冒，但过多摄取维生素C也是不可取的。多喝水也有助于预防感冒。另外，用盐水喷雾器向鼻腔内喷雾，对预防感冒也非常有效果。

Q 阴部周围出现小米粒状的东西，这是不是一种病呢？

A 这种情况部分是来自分泌物或挠痒后的皮脂凝结物，部分是因为外阴部毛囊炎症而导致的外阴皮肤出现小米粒大小的突起，这是静脉曲张的一种，一般在分娩之后就会消失。但如果是尖锐湿疣则可能侵入外阴部、肛门周围、阴道内部和子宫颈，严重的甚至会阻塞产道，导致分娩困难，因此应该接受局部治疗。

孕5月——母子欢乐互动

孕妈妈与胎宝宝

孕妈妈的变化

- **子宫如大人头样大**：子宫底高度已经达到14～18厘米，已呈孕妇模样。
- **供血不足引发新问题**：由于需血量是之前的2倍，负责供应血液的心脏活动增加，出现出汗、发热现象。
- **初乳出现**：乳头分泌出黄色的液体，这是在为哺乳作准备。

胎宝宝的成长

- **胎宝宝身长**：20～25厘米。
- **胎宝宝体重**：约300克，相当于1个苹果。
- **能听见爸爸妈妈的声音**：耳内的听骨变硬，能听见外部的声音。
- **对光产生反应**：眼睛能正视前面，视网膜已经发育，可对光产生条件反射。
- **能够感受喜怒哀乐**：间脑渐渐发育，能感受到妈妈的情感，并显露表情，如皱眉头、转动眼球、露出哭相等。

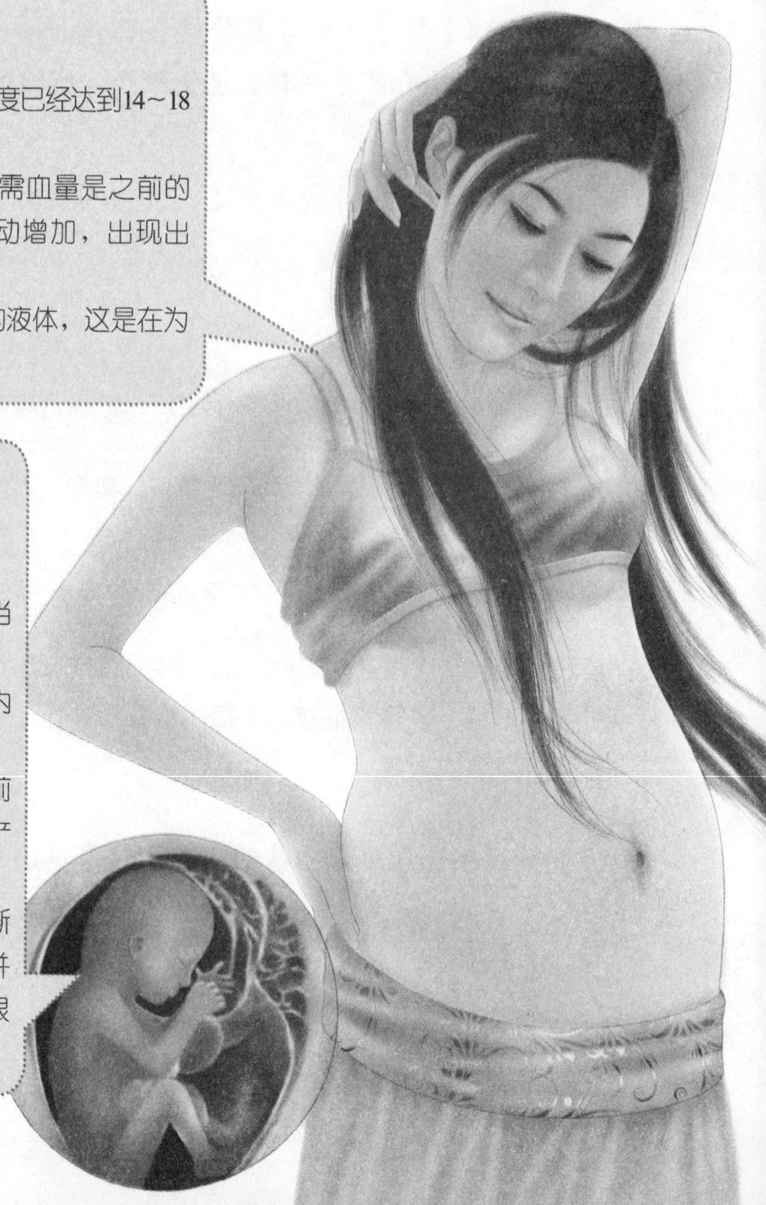

本月孕检小啰嗦

- **B超检查**：除了弥补怀孕初期未作超声波检查之不足，主要目的还是针对胎儿的重大畸形作筛检，如脑部异常（水脑、无脑等）、四肢畸形、水肿等。
- **宫内检查**：通过此项检查，能够了解胎宝宝有无脊柱畸形和其他几种先天性畸形，还能识别染色体异常发生率高的孕妇，以便接受羊水检查。
- **羊水检查**：通过宫内检查发现异常者，或者是35岁以上的高龄孕妇，都应该接受羊水检查。

每月胎教推荐

开始制订对话胎教计划——对话胎教

本月对话胎教原理

胎宝宝的听觉功能建立起来后，此时的胎宝宝就可以听到外界的声音了，因此准爸妈可以进行对话胎教了。

本月对话胎教策略

孕妈妈可以给胎宝宝讲每天喜闻乐见的事，也可以给胎宝宝朗读一些清新优美的散文和诗歌，还可以讲故事。声音要亲切、柔和、明朗，特别是讲故事时应该绘声绘色。孕妈妈可以呼唤着胎宝宝的乳名，与他说一些日常语言。

孕龄	对话胎教计划
怀孕5～6个月	◎平常准爸爸、孕妈妈必须一起向胎宝宝问候。 ◎积极尝试踢腹游戏。 ◎尝试专门的对话仪器。
怀孕7个月左右	◎每周听2次音乐CD。 ◎每个月至少参加1次音乐会。 ◎给胎宝宝讲述爸爸妈妈一天的生活。
怀孕8个月左右	◎教胎宝宝认识花儿和水果。 ◎教胎宝宝认识动物。 ◎每周听2次音乐CD。
怀孕9个月左右	◎将英文字母以描述的形式讲给胎宝宝。 ◎给胎宝宝读篇幅较长的文章。
怀孕10个月左右	◎在英语字母中选出5个左右，以描述图像的形式教给胎宝宝。 ◎听英文歌曲。

本月对话胎教DIY

- “小宝宝，现在是早晨，天气晴朗，一会儿爸爸去上班了，你跟着妈妈要听话，下班爸爸再给你讲故事。”
- “今天是星期日，是休息时间，爸妈带你去公园，呼吸新鲜空气，看看绿绿的草地，红红的花朵，好吗？”

明暗交替，促进胎宝宝视觉发育——视觉胎教

本月视觉胎教原理

科学工作者在对孕妈妈腹壁直接进行光照射时，通过B超探测观察可以见到胎宝宝出现躲避反应，如背过脸去，同时有睁眼、闭眼活动。可见孕5月，胎宝宝对光线已经非常敏感，可以在胎宝宝睡醒时进行视觉功能训练了。

本月视觉胎教策略

可用小手电筒，直接放在母体腹部的胎头部位，用弱光一闪一灭进行光线照射，每日3次，每次30秒钟，以这种方法进行视觉训练并促进视觉发育，可增加视觉范围，同时有助于强化昼夜周期和促进动作行为的发展。

胎教实施中，孕妈妈应注意把自身的感受详细地记录下来，如胎动的变化是增加还是减少，是大动还是小动，是肢体动还是躯体动。通过一段时间的训练和记录，孕妈妈可以总结一下胎宝宝对刺激是否建立起特定的反应规律。不要在胎宝宝睡眠时施行胎教，这样会影响胎宝宝正常的生理周期，应该在有胎动的时候进行胎教。光照时可以配合对话胎教，综合的良性刺激可能对胎宝宝更有益。

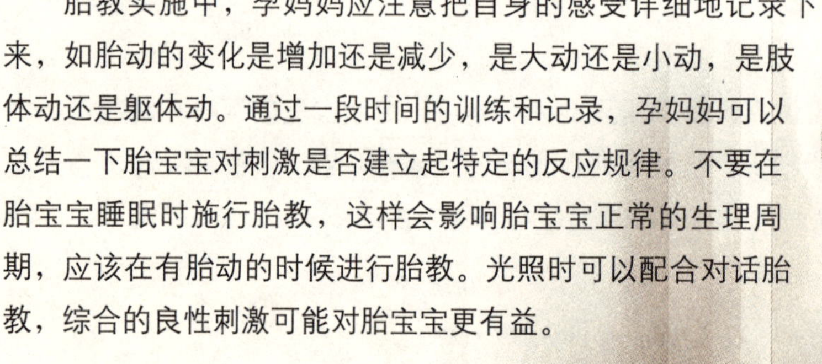

胎教小叮咛

实施视觉胎教的时候，切忌用强光照射，用微光照射的时间也不宜过长。

孕妈妈在实施视觉胎教时，要详细地记录下胎动的变化，以从胎动频率中了解到胎宝宝的生长和发育情况。

本月视觉胎教DIY

在天气晴朗时外出散步，选在林荫小道或者有树的院落或者公园，环境要相对安静，空气要清新。树荫下的斑驳光线可让胎宝宝感受到光线强弱的对比。

也可选择独立的一棵树，一会儿沐浴在阳光下，一会儿走入树荫，这样反复多次练习，不仅让胎宝宝感觉到光线的不同，也能做适当的运动，是一项非常不错的胎教方式。

穿上漂亮泳衣去游泳吧——运动胎教

本月运动胎教原理

孕5月，胎宝宝的状况已经基本稳定了，此时孕妈妈应该主动参加一些合理的、适度的运动。这样不但可以控制体重，还可提高自身抵抗力，改善孕期不适，加强骨盆和腰部的肌肉，使胎宝宝在分娩时容易娩出。

适当运动能充分地摄取氧气，研究表明，脉搏每分钟跳动120次时，是摄取氧气最好的时机。通常，胎宝宝是通过脐带来摄取氧气或营养的，如果孕妈妈能充分地摄取氧气，胎宝宝的大脑即会因为充足的氧气而变得活性化。

可见“运动能生出头脑好的宝宝”，这并不是夸张的说法。

本月运动原则

不管进行什么运动，强度都不宜太大。一旦运动过于剧烈，脉搏每分钟超过150次时，就会产生氧气不足的状态。剧烈运动后，呼吸急促，连话都说不出来，就会产生相反的效果，会抑制胎宝宝大脑的发育。

本月运动胎教策略

孕妈妈每天的生活中，一定要有散步。散步的时间最好是在上午10点到下午2点左右，这段时间是一天中子宫最放松的时间，孕妈妈散步时的氧气供给量要比坐着的时候高2～3倍，并能改善不快的心情。

游泳的时间最好选择在上午10点到下午2点宫缩不是很厉害的时候进行。水温要适宜，水温过高，超过32℃，容易引起疲劳；水温过低，低于28℃，就会刺激子宫收缩，有可能引起早产或流产。

在下水之前，一定要量血压、测脉搏，此外，还要对身体状况做全面详细的检查，身体合格者才能下水游泳，并且一定要有游泳教练在场。游泳时注意动作不宜剧烈，可在水中漂浮、轻轻打水，仰游较为合适。

跳舞最好在有轻音乐舞曲伴奏下进行，在家里跳最好，不要到喧闹的舞厅里。

养血补血，平衡内分泌——营养胎教

本月营养胎教原理

孕5月是胎宝宝大脑开始形成的时期，所以孕妈妈在这个时期应该注意从饮食中充分摄取对脑发育有促进作用的食物，以利于胎宝宝脑组织发育。

本月饮食原则

应从这时起，做授乳准备，开始做乳头保养，开始作一些育儿用品和产妇用品的计划安排。这个期间要少食多餐，多吃些含铁丰富的食物，如猪、牛、鸡等的肝脏及海藻类绿色蔬菜。

本月营养胎教策略

食物种类	每天食用量	食物内容
主食	400～500克	大米、面粉、小米、燕麦、玉米面
肉食	100克	鸡、鸭、猪肉、虾、动物肝脏
牛奶（奶制品）	适量	牛奶和豆浆
蛋类	1～2个	鸡蛋、鸭蛋、鹌鹑蛋、鹅蛋
蔬菜、水果	多多益善	各种蔬菜和水果

本月推荐食物

多摄取富含有助于血液生成的铜元素、维生素B_6、维生素B_{12}、锌、叶酸、钴等营养素的食物。如甘薯、蜂蜜、海带、大枣茶、裙带菜、圆白菜、葛根、豆类、南瓜等对母婴都非常有益。

本月营养胎教DIY

食用海带和茼蒿

多食用海带和茼蒿等食物可调节心志、舒缓压力，从而平衡内分泌，促进孕妈妈的性激素分泌，使胎宝宝健康成长。

食用小米粥

此时是胎宝宝感觉器官发育旺盛的时期，孕妈妈在平常可以多食有利于听力发育的小米粥。

完美胎教每月一问

Q 孕期可以服用维生素补充剂吗?

A 怀孕后，母体对维生素的需要量比怀孕之前更多。对维生素A、维生素B_1和维生素C尤其需要。大部分维生素通过食物即可充分摄取，但叶酸通过食物摄取的量很受限制，对此，可以服用含有叶酸的补充剂来摄取怀孕初期容易缺乏的叶酸。

Q 怀孕以后，还能吃转基因食品吗?

A 转基因食品的安全性在国际上还有一定的争议，目前认为对有过敏体质的人群，转基因食品可能会增加其过敏的危险性，因此建议孕妈妈尽量不吃。

Q 我吃了钙片以后觉得胃难受，这是为什么?

A 不少钙制剂都可能对胃肠道产生不良反应，这是由于其刺激胃黏膜，或刺激胃酸分泌引起的。因此钙片最好在餐后服用。

Q 孕妇患有什么病就不可以去游泳?

A 除了一般不适宜运动的产科并发症外，如果有传染病或破水等早产迹象，都不能游泳。患高血压的孕妈妈在温度适宜的与肩齐深的水中，可使血压下降；其他如下肢静脉曲张、腰背痛、失眠等问题都可通过水中运动得到改善。

Q 我从孕20周起开始感到尾骨疼痛，应该怎样缓解疼痛?

A 这种现象一般在孕20周时出现，产后半年内完全消失。建议在孕期多摄取富含钙及多种维生素的食物，适度进行运动，多种体位交换也有利于缓解疼痛。如果疼痛严重，影响到生活和工作，可以进行局部封闭治疗。

Q 孕期可以化妆吗?

A 正规商场销售的化妆品大部分都经过了安全测试，即使孕期使用也不会有副作用。而且，孕妇的状态在各个方面都不如孕前，这时化妆会使自己看上去充满朝气，不但自己心情愉快，看的人也会感到赏心悦目。不过，孕期皮肤敏感，容易产生粉刺及雀斑，因此不建议化浓妆。

孕6月——也有欢喜也有忧

孕妈妈与胎宝宝

孕妈妈的变化

- **子宫比成人的头还要大**：子宫底上升至19～21厘米，支撑子宫的韧带拉长，产生痛感。
- **不良症状时有发生**：呼吸困难，心脏负担加重，会出现消化不良、没吃即饱等症状；甲状腺功能活跃，导致出汗增多，不时有眩晕、头痛等症状。
- **血液循环不畅**：下肢循环不畅，造成腿部痉挛；多部位发红，甚至出现雀斑和淤血。

胎宝宝的成长

- **胎宝宝身长**：25～30厘米。
- **胎宝宝体重**：650～800克，相当于2个夏季蜜柑。
- **活动更加活跃**：肌肉逐渐发育，能够做一些诸如舒展手臂和腿脚、用手抓捏、旋转身体等运动。
- **具备了味觉**：此时味蕾多于成人，对味道已经十分敏感，喜欢甜味，讨厌苦味。
- **出现打嗝现象**：喝进羊水后，有时会吞咽失误，从而刺激膈膜引起痉挛，出现打嗝现象。

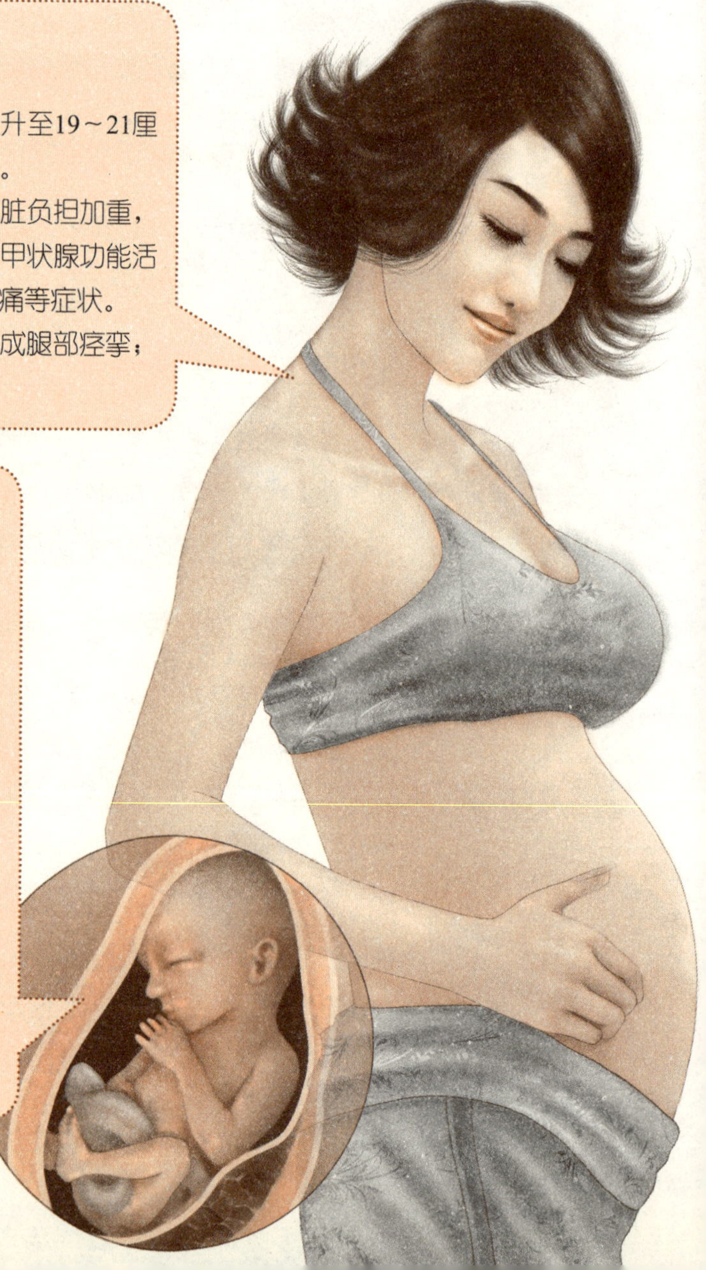

本月孕检小啰嗦

- **超声波全面检查**：通过该项检查，可以了解到胎宝宝各脏器的位置有无异常、有无畸形等，诊断的准确率高达60%。
- **心脏共鸣检查**：检查胎宝宝的心脏有无异常。若是爸爸妈妈或直系亲属中有人患过心脏病，或者孕妈妈以前怀孕时胎宝宝的心脏有过异常，或者怀孕初期因大量服用药物而心存疑虑的话，都应该进行该项检查。
- **小便检查**：此期小便中若出现蛋白，极可能发生了妊娠中毒症。如果怀疑患了膀胱炎或肾盂肾炎，可通过检查小便中的细菌来作出判断。

每月胎教推荐

是准爸爸大展歌喉的时候了——音乐胎教

本月音乐胎教原理

进入6个月以后，胎宝宝已经具备听觉能力了，他的身体能感受到外部音乐节奏的旋律。胎宝宝可以从音乐中体会到理智感、道德感和美感。孕妈妈也可以从美妙的音乐中感到自己在追求美、创造美。

本月选曲原则

一般来讲，应给那些活泼好动的胎宝宝听一些节奏缓慢、旋律柔和的乐曲，如《摇篮曲》等；而给那些文静、不爱活动的胎宝宝听一些轻松活泼、跳跃性强的儿童乐曲、歌曲，如《小天鹅舞曲》等。

本月音乐胎教策略

这个月的音乐胎教同第五个月时一样，通过听录音磁带或唱片中的轻音乐，让悠闲的生活充满优美的乐声，从而使孕妈妈精神愉悦，并将这种美好的心情传递给胎宝宝。

孕妈妈在听音乐时，可想象宝宝和自己一起在听音乐，将美好的心情传递给胎宝宝。

另外，孕妈妈可以用柔和的声调哼唱轻松的歌曲，同时想象胎宝宝正在静听，从而达到母子心音的和谐共振。还可调低音量，直接将胎教器放在孕妈妈的腹部旁，让胎宝宝亲自欣赏音乐。由于胎宝宝对低沉的声音比较敏感，所以准爸爸可以练习音符发音，例如“12345671”“17654321”。反复轻声教唱若干遍，再让胎宝宝“学唱”。

本月推荐曲目

《小太阳》、《秋日私语》、《秋夜》、《仲夏夜之梦》、《让世界充满爱》、《我将来到人间》、《春天来了》等。其中门德尔松的管弦乐序曲《仲夏夜之梦》是旋律轻柔安详、引人进入梦境的乐曲，非常适合做为胎教的音乐教材。

贝多芬的《致艾丽丝》、德沃夏克的《新世界》、海顿的《小夜曲》均蕴含有深远的意境及浓厚的情怀。

一家三口的温馨之旅——情绪胎教

本月情绪胎教原理

孕6月，胎宝宝已经基本稳定，孕妈妈也已经习惯了孕期生活，而且没有了妊娠反应的影响，此时孕妈妈的心情不再像怀孕初期那样战战兢兢、容易波动了。孕妈妈情绪稳定了，更有利于让肚子里的胎宝宝拥有愉快的心情。孕妈妈要趁着身体还能灵活行动时，多多外出调节身心，跟胎宝宝一起度过愉快的生活。

本月情绪胎教策略

准爸爸可趁现在情况比较稳定，带着孕妈妈做一次短途旅行，这也是一种很好的胎教。对胎宝宝来说，空气清新、宁静的地方较理想。旅行不一定要离家很远，可以去离家较近的场所，如绿色草原、温泉等都很适合孕妈妈。孕妈妈愉快地呼吸新鲜空气，胎宝宝也会感觉心旷神怡。如果能边进餐边和准爸爸讨论肚子里的胎宝宝，不但可以充分享受野外用餐的乐趣，也能增进彼此的感情。

制定旅行计划时，必须考虑到胎宝宝是否也能愉快地参与。比如在旅行中，准爸妈一起讨论胎宝宝的命名，也许这种经验会成为日后的美好回忆。行程不要安排得太紧凑，千万不要让孕妈妈和胎宝宝过度劳累。不要将旅行安排得过于盛大，回娘家、回婆家住几天，享受悠闲的生活，既对消除孕妈妈的疲倦有帮助，又可以让胎宝宝与未来的爷爷奶奶、外公外婆多接触，培养三代人之间的感情。

如果不能出远门，可到附近的公园走走，或在家里阅读有关旅游的书籍，这样也可以调整孕妈妈的心情，有利于胎宝宝的健康发育。

本月情绪胎教DIY

睡觉前来个“放松浴”，让肌肤彻底放松，这样不但能消除一天的疲劳，积蓄体能，同时也是练习深度放松、愉悦心情，并与胎宝宝亲密接触的好机会。

夜里，舒舒服服地泡在热水（水温不宜过高）里，将浴室的灯熄灭，在浴缸周围点上蜡烛，然后播放几首旋律悠远、意蕴深长的乐曲，将会给你的放松浴增添温馨浪漫情怀。

和胎宝宝无所不谈——对话胎教

本月对话胎教原理

此时胎宝宝的听觉器官已经发育得比较完善，对声音刺激变得敏感了，并且已经有了记忆和学习的能力。孕妈妈要时刻牢记胎宝宝的存在，而且经常与之谈话，这是一项十分重要的行为。

本月对话胎教策略

要经常呼唤胎宝宝的名字，和胎宝宝说话。谈话的内容应丰富多彩，但要以简单、轻松、明快为原则，要把生活中的一切活动和事物都讲给胎宝宝听，通过和胎宝宝一起感受、思考和行动，使母子间的纽带更牢固，并培养胎宝宝对母亲的信赖感及对外界感受力和思考力的基础。

准爸爸与胎宝宝讲话时，孕妈妈应仰卧或端坐在椅子上，准爸爸把头俯在母体的腹部，嘴巴离腹壁不能太近也不能太远，一般以3～5厘米为宜。准爸爸同胎宝宝讲话的时间，一般选在晚上睡觉前为好，每次讲话时间以5～10分钟为宜。讲话内容可以灵活安排。

本月对话胎教DIY

- 早晨起来，先对胎宝宝说一声：“早上好！”告诉他新的一天已经开始了；打开窗户告诉胎宝宝“早上空气真新鲜！”“啊！太阳升起来了，阳光洒满大地。”“今天是一个晴朗的好天气！”关于天气，可教的有很多，如阴天、下雨、飘雪花以及风力的大小、温度的高低等。
- 在洗脸时也有很多可以同胎宝宝说的话，如天天要洗脸时、饭后要漱口、便后要洗手、衣服要经常换、爸爸为何要刮胡子、妈妈为什么爱梳妆、肥皂为何起泡泡、吹风机为什么能把头发吹干等，都是很好的内容。

● 还可以告诉胎宝宝，今天穿的衣服是什么样式、什么颜色、什么布料。接着把镜子里的自己视觉化，将信息传递给腹中的胎宝宝，如“今天很冷，穿风衣吧”“应邀赴会，还是穿套服的好”“这件上衣，还是配蓝色的领带合适”等。

● 吃饭时，先深深地吸口气，问胎宝宝：“闻到了吗？饭菜真香啊！”还可以告诉胎宝宝各种蔬菜的名称、味道、营养和制作方法，使胎宝宝出生后喜欢吃各种蔬菜。

有趣的踢肚游戏——抚触胎教

本月抚触胎教原理

孕6月时，可以在孕妈妈腹部明显地触摸到胎宝宝的头、背和肢体。抚摸胎教是促进胎宝宝智力发育、加深父母与胎宝宝之间情感联系的有效方法。

本月抚触胎教策略

进行抚触胎教的时间应该固定，一般选在晚上8时左右较为适宜，在做按摩及按压动作时动作要轻柔一些，同时，准爸妈在为胎宝宝做按摩时，也别忘了还要轻轻地、充满爱意地和胎宝宝说话，让胎宝宝感受到父母的爱意。

本月抚触胎教DIY

姿势如下：

孕妈妈仰卧在床上，头不要垫得太高，全身放松，呼吸匀称，心平气和，面部呈微笑状，双手轻放在胎宝宝位置上。也可将上半身垫高，采取半仰姿势。不论采取什么姿势，一定要感到舒适。

具体方法如下：

1.胎宝宝踢肚子时，孕妈妈轻轻拍打被踢部位几下。

2.一两分钟后，胎宝宝会在受拍打部位再踢。

3. 改变部位，孕妈妈轻轻拍打腹部几下。注意改变的部位离上一次被踢部位不要太远。

4.一两分钟后，胎宝宝会在改变后的部位再次踢一下。

5.每天进行2次，每次3～5分钟。

孕妈妈轻柔地进行抚触胎教，可以加深与胎宝宝的情感联系。

晚上8点，运动和你有约——运动胎教

本月运动胎教原理

孕6月，是进行运动训练的大好时机，因为这时的胎盘已经很牢固地附着在母体的子宫里，而且胎盘内羊水较多，羊水环绕着胎宝宝，可以起到缓冲的作用，保护胎宝宝不致受到外力的伤害。

本月运动原则

帮助胎宝宝运动的时间应该固定，一般选在晚上8时左右最为适宜。每次运动的时间也不宜太长，以5～10分钟为宜。

本月运动胎教策略

此时孕妈妈可以计划和准爸爸一起外出旅行。尤其是到海边去，在沙滩上有许多大小不一的贝壳，而也沙子闪耀着如钻石一样的光芒，景色如画。而且，同时也可以享受日光浴。

此外，也可以去风景秀丽、但绝不荒僻的野外或者森林中，进行森林浴，吃自带的美味食品。如果孕妈妈此时感到心情欢愉，相信胎宝宝也会体会到这种愉快的情绪。

本月运动胎教DIY

- 孕妈妈肚子变大后，身体重心也随之改变，走路较不平稳，并且容易疲倦。尤其弯身向前或做其他特殊姿势时，就会感觉腰痛，上下楼梯或爬上高处时，应特别注意安全。
- 此时，孕妈妈的身体已能充分适应怀孕状态，身心较为畅快。最好散散步或做适度的体操运动以活动筋骨；并且要有充分的睡眠时间。
- 准爸爸要经常给孕妈妈按摩。由于孕妈妈的肚子变大，即使没有什么异常，

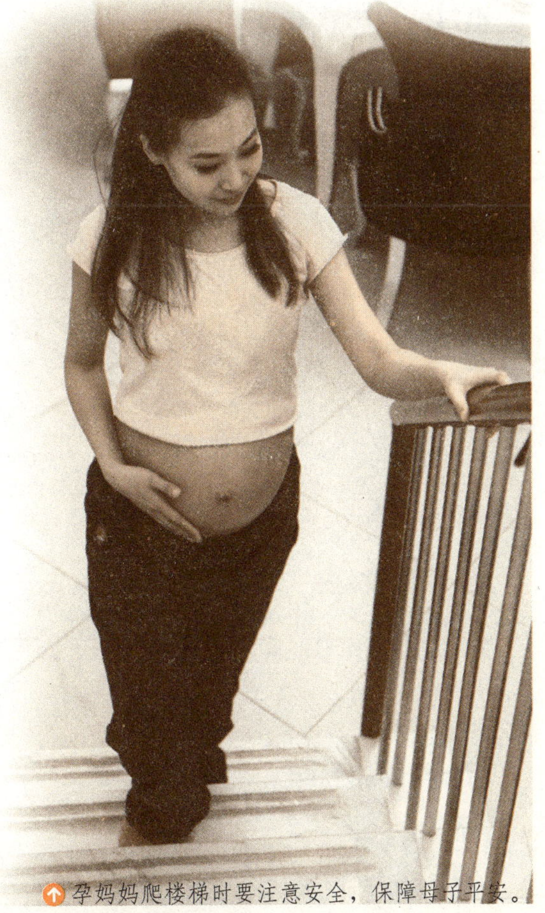

孕妈妈爬楼梯时要注意安全，保障母子平安。

腰腿也很容易疲劳。因此这期间对孕妈妈的手腕、脚腕等部分的按摩次数应适当地增加，让全身的血液循环更加舒畅。

补充维生素，保证营养——营养胎教

本月营养胎教原理

随着胎宝宝逐渐增大，所需的营养也随之需要增加。由于前一段时间出现的妊娠反应，孕妈妈的食欲不振，导致体内营养摄入不足，直接影响到胎宝宝正常的生长发育。因此，孕6月的孕妈妈和胎宝宝都需要一定数量的营养素。

本月饮食原则

最好采取少食多餐的方式，一天分4～5次进餐，有利于维护体形。如果孕妈妈腰部过于突出，是因为过去吃了过量的食物，此时应避免过量饮食，并减少热量高的食物的摄入。最好不要吃有刺激性、有兴奋作用以及会破坏神经平衡的食物。

本月营养胎教策略

食物种类	每天食用量	食物内容
主食	400～500克	大米、面粉或各种杂粮
肝脏、肉类	100～150克	带鱼、动物肝脏、禽肉、畜肉等
鸡蛋或鸭蛋	1～2个	也可以是鹌鹑蛋、鹅蛋等
豆类及其制品	100～150克	豆腐、腐竹、豆芽等
蔬菜	400～500克	最好有一半是绿叶蔬菜，如菠菜、小白菜、油菜等，其他如大白菜、菜花、芹菜、胡萝卜等
水果	100～150克	橙子、西红柿、梨、苹果、香蕉、西瓜等
鲜牛奶	250克	也可以是奶粉、豆浆等
海带、紫菜	多吃	尤其适宜山区孕妇

本月推荐食物

富含锌的食物：糙米、黄米、柿子、枸杞子、蜂蜜、绿茶、山药、甜瓜等。富含钙的食物：豆制品、芥菜、芹菜、苋菜等。

本月营养胎教DIY

- 食用蔬果沙拉。
- 饮用大麦叶汁。

完美胎教每月一问

Q 我不喜欢吃蔬菜，爱吃水果，水果也含有很多维生素，可以代替蔬菜吗？

A 水果一般不能完全代替蔬菜。蔬菜中的维生素较水果更为均衡。水果过多食用，还会引起糖分摄入过量，增加身体对糖代谢的负担。

Q 我喜欢吃火锅，别人都说怀孕不能吃火锅，真的吗？

A 怀孕以后还是可以吃火锅的，但要注意，要少用辛辣、刺激的调料，各种食物要多在沸水中烫一会儿，保证煮熟煮透才可以吃，以防止感染寄生虫。

Q 我17周的时候去检查，B超显示才15周，医生就把我的预产期推迟了2周。请问这是因为我月经不准引起的，还是因为营养不够？如果加强营养能恢复正常的预产期吗？

A 实际上胎宝宝的各个尺寸都是医生在B超屏幕上量出来的，由于每人量的手法不同，胎宝宝的个头又那么小，稍有误差就会相差几天。另外，每个人的月经周期不一致，受孕时间也不同，胎宝宝个头大小也就不一样，而所谓标准B超数据都是一个平均值，所以，只要胎宝宝是正常发育的，对于B超与孕周不符的情况，不用特别担心。

Q 我现在处在孕中期，平躺时小腹就鼓起一个包，硬硬的，非要侧卧才好。这种情况也只有在平躺时才会有，所以很担心，胎宝宝会有什么问题吗？

A 偶尔短时间平躺不会有问题。但孕中期、孕晚期的孕妈妈最好选择左侧卧位，以免影响子宫供血，因为增大的子宫会压迫下腔静脉和腹主动脉，导致下半身血液回流受阻及胎盘血液流量降低，进而引起胎宝宝供血不足，使胎宝宝宫内缺血缺氧，从而影响胎宝宝的生长发育。

Q 怀孕后手脚冰凉，白带特别多，这是不是身体出现了异常？

A 孕期子宫颈里黏液的分泌也会变得活跃、白带增多，最好经常清洗阴道。如果出现白带呈病态增多的状况，就要怀疑是否感染了滴虫或念珠菌。如果恶臭严重、白带呈绿色并混杂着气泡的现象，则很可能是因为感染了滴虫。

孕7月——胎教的关键时期

孕妈妈与胎宝宝

孕妈妈的变化

● **腹部像要胀破了般**：羊水增加使腹部突然增大，使得腹部和乳房、乳头等处出现红晕般的妊娠标记。

● **小腿痉挛加重**：体重增加，使腿部负担加重，产生疲劳和浮肿，甚至发生腿部痉挛，晚上尤甚。

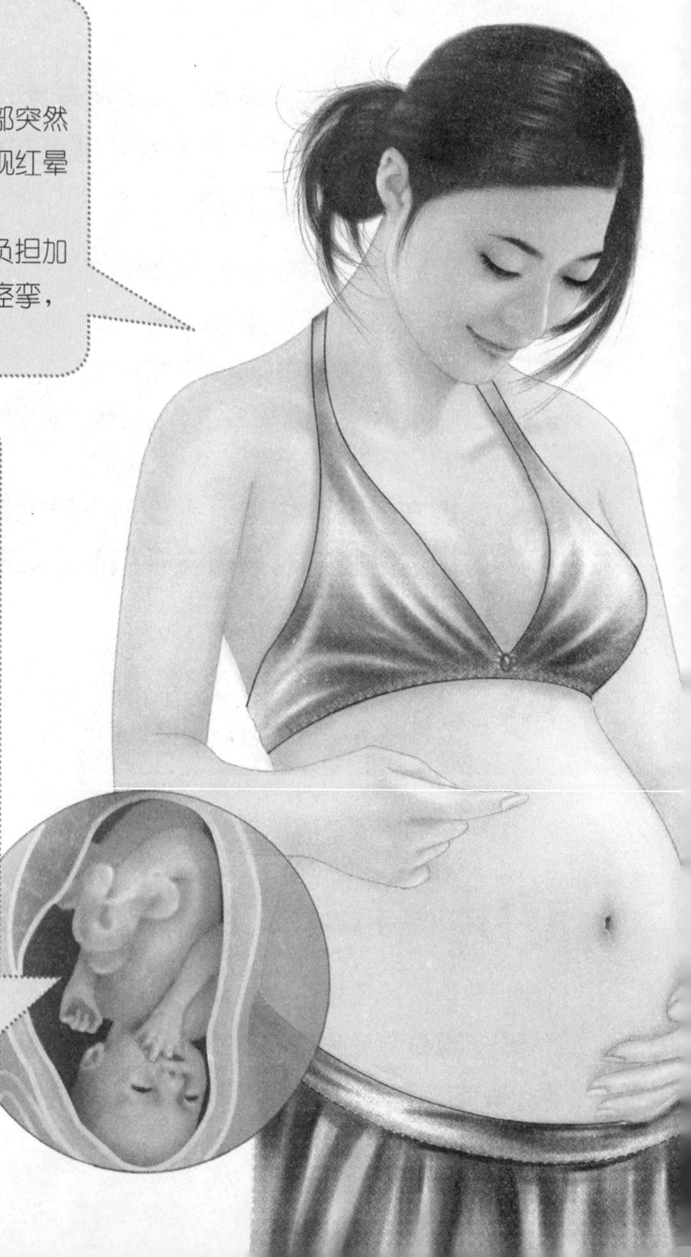

胎宝宝的成长

● **胎宝宝身长**：37～39厘米。

● **胎宝宝体重**：900～1000克，相当于1个葡萄柚。

● **能够分辨白昼和黑夜**：虽然眼睛还不能看见，但通过妈妈提供的褪黑激素，能够感觉光的明暗。

● **肺部成长**：肺内的肺泡开始发育，能吸收氧气，呼出二氧化碳，同时肺部周围的血管不断增加；鼻孔开通，并能作呼吸状。

● **听觉功能更完善**：能听见更多声音，并能与妈妈进行“交谈”。

● **生殖系统发育**：睾丸开始下垂。

本月孕检小啰嗦

- **妊娠性糖尿病检查**：妊娠性糖尿病可诱发多种危险状况，增加母婴危险性，因此，本月必须进行该项检查，以便提早发现。
- **贫血检查**：重新进行血红蛋白检查，将可能发生的母婴危险系数降到最小。假如发现以前没有的贫血，或原有贫血症状加重，就需要改变补铁药物的用量。

每月胎教推荐

给胎宝宝传达各种声音——音乐胎教

本月音乐胎教原理

怀孕的第七个月是胎宝宝听觉功能发育基本完成的时期，此时的胎宝宝可以听到各种各样的声音，所以此时最好给胎宝宝传达多种声音，除欣赏乐曲外，可让胎宝宝经常听鸟鸣、水声、风声等自然的声音。

本月选曲原则

要根据不同的情况选取不同的音乐。如做家务事时可听轻快的米努哀小步舞曲；整理一天的工作或写日记时听小夜曲类的音乐；稍微有点不安时，听旋律稳定的弦乐器演奏的音乐，能使情绪镇定；不要只听古典音乐，也可听自己喜欢的流行歌曲或歌谣、爵士等来转换心情。

本月音乐胎教策略

进行音乐胎教时，首先要保持平和的心态，采用舒服的姿势，如斜靠或坐在安乐椅上。其次，要安排好胎教的时间，最好每天2次，每次10～20分钟。

本月推荐曲目

萨替的《第一号琴诺佩第》，此曲速度缓和，以单纯的音律多次反复，音量适中，具有朦胧之美，可缓和情绪，适合作为胎教音乐。李斯特的《爱之梦》，此曲具有美丽爱情般的梦幻感觉，其情绪、速度等各方面的条件上都适合作为胎教音乐。朱利安·洛伊·韦伯的《爸爸的歌》，此曲速度缓和，音乐唯美，展现了爸爸柔和细腻的一面，非常适合作为胎教音乐。

“呼吸”之间，愁虑顿减——情绪胎教

本月情绪胎教原理

孕妈妈的情绪在胎教中占有非常重要的地位，有人说孕妈妈良好的情绪是胎教的最高境界，可见情绪胎教的重要性。胎教的最大障碍是孕妈妈持有杂乱、不安、恍惚的心情，因为胎宝宝可以感受到妈妈的这种情绪，从而影响胎宝宝的接受能力。

本月情绪胎教DIY

这里介绍一种呼吸法，这种呼吸法在胎教训练开始之前进行，对稳定情绪和集中注意力是行之有效的，能进一步提高胎教效果。

1.身体要采取自然、舒适的姿势，坐躺自便。

2.腰背要舒展、全身放松，微闭双目。

3.用4～6秒的时间缓慢地吸气，让自己有一种将气体储存在腹中的感觉。

4.用比吸气时多1倍的时间，即用8～12秒的时间呼气，直到能无意识地深呼吸为止。

如果不仅在胎教前，而且每天早上起床时、中午休息前、晚上临睡时，都各进行一次这样的呼吸。那么，孕期动辄焦躁的精神状态就可以得到改善。

做胎宝宝的启蒙老师——对话胎教

本月对话胎教原理

孕 7 月，胎宝宝对声音感应的神经系统已经接近完成，这时胎宝宝个头越来越大，几乎要碰到子宫壁，孕妈妈腹壁变薄，胎宝宝可以听到外界的各种声音。

本月对话胎教策略

此时的对话胎教不仅是同胎宝宝讲话，还要在此基础上教胎宝宝学习语言和文字。

首先从汉语拼音a、o、e开始，每天教2～3个，教文字或数字时，一面准确地发音，一面用手指在腹部写它的笔画。这样通过孕妈妈的声音和手的动作将一个个文字或数字的信息传递给胎宝宝，从而使胎宝宝用脑去理解并记住它。

教胎宝宝认识文字、数字时，精力要集中，要全神贯注，要投入最真挚的感情并充满耐心，就像胎宝宝真的坐在自己面前，目光跟随自己的手指在学习。

本月对话胎教DIY

晚餐后孕妈妈可以和准爸爸一起坐在宽大舒适的沙发上，心情舒畅地对胎宝宝

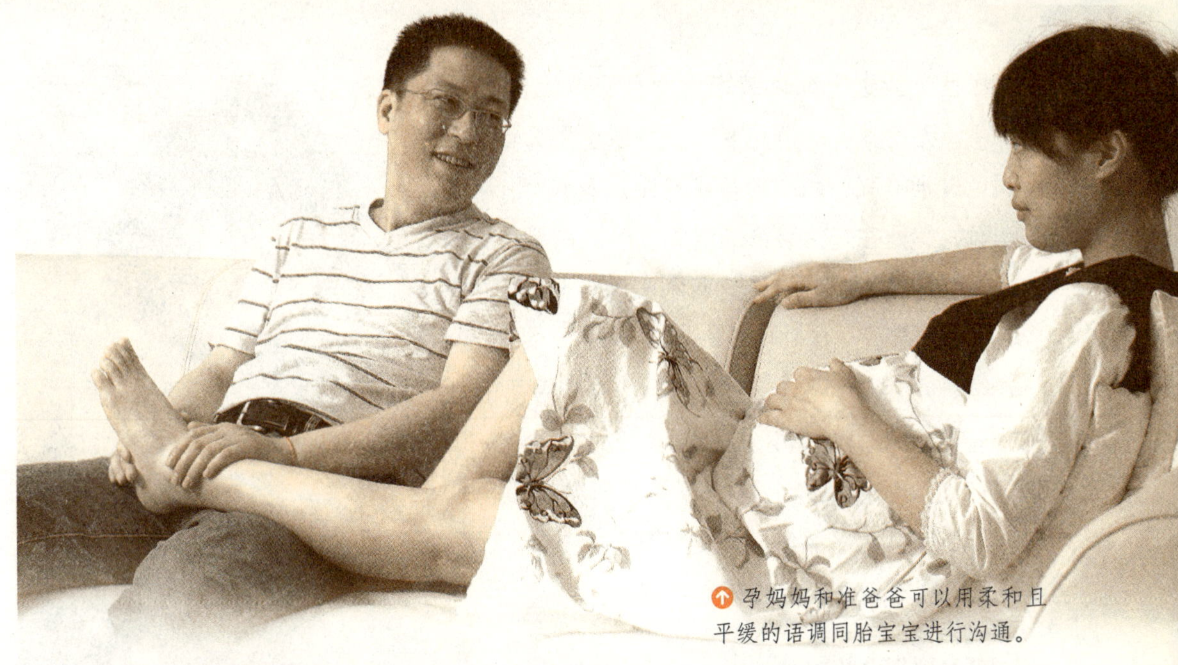

孕妈妈和准爸爸可以用柔和且平缓的语调同胎宝宝进行沟通。

说："我们该和爸爸愉快交流了。"准爸爸最好和孕妈妈保持50厘米左右的距离，不要离得太远，以免妨碍准爸爸把感情和眼神通过孕妈妈的视觉传递给胎宝宝。

一开始先用柔和、平缓的语调与胎宝宝交谈，不要一下子就发出很大的声音。要随着内容一点点接近平时说话的声音，不然会吓着胎宝宝，反而带来不良反应。

美化居室，舒适心情——环境胎教

本月环境胎教原理

优美的环境不仅可以使孕妈妈心情舒畅、身心放松，而且还能够陶冶孕妈妈的情操，从而促进胎宝宝的生长发育。

本月环境胎教策略

首先，要为孕妈妈布置一个良好的居室环境，最基本的要求是居室整洁典雅。可以在居室的墙壁上悬挂一些活泼可爱的婴幼儿海报或照片，他们可爱的形象会使孕妈妈产生许多美好的遐想，从而培养良好的心理状态。

另外，悬挂一些景象壮观的油画也是有益的，它们不仅能增加居室的自然色彩，而且能使人的视野开阔。试想，茂密的森林、淙淙的流水、蓝天高穹、海浪、沙滩，多么令人神往，紧张劳累了一天的孕妈妈也可以在这优美的环境里得到很好的休息。

除此之外，还可以在居室内悬挂一些隽永的书法作品，时时欣赏，以陶冶性情。书法作品的内容应该是令人深思的名句，这样不仅能欣赏字体的美，更能感到有一种使人健康向上、给人以鼓舞和力量的作用在时时激励自己。

居室还要进行绿化装饰，而且应以轻松、温柔的格调为主，无论盆花、插花装饰，均以小型为佳，不宜用颜色过于鲜亮、刺眼的艳丽花朵，花香也不宜太浓。孕妈妈处在花朵装饰的温柔雅致的房屋里，一定会有舒适轻松的感觉，这有利于消除孕妈妈的疲劳，增添情趣。

孕妈妈还要经常到空气清新、风景秀丽的地方游览，多听听悦耳的音乐，多看看美丽的图画和花草，以增加生活情趣，这样可使孕妈妈心情舒畅，从而使体内各系统功能处于最佳状态，给胎宝宝创造最佳的生长环境。

本月环境胎教DIY

- 初春，培育风信子，让花的香味充满房间。
- 夏天，在花瓶中插满新鲜的玫瑰、紫丁香等。
- 冬天，在小袋中装入丁香，并刺出透气的小孔，用缎带悬起来。

孕妈妈不妨经常去空气清新、风景秀丽的郊外散散心，愉悦心情。

腹式呼吸，“氧”出健康宝宝——运动胎教

本月运动胎教原理

此时孕妈妈的肚子越来越大，行动也越来越不方便，但孕妈妈不能因此就不再活动了。运动可以为胎宝宝提供充足的氧气，还可以帮助孕妈妈将来顺利分娩。

本月运动胎教策略

由于此时的胎宝宝已经很大，子宫内的空间对胎宝宝来说稍显拥挤。腹式呼吸法可以给胎宝宝提供充足的新鲜空气，并且能够刺激母体分泌微量的激素。另外，学会腹式呼吸法后，对生产或阵痛的放松也很有益处。

腹式呼吸法正确的姿势和程序为：背部挺直紧贴在椅背上，膝盖立起，全身放松，双手轻放在腹壁上；然后用鼻子吸气，直到腹部鼓起为止，吐气时微微把嘴张开，慢慢地用力将体内的空气全部吐出，吐气时要比吸气时更为缓慢且用力。

完美胎教每月一问

Q 最近，我发觉胎动特别厉害，有几次晚上睡觉时，我被忽然大幅的胎动吓了一跳。胎动这么厉害正常吗？

A 孕妈妈一般在孕18～22周时开始有胎动感觉，胎动随孕周增加而越来越活跃，至孕晚期会减少。胎动的次数与孕妇的情绪、羊水量、药物因素等有关，胎动次数正常与否应与平时相比较。

你现在是孕后7个月，是胎动较活跃的时期，对此不必太担心。如果出现胎动明显增多或者减少，应引起重视，及时到医疗保健机构就诊。

Q 我怕孕期患糖尿病，所以想使用白糖替代品，这样可以吗？

A 因为怕得糖尿病，孕期有不少孕妈妈喜欢使用阿斯巴甜、糖精、食用苏打等来代替白糖。这些白糖替代品含有人工添加剂，从营养学的角度来说食用后对人体没有好处，所以最好不要食用。孕期摄取糖分的最好方法其实是食用新鲜水果或鲜榨果汁。

Q 胎宝宝不停地剧烈活动，这是不是胎宝宝出现什么问题了？

A 胎宝宝在孕妈妈的腹中入睡，然后醒来，如此反复。每当醒来的时候可能会做一些翻跟斗或者踢腿之类的动作，因此孕妈妈不必过于担心。但是，如果胎宝宝连续24小时都不休息，一直踢腿，就要看医生了。因为胎宝宝处于低氧状态时，就会出现强烈的胎动。

Q 熬夜的习惯对胎宝宝的成长会不会有不良影响呢？

A 和迟睡一样，熬夜会扰乱人体的生物钟，不利于腹中胎宝宝的健康。熬夜会使孕妈妈和胎宝宝双方都感到精神上和肉体上的双重压力。

Q 怀孕了就必须得穿宽大的孕妇装吗？

A 孕早期不必在穿着上花太多的心思。但进入孕中晚期以后，就绝对不能穿束缚身体的衣服。如果不想穿孕妇装，也可以穿平时的衣服，但衣服最好宽松，而且透气性要好，不能压迫腹部。

孕8月——第二轮妊娠反应

孕妈妈与胎宝宝

孕妈妈的变化

- **呼吸困难、食欲不佳**：内脏全部上挤，且已经压迫到心、肺、胃。
- **妊娠反应再次出现**：下身感觉酸痛，出现下肢浮肿、静脉曲张，第二轮妊娠反应拉开序幕。
- **妊娠纹呈黑色**：下腹、乳房等处的妊娠纹因过多的黑色素沉着而比之前更明显。

胎宝宝的成长

- **胎宝宝身长**：40～43厘米。
- **胎宝宝体重**：1500～1800克，相当于3个梨。
- **骨骼基本长成**：肌肉发育的同时大脑增大，神经作用更活跃。
- **感觉器官发育成熟**：听到声响会有紧张或惊吓反应；遇到较强光线会感到颤抖或吃惊；瞳孔生成，并开始练习对焦。
- **头部转向骨盆**：头部已经转向骨盆，做好出生准备。
- **开始练习呼吸**：通过膈膜练习呼吸。

本月孕检小啰嗦

- **超声波检查**：通过检查确认羊水数量、胎盘位置、胎宝宝大小与位置等。
- **尿蛋白检查**：通过小便检查，检测浮肿与尿蛋白。若小便含蛋白或一天浮肿始终不消，则意味着患者妊娠中毒症的可能性较大。

每月胎教推荐

教胎宝宝唱歌——音乐胎教

本月音乐胎教原理

孕8月时，胎宝宝的听觉器官已经完成发育，能够对各种声音做出敏锐的反应。另外，由于脑细胞的增加，记忆力得到增强。胎宝宝的听力功能已接近于成人，给胎宝宝听乐曲之外的各种声音是该阶段胎教的要点。

本月选曲原则

此时期的音乐胎教和以前一样，在安静的环境中，孕妈妈集中精力，运用丰富的联想，和胎宝宝一起听音乐。要选择轻快、柔和、优美的音乐，既可以调节孕妈妈的情绪，又可以使胎宝宝受到艺术的熏陶。

本月音乐胎教策略

除了给胎宝宝听音乐外，准爸妈还可以给胎宝宝唱歌，这种形式的音乐胎教效果更好，可使胎宝宝熟悉父母的声音，在音乐的气氛中，父母与子女间会更和谐、融洽，这种效果是任何形式的音乐所无法取代的。唱的时候，尽量使声音往上腭部集中，唱得甜甜的，胎宝宝一定喜欢。此法每天可进行几次，每次不超过20分钟，孕妈妈可采用自己认为舒适的姿势，为胎宝宝唱一些温和、抒情以及欢快的歌曲。孕妈妈可以哼唱、清唱，随录音机唱或在卡拉OK唱。

孕妈妈在唱歌时心情要舒畅，语调要富有感情，如同面对着你可爱的小宝宝，倾述一腔柔肠和母爱，这时孕妈妈可以想象腹中的胎宝宝正在静听自己的歌声，从而达到母子心音的谐振。

另外，孕妈妈还可以教胎宝宝唱歌，虽然胎宝宝不能真正地唱歌，但毕竟有听觉，孕妈妈应充分发挥自己的想象力，想象自己在唱歌时腹中的胎宝宝也随着音律和

谐地唱起来。孕妈妈可先练音符发音或简单的乐谱，每次唱歌都留出复唱时间，想象胎宝宝在跟着唱。

在给胎宝宝播放音乐时最好使用专用传声器，也可用耳机或外接扬声器，将传声器放置在腹部正上方，用带子固定更好，声音在60分贝左右，相当于收音机中等声音。如使用录音机放音乐，录音机可放在离孕妈妈1米左右的位置，扬声器对着腹部，腹部最好无衣服遮盖，声音稍强但不可太大，可控制在65～75分贝。

本月推荐曲目

《梦幻曲》、《让世界充满爱》、《我将来到人间》，以及奥地利作曲家海顿的乐曲《水上音乐》等。《梦幻曲》是舒曼的钢琴套曲《童年情景》当中最脍炙人口的一支乐曲。柔美如歌的旋律，各声部完美的交融以及充满表现力的和声语言，刻画了一个童年的梦幻世界，表现了儿童天真、纯洁的幻想。

学会排遣消极情绪——情绪胎教

本月情绪胎教原理

孕8月，由于孕妈妈的身心负担加重，又要面临分娩，所以会引起生理和心理上的显著变化，一点儿小事就会造成心烦意乱，因此此时孕妈妈做好心理保健极为重要。此时的孕妈妈由于乳房肿胀、尿频、便秘、恶心呕吐、偏食等，常常感到疲劳和烦躁，再加上孕妈妈对分娩的恐惧心理，很容易造成情绪上的波动。

本月情绪胎教策略

- 担心、紧张、抑郁或烦闷时，可去做喜欢的事情，如浇花、钓鱼、听音乐、欣赏画册、阅读感兴趣的书刊、下棋或去郊游。
- 广交情绪积极乐观的朋友，充分享受与她们在一起的快乐，让她们的良好情绪感染自己。
- 换一个发型、买一件心怡已久的新衣服、装点一下房间，都会给自己带来一种新鲜感，从而改变沮丧的心情。
- 去林荫大道、江边、田野散步，自然美景可消除紧张不安的情绪。

孕妈妈在心情抑郁的时候可以做做自己喜欢的事情，如给花浇浇水。

本月情绪胎教DIY

卧式放松法

当孕妈妈的身躯日渐“庞大”，感觉身心俱疲时，可侧卧于床上或沙发上，将头部和腰部用垫子垫起来。但要记住，起身时一定要先用四肢支撑。

穴位按摩法

刺激内关穴（内关穴位于手部腕横纹向上三横指正中线上），可以缓解不安和焦虑情绪，此外还具有稳定血压的功效。

欣赏经典的美术作品——美术胎教

本月美术胎教原理

孕8月，胎宝宝的大脑迅速发育，是实施视觉胎教的有利时机。此时，胎宝宝对外界的刺激能够产生愉快、厌恶、不安、焦虑等基本反应，因此可通过各种视觉刺激提高胎宝宝的情商。即便胎宝宝无法具体地理解孕妈妈所看到的事物和谈话的内容，也能敏锐地捕捉到妈妈的情感和心情，并做出反应。所以，视觉胎教的要领不是“看见什么”，而是“体验到什么样的情感”。

本月美术胎教策略

实施此种胎教法的要点是：孕妈妈一边欣赏令自己赏心悦目的绘画，一边努力将自己的情感传递给胎宝宝。孕妈妈在赏画的同时，将自己的体会说给胎宝宝听，对胎宝宝的视觉和听觉产生刺激，促进其大脑的发育。欣赏绘画时，如果尝试着剖析作者的创作意图，关注作品的颜色和构图，就能够提高欣赏的乐趣。另外，深入了解作者的生平以及作品诞生的时代背景等内容也有助于绘画的赏析。

本月推荐美术作品

- 令人心绪平和、宁静的作品。如拉斐尔的《西斯廷圣母》、毕加索的《母爱》和《梦》、雷诺阿的《少女画像》，以及运用艳丽的色彩和丰富的想象力描述故乡、家庭和爱的夏加尔的作品。
- 珍爱家庭的作品。如表达对妻子的深情的伦勃朗的《犹太新娘》，慕里略的《神圣家庭》。

本月美术胎教DIY

欣赏波提切利的作品《维纳斯的诞生》时，可以对胎宝宝讲：“孩子，这幅画描述的是维纳斯诞生的场景，看起来既美丽又富有神秘色彩。维纳斯从张开的白色贝壳中现身，身旁是无数瑰丽的玫瑰花朵，周围聚拢了许多等待维纳斯出世的人们。孩子啊，我也像这幅画里的人们一样守候着你的诞生。我亲爱的孩子，你很快就要见到爸爸妈妈了。”

你说的，胎宝宝能听懂——对话胎教

本月对话胎教原理

孕8月，生活在孕妈妈腹中的胎宝宝已经是一个能听、能看、能“听懂”话、能理解父母有感情的人了，准爸妈对胎宝宝说话绝不是“对牛弹琴”。

本月对话胎教策略

在与胎宝宝讲话、给胎宝宝读画册和讲故事、教胎宝宝学文字的基础上，可通过视觉印象将图形的形状、颜色和孕妈妈的声音一起传递给胎宝宝，教胎宝宝学算术和认识图形。在教胎宝宝学算术和认识图形的时候，孕妈妈要充分发挥想象力，将数字和图形变成立体的形象，这样会使胎宝宝学起来饶有兴趣，如将数字“1”联想为竖起来的铅笔。

本月对话胎教DIY

洗澡时	◎宝宝喜欢和妈妈一起洗澡吗？ ◎我们现在正在淋浴呢。
描述天气时	◎今天的雨不停地下着，阳台上的花儿好像很高兴呢。 ◎今天的天空布满了乌云，雨好像马上就会降临啦。
看电视时	◎妈妈笑得肚子都疼了，宝宝也觉得有趣吗？ ◎妈妈特别喜欢这个演员。 ◎这部电视剧不论什么时候看，都会令妈妈感动！
夫妻俩吵架后	◎刚才真是对不住你了，实际上我很爱爸爸。 ◎刚才让你吓着了，真是对不起了。 ◎（夫妻二人一起）我们俩已经和解了，你放心吧。
做饭时	◎今天晚上我们要吃爸爸特别喜欢的炸牡蛎。宝宝也喜欢吗？ ◎妈妈正在喀嚓、喀嚓地切圆白菜呢（一边是在菜板上切菜的声音）。
早餐时	◎早餐真好吃啊。宝宝，我们一起吃吧。 ◎我们现在正在跟爸爸一起吃饭呢。 ◎今天要吃吐司面包，喝牛奶。 ◎宝宝你也正在吃是吧？
清扫房间时	◎宝宝出生后，就要在这个房间睡觉了。 ◎这里是厨房，是全家人一起用餐的地方。 ◎这是你的小床，你以后就睡在这儿呢。

可以做分娩辅助动作了——运动胎教

本月运动胎教原理

孕妈妈此时不要整天躺在床上，最好适当运动，既可以使胎宝宝呼吸到新鲜空气，又可以锻炼腹部和盆腔的肌肉，有助于日后的分娩。

本月运动原则

孕妈妈可在每天早上起床、晚上睡觉或午睡时，开始练习一些分娩辅助动作，以便在分娩时能积极配合医护人员，使自己顺利分娩。

本月运动胎教策略

分娩能否顺利进行，很大程度上取决于产妇是否懂得用力、休息、呼吸的正确方法，所以孕妈妈应该从这几方面进行训练。

- 腹式深呼吸、胸式呼吸适用于孕妈妈分娩开始，感到有子宫收缩及阵痛出现时进行，以减轻子宫收缩带来的疼痛。
- 腰部压迫可在分娩第一阶段腰痛开始时使用，以减轻腰部疼痛。
- 按摩可在分娩第一阶段子宫收缩越来越频繁的时候与腹式呼吸同时进行。

阵痛之后，分娩开始，这时产妇应像解大便一样自然地用力，用力是全身肌肉都参与的激烈运动。如果用力得当，腹部可受到强烈压力，从而将胎宝宝经产道推出。

随着分娩的进行，当胎儿的头从产道露出来时，就使用短促呼吸的方法，这种呼吸方法可以消除阴部的紧张，在胎儿娩出阴道时，不致使阴道撕裂。

在开口期的子宫收缩时，用松弛法可以收到很好的效果。

本月运动胎教DIY

腹式深呼吸法

肩膀自然放平，仰卧，把手轻轻地放在肚子上，先把气体全部呼出，然后慢慢地吸气，使肚子膨胀起来；气吸足后，再屏住气，全身放松，最后慢慢地将所有的气全部呼出。

胸式呼吸法

吸气时，左右胸部要鼓起来，胸骨也向上突出；气吸足够后，胸部下缩，呼出气体。

腰部压迫法

身体仰卧，膝盖弯曲呈45°左右，两手向腰的上部及背部方向揉捏，两手握拳，手背向上，放在背后，用力压。

合理安排饮食——营养胎教

本月营养胎教原理

从孕8月开始，胎宝宝的身体长得特别快，他的体重通常是在这个时期增加。若孕妈妈营养摄入不合理，或者是摄入过多，就会使胎宝宝长得过大，出生时造成难产。所以一定要合理地安排此时期孕妈妈的饮食。

本月饮食原则

一般采取少吃多餐的方式，要适当控制进食的数量，特别是高蛋白、高脂肪食物。饮食宜清淡，少吃过咸的食物，每天饮食中的盐应控制在7克以下，不宜大量饮水。特别应摄入足量的钙，孕妈妈在吃含钙丰富的食物的同时，应多摄入维生素D，维生素D能促进钙的吸收。

本月营养胎教策略

食物种类	每天食用量	食物内容
主食	370～420克	大米、面粉、小米、玉米和杂粮
蔬菜	500克	绿叶蔬菜、茄子、菜花、胡萝卜等
水果	100克	猕猴桃、木瓜、柑橘、香蕉及坚果
豆类	60克	豆腐、豆芽、腐竹、豆皮等
动物性食品	150克（动物肝脏50克，每周1次）	鸡、鸭、肉、兔、虾、动物肝脏等
蛋类	50克	鸡蛋、鸭蛋、鹌鹑蛋、鹅蛋等
烹调油	20克	大豆油、玉米油、橄榄油等
牛奶（奶制品）	500克	牛奶、豆奶等

本月推荐食物

含有丰富锰、铬的绿叶蔬菜有助于骨骼的形成。另外，柿子、西瓜、松子、西红柿等食物有利于感觉器官的发育并可预防早产。

本月营养胎教DIY

闻有益的香气

香气会对脑部的神经系统产生影响，提高胎宝宝的记忆力。

多吃益智食品

如核桃、黄花菜、黑芝麻、鹌鹑、紫菜、大枣、黑木耳、花生、荔枝干等。

完美胎教每月一问

Q 有人说吃珍珠粉对胎宝宝和孕妈妈的皮肤都好，是真的吗？

A 中医认为，珍珠粉有美白养颜的作用，但孕妈妈并不适合多吃，因为其性寒沉，不少孕妈妈食用后会有胃部不适的现象。而且目前也没有证据表明吃珍珠粉对胎宝宝的皮肤有好处，所以最好还是以不要多吃为宜。

Q 家里人为了给我补钙，每天要我喝一大碗骨头汤，这样做真的有补钙作用吗？

A 基本上不会起到什么作用，因为骨头中的钙几乎不会溶解在汤里，骨头汤里是没有多少钙质的。

Q 怀孕以后总是感觉到口渴，所以平时喝水特别多，这是不是说明得什么病了？

A 怀孕期间，孕妈妈经常感到嗓子发干，所以会喝很多水。这是因为怀孕以后，新陈代谢活跃，导致流汗增多，同时血液中的水分含量升高。

然而，部分孕妈妈认为多喝水会导致浮肿，强忍着不喝水，这种想法有失偏颇。只要肾脏功能正常，多喝水不会对人体造成不利影响。其原因是，肾脏会将多余的水分全部从体内排泄出去。但是，如果患有妊娠高血压或糖尿病等疾病，应避免喝过多的水。

Q 怀孕以后，头发脱落严重，这时可以进行烫发或者染发吗？

A 怀孕之前就已经染发会带来什么样的影响目前还不清楚，但怀孕期间最好不要染发。虽然烫发剂或染发剂究竟具有何种危险性尚无定论，但怀孕期间避开哪怕是少许的危险总是有百益而无一害的。

怀孕之后，有的人头发变得富有光泽，有的人头发却粗糙干枯，各种情况皆可能发生，这也是受激素影响所致。掉头发的诱因也源于激素，一般随着时间的推移症状会慢慢改善，所以不用过于担心。

另外，头发越是掉得厉害，越不宜烫发或做有刺激性的染发。所以脱发的孕妈妈最好不要染发或烫发。

孕9月——为已经成熟的胎宝宝欢呼

孕妈妈与胎宝宝

孕妈妈的变化

- **子宫上升至心窝底**：此期子宫基本达到最高处，肺、心、胃受到极大压迫，出现对应的各种不适症状。
- **分泌物增多**：分泌物浓稠且含较多黏液。
- **小便淋漓不尽**：子宫压迫到膀胱，造成排尿次数增加，小便淋漓不尽。
- **各种不适感加重**：浮肿、痉挛、腰痛、恶心、眩晕等症状持续存在，甚至加剧。

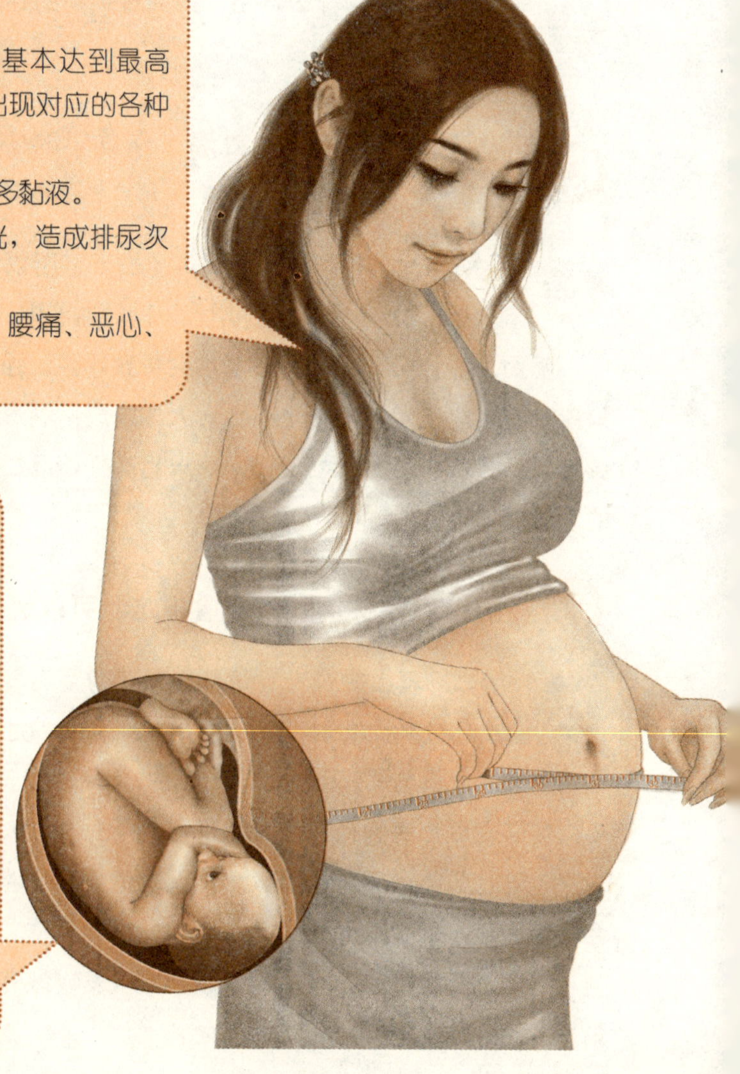

胎宝宝的成长

- **胎宝宝身长**：45～48厘米。
- **胎宝宝体重**：2300～2600克，相当于1个菠萝。
- **发育基本完成**：手指甲和脚趾甲已经长齐，皮下脂肪增多，看上去已经是个完整的婴儿。
- **行动与新生儿相仿**：能做多种表情，并有饥饿感，做出吸吮手指的动作；对光线、味道会做出较强烈的反应。

本月孕检小啰嗦

- **超声波检查**：准确掌握胎宝宝的位置和大小，以及胎盘位置、羊水数量、预产期、胎宝宝的呼吸运动等状况，以便为分娩做准备。
- **血红蛋白检查**：重新进行贫血检查，为分娩时出血作好准备。
- **阴道分泌物涂片检查**：对细菌性阴道炎和滴虫性阴道炎等进行诊断，如发现异常，可及时进行治疗或准备选择剖宫产。

每月胎教推荐

和胎宝宝做个小游戏——游戏胎教

本月游戏胎教原理

此期通过超声波的荧屏显示可以看到这样的情景：胎宝宝在早晨醒来伸了一个懒腰，打了一个哈欠，又调皮地用脚蹬了一下妈妈的肚子，这使他感到很满意，一个偶然的机会使胎宝宝的手碰到了漂浮在旁边的脐带，很快脐带成了他的游戏对象，他一有机会便抓过来玩弄几下，有时还抓住脐带将它送到嘴边。通过这些动作，再结合胎宝宝大脑的发育情况分析，科学家们认为此时胎宝宝完全有能力在父母的训练下进行游戏活动。

本月游戏胎教策略

为了提高趣味性，可将简单的抚摸与拍打提升为有内容的游戏，比如藏猫猫游戏。让准爸爸轻轻拍打胎宝宝，然后对胎宝宝说：“爸爸要藏起来了，小宝宝找找看。”然后把脸贴在另一边的腹壁上，让宝宝找。如果胎宝宝正好踢到爸爸的脸颊，一定要对其给予表扬。如果胎宝宝没有找到，也要耐心地轻抚他，鼓励他继续。如此会增进胎宝宝活动的积极性，有利于胎宝宝智力的发育。

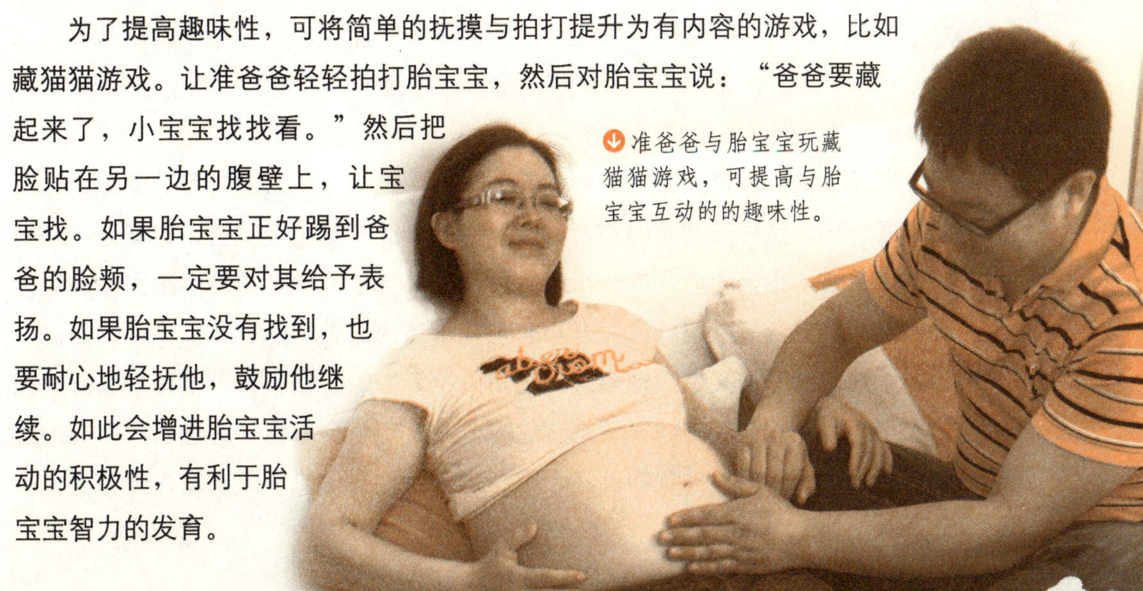

准爸爸与胎宝宝玩藏猫猫游戏，可提高与胎宝宝互动的的趣味性。

本月游戏胎教DIY

自制玩具

把家里使用过的卫生纸盒留下，将洞口稍微剪大，在里面放进一些玩具、糖果、水果等，和胎宝宝一起玩神奇宝盒的游戏。首先往纸盒内摸一摸，在拿出“宝物”之前说出名称，或者给自己一个指令，让自己按指令拿出东西来。由于孕妈妈是使用触觉来进行判断的，因此可刺激孕妈妈右脑的发展，进而也能刺激胎宝宝右脑的潜能。

捡豆豆

孕妈妈准备一些豆子或米粒，运用手指将一粒米拿起，从A点移动到B点，重复这一步骤，直到所有的米都被移动。手指的应用是刺激脑部发育很好的方法。孕妈妈也可以一次拿2、3、4、5……颗，或是把算数的观念加入到这个游戏中。

你就像个托儿所老师一样——对话胎教

本月对话胎教原理

此时的胎宝宝虽然具有听力，但他并不是通过耳朵而是通过大脑来接受语言的，所以，准爸爸或孕妈妈在讲故事时，一定要注意把感情倾注于故事的情节中去，通过语气声调的变化使胎宝宝了解故事是怎样展开的。可以展示文字背后你幻想的世界，通过你富有想象力的大脑放大并传递给胎宝宝，从而促使胎宝宝的心灵健康成长。故事的内容应丰富多彩，只要是适合胎宝宝成长的主题都可采用。

本月对话胎教策略

孕妈妈必须充满感情地对胎宝宝讲话或讲故事，发出的声音要欢快、明朗、柔和，最好带有笑声，这样容易感染胎宝宝。孕妈妈在向胎宝宝叙述事物时应选择自己熟悉的、能理解的内容，而且要声情并茂、绘声绘色地讲述，就像托儿所老师对2岁左右的幼儿讲话一样。要注意追求形象性。

首先，要将形象与声音同时传给胎宝宝。先在头脑中把所讲的内容形象化，像看到影视的画面一样，然后用动听的声音将头脑中的画面讲给胎宝宝听，这就是“画的语言”。例如，讲“小猫钓鱼”的故事时，孕妈妈要声情并茂地描绘小猫兴冲冲地去钓鱼和后来在河边三心二意的样子，有声有色地讲述河边美丽的花草和翩翩起舞的蝴蝶，栩栩如生地表现小猫又想抓蝴蝶又想钓鱼的不专心的心情，惟妙惟肖地表露小猫最后连一条小鱼也没有钓到的懊丧感觉。这样，胎宝宝就会和你一起进入了小猫钓鱼的活动世界，小猫遇到的种种食物及其个性特点，就通过形象和声音输入到胎宝宝的头脑里了。

其次，语言讲解要视觉化。不能只对胎宝宝念画册上的文字解释，而要把每一页的画面进行描绘，仔细地讲给胎宝宝听。如画册上画着金鱼，你就可以对胎宝宝说：“这叫金鱼，多有趣啊。你看，它有红红的头，红红的尾，身上的鱼鳞闪耀着金色的光芒。它在水中游起来慢悠悠的，圆圆的眼睛瞪着你，好像在对你说，‘你看，我这个金鱼公主是多么美丽呀’……”这样，你就把画面的内容视觉化了。胎宝宝虽然不能看到画册上的形象或外界事物的形象，但孕妈妈用眼看到的东西，胎宝宝可以用脑感受到。

再次，要把形象和情感融合起来，创造出情景交融的意境。例如，你到儿童乐园里去散步，一边走一边看，感到轻松愉快，有一种安详、宁静的情绪荡漾在心头。这时，你就要把这种感觉通过形象化的语言讲给胎宝宝听：“儿童乐园里的小朋友们玩得多么高兴呀，他们在笑，他们在跳，他们胸前的红领巾迎风飘。小宝宝，你看见了吗？你听到了吗？等你长大了，你也会与他们一样，妈妈带你到这里来和他们一起笑，一起跳，胸前也有红领巾飘呀飘……”

在和胎宝宝对话时，只有将形象、声音、情感三者统一在一起，形象才活了、生动了、美了，这样胎宝宝的听觉才会感受到美好的信息，心灵才会留下美好的痕迹。

教胎宝宝夜睡昼醒——视觉胎教

本月视觉胎教原理

胎宝宝的视觉发育得较慢，虽然胎宝宝早已对光线的明暗有了反应，但此时的胎宝宝还看不到东西，因为胎宝宝的视神经和视网膜都尚未发育成熟，强光会刺激胎宝宝的眼睛，使胎宝宝觉得很不舒服。

本月视觉胎教策略

如果使用强光照射孕妈妈腹部的胎头部位，胎宝宝会将脸转到一旁或闭上眼睑。而不太刺激的光线，可给予胎宝宝脑部适度的明暗周期，刺激脑部的发育，会使胎宝宝有眨眼的动作，并且会感兴趣地将头部转向光源的位置。

本月视觉胎教DIY

当胎宝宝醒着（胎动）时，用手电筒的弱光一闪一灭地照射孕妈妈腹部的胎头部位，以调节胎宝宝昼夜节律，即夜间睡眠、白天觉醒，促进胎宝宝视觉功能及大脑的健康发育。视觉胎教可选择在每天早晨起床前与每晚19：30之后进行，以便日后令宝宝养成早睡早起的好习惯。

注意饮食，缓解便秘——营养胎教

本月营养胎教原理

孕9月，由于增大的子宫压迫胃部，使得孕妈妈消化功能减退，还很容易发生便秘，所以此时的孕妈妈一定要注意饮食的安排。

本月饮食原则

首先，要养成少食多餐的饮食习惯，因为这时的孕妈妈胃部受压，一次吃不了太多的东西，所以可以分几次吃，每次少吃些。

其次，由于孕妈妈在平常饮食中总会不知不觉摄取过多的盐，所以可用胡萝卜泥和柠檬汁代替部分盐，这样不但可以降低每日盐的摄入量，又能促进消化，保持均衡的营养。此外，还应该多吃一些薯类、海藻类和含膳食纤维比较丰富的蔬菜，以防止便秘的发生。

本月营养胎教策略

就餐时间	食物种类及饭量
早餐	牛奶250毫升，玉米面和标准面粉制成的发糕50克，猪肉松10克
加餐	烤甘薯100克
午餐	米饭150克，鲤鱼黑木耳汤（鲤鱼250克、黑木耳30克）280克，海带丝炒肉丝（水发海带100克、瘦猪肉100克）200克
加餐	酸奶250克
晚餐	麻酱花卷100克，芝麻酱20克，白虾青椒（白虾米100克、青椒100克）200克，蒜蓉西蓝花100克

本月推荐食物

充分摄取栗子、豆类和海藻类食物。海藻类是富含无机盐的低热量食物，代表性的食物有海苔、海带、裙带菜和羊栖菜。咸草和盐蓬堪称无机盐的宝库，而且富含铁、铜、镁等元素，可以促进胎宝宝的发育。

海带可以补充孕妈妈体内缺乏的无机盐，孕妈妈不妨多吃一点。

本月营养胎教DIY

孕9月是胎宝宝的肾脏开始发育的时期，此时孕妈妈可抓住发育时机在平时摄入一些有益于肾的发育的食物，比如海藻。如果胎宝宝肾发育不完善，容易形成消极内向的性格。

完美胎教每月一问

Q 我是个爱吃辣的人，吃饭的时候不吃点辣的就觉得没胃口。怀孕后，听说吃辣的不太好，但是没有辣的东西我吃不下饭，营养跟不上也不行啊。我该怎么办？

A 少量的辣椒对孕妈妈和胎宝宝并没有影响。但辣椒中含有麻木神经的物质，会对胎宝宝的神经造成影响，所以孕妈妈们在食用辣椒时，一定要注意不可以吃到让口腔发麻，适量食用即可。在吃辣椒时，只要掌握口腔是否感到麻木的原则，孕妈妈们就能安心吃辣了。

Q 怀孕期间吸入煤气，这会不会导致胎儿异常呢？

A 煤气的主要成分是一氧化碳，严重中毒的会导致胎儿死亡。连续的慢性中毒也会引发胎儿的小脑症和体重降低，吸入煤气后建议到医院检查。

Q 丈夫是肺结核患者，怀孕时应该注意哪些方面呢？

A 结核病是一种慢性病。但为防止妻子在与丈夫的长期接触中感染结核病，丈夫应当彻底地治疗，平时注意休息，注意营养摄取。另外，在怀孕后1个月左右时妻子应该接受检查，确认有无感染结核病，如果已被感染，应及时治疗。值得庆幸的是，目前几种能有效治疗结核病的药物对胎儿的健康没有不良影响。

Q 怀孕期间可以打预防针吗？

A 怀孕期间能否进行预防接种取决于注射液的种类。像耳下腺炎和风疹这样的预防针在怀孕期间绝对不能注射。但可以注射伤寒、霍乱或者肝炎等疾病的预防针。

Q 乳房又肿又痛，碰到文胸或者稍微碰到衣服都会痛得打冷战。这是为什么呢？

A 怀孕以后，乳腺发达，乳房增大，乳头变得非常敏感，这就是其原因所在。每天进行轻柔的乳房按摩，加快乳房的血液循环能缓解疼痛。乳房按摩最好选择在沐浴时或者淋浴后，涂上按摩油后用手掌包裹住乳房轻轻揉捏，同时乳头也要用大拇指和食指轻轻揉捏。

孕10月——宝宝，我们终于要相见了

孕妈妈与胎宝宝

孕妈妈的变化

● **胎宝宝下降至骨盆**：对胃和心脏的压迫有所减轻，食欲逐渐恢复正常，但由于胎宝宝下降后直接压迫到膀胱及大肠，导致尿频、便秘的情形加重。

● **为分娩所做的准备已经成熟**：子宫和阴道逐渐软化，以方便伸缩，阴道分泌物增加，可润滑阴道，方便胎宝宝将来通过，而且子宫收缩频繁，开始有分娩征兆。

胎宝宝的成长

● **胎宝宝身长**：约50厘米。

● **胎宝宝体重**：2900～3400克，相当于1个西瓜。

● **接受母体抗体，抵抗力增强**：胎宝宝通过胎盘从母体接受了各种抗体，增强了对病菌的抵抗力。

● **有规律的生活节奏**：养成了以40分钟为周期的睡眠和苏醒的生活节奏。

● **做好了充分的分娩准备**：皮肤细纹消失，显得十分光滑，整个身体蜷缩一团，等候分娩。

本月孕检小啰嗦

- **内生殖器检查**：本月每周进行一次此项检查，以确认宫颈的状态、胎宝宝下降的程度、骨盆模样等情况，以决定分娩方式。
- **超声波检查**：过了预产期且毫无分娩症状的，需再次进行该项检查。

每月胎教推荐

带着美好想象来唱歌——音乐胎教

本月音乐胎教原理

孕10月，胎宝宝的听觉功能发育已基本完成，此时，孕妈妈应给胎宝宝倾听各种各样的声音，以促进听觉更一步完善。

本月选曲原则

此时，胎宝宝已经具备一定的情感，因此在欣赏音乐时不仅要满足感官欣赏，还要加入丰富的感情色彩。在听觉器官接受音乐的同时，孕妈妈要根据不同乐曲在心理上、情感上产生不同的反应，展开各种不同的联想，诗情画意联翩而至，在头脑中凝成生动的具体形象。

本月音乐胎教策略

孕妈妈每天可以哼唱几首歌，唱的时候心情要舒畅、富于感情，如同面对亲爱的宝宝倾诉一腔的母爱，让胎宝宝感受到母亲的关爱。还有一种母教子“唱”法，孕妈妈应充分合理地发挥自己的想象，让腹中的胎宝宝神奇地张开蓓蕾似的小嘴，跟着音律和谐地唱起来。每天晚餐后2小时，在胎宝宝醒着时听10～12分钟乐曲。

本月推荐曲目

门德尔松的《G大调无言歌》是精致简短的乐曲，门德尔松把人类感情最美的部分寄托于旋律，显现出幸福的特质。莫扎特的《单簧管五重奏》，在五重奏中，单簧管展现了安详的音色，相当适合胎宝宝聆听。巴赫的《小步舞曲》是一首可爱的乐曲，其轻快活泼的曲调深受世人喜爱，当然也非常适合胎宝宝聆听。贝多芬的《月光奏鸣曲》第一乐章蕴含着梦幻的气息、宁静的感觉，适合胎宝宝聆听。

消除分娩前的恐惧心理——情绪胎教

本月情绪胎教原理

临近分娩，不少孕妈妈感到恐惧，犹如大难临头，烦躁不安，呻吟，甚至惊慌、无所适从，这种情绪既容易消耗分娩体力，造成宫缩无力，产程延长，也对胎宝宝的情绪带来了较大的刺激。其实恐惧、紧张的心理是可以缓解的，“瓜熟蒂落”是一种自然规律。

本月情绪胎教策略

孕妈妈可做一些转移注意力的事情，可以为即将出生的宝宝选好衣服、鞋子等。孕妈妈还可以和准爸爸一起去钓鱼，这些都能使孕妈妈紧张的情绪得到排遣和放松，准爸爸应陪孕妈妈去做产前检查，并学习正确的分娩过程和常识，帮助孕妈妈布置一个自己喜欢的居室环境，以迎接可爱的宝宝的到来。

准爸爸和孕妈妈为即将出生的宝宝选择衣物，可使孕妈妈紧张的情绪得到放松和缓解。

胎教早教一点通

孕妈妈情绪变化对胎宝宝的影响

各种情况引起的不良情绪	对胎宝宝的伤害指数
夫妻口角	6.0
绝望、惊恐	4.4
亲戚间吵架	4.0
邻里间口角	3.0
家人患病或意外	3.0
内心无力感	2.6
忧郁、焦虑	1.2
神经质、压抑	1.0
搬家	1.0

和胎宝宝谈谈出生的事情——对话胎教

本月对话胎教原理

从孕7月起胎宝宝就有明显的听觉和感受能力了，不仅能对父母的言行做出一定的反应，还能在脑子里形成记忆。父母用优美的语言和胎宝宝对话，就是要使胎宝宝不断接受语言波的信息，训练胎宝宝在空白的大脑上增加语言的“音符”，促进胎宝宝大脑的发育。

本月对话胎教策略

孕10月后，孕妈妈可将教英文字母、数字、英语歌曲和绘画作为对话胎教方式。教文字时，要着重于向胎宝宝传递文字的图像。文字是用以表达想法和情感的基础手段，对胎宝宝的智力开发大有帮助。传授时要重质而不重量，否则会适得其反。对话是母子之间的心灵沟通，绝不可带有一丝一毫的牵强。孕妈妈还可以带领胎宝宝投入到愉快的文字游戏中。

此时的孕妈妈离预产期越来越近。这一时期，和胎宝宝谈出生的日期也可以作为对话胎教的内容。如“宝宝，你要在××月××日降临人世哦”“宝宝，你一定要安全地降生哦”或“宝宝，××日之前你不可以跑出来啊”等。

本月对话胎教DIY

孕妈妈要一面正确发音，一面用手指临摹字形，并将注意力集中在色彩上以加深印象。同时在向胎宝宝形象化地描述卡片上的图形、色彩时，不要只描述平面形象，应以立体的形象传递这种信息。比如对着色彩鲜艳的卡片描述英文单词“APPLE”时，可以对胎宝宝说：“这是苹果，它是红红的、甜甜的，宝宝肯定喜欢吃。”这样，可先让胎宝宝对苹果有一个感性认识，便于记忆。

在制作卡片时，还要考虑它们相互间的色彩搭配。为了使胎宝宝牢记这些鲜艳的文字，周围的色调必须是安静的自然色。

准爸爸和孕妈妈可以以绘画的方式向胎宝宝传递文字信息。

做做有利于分娩的按摩操——抚触胎教

本月抚触胎教原理

现在，许多年轻的孕妈妈既盼望小宝宝早日降临，又把分娩视为“劫难”。紧张、焦虑、恐惧的情绪，加上产程中一些人为的干扰等，无形中使难产增多，剖宫产率不断升高。经研究发现，在新生儿出生时，适当进行按摩可以使产程明显缩短，难产的发生率也可降低，对胎宝宝来说这也是很好的一种胎教方法，所以，在宝宝出生前就应该对其进行按摩训练。

本月抚触胎教策略

用特定的按摩手法作用于孕妈妈体表的特定部位，可以调节机体的生理、病理状况，从而可改变相关的系统功能。孕妈妈在接受按摩时，还可消除孤独感和恐惧感。具体手法是：孕妈妈或准爸爸用手在母体腹部触摸到胎宝宝身体后，用手指稍稍用力弹压胎宝宝肢体，用手轻轻推一推胎宝宝身体，一般在5分钟内总共做10多次即可，每晚在听音乐时做，或在手电筒光照前后做均可。

孕妈妈适当地对胎宝宝进行抚触胎教有助于顺利分娩。

本月抚触胎教DIY

1.采用腹式呼吸的方法。

2.两手放在腹部中间，也可放在下腹中间。

3.吸气时，两手向上作半圆状按摩。

4.呼气时，两手向下作半圆状按摩。

腹式呼吸配合抚触胎教，不但对胎宝宝的生长和发育有刺激作用，同时也有促进分娩的作用。

胎教早教一点通

了解正常分娩的三大产程

第一产程：子宫有规律地收缩，子宫颈口逐渐开全，伴有破水、阴道流血等情况；第二产程：胎膜破裂，胎儿以头、肩、身体、脚的顺序娩出；第三产程：胎盘娩出。

慢慢运动，轻松分娩——运动胎教

本月运动胎教原理

研究表明，孕妈妈临近分娩时多做些适当的运动，不仅可以预防便秘和静脉曲张、避免自己和胎宝宝的体重增长过快、减轻身体的种种不适，而且还可使关节韧带变得柔软、腹肌更有力量，从而在分娩时顺利生出宝宝。

本月运动原则

这一时期的运动突出个“慢”字，以稍慢的散步为主，过快或时间过长都不好，在速度上，以每小时3公里为宜，时间上以孕妈妈不感觉疲劳为度。孕妈妈也可适当做一些家务劳动，但要避免用力过大，尤其不能抬、提重物。

本月运动胎教策略

在散步的同时，孕妈妈还要加上静态的骨盆底肌肉和腹肌的锻炼，不光是为分娩做准备，也可让渐渐成形的胎宝宝发育更健全、更健康，增强他的活力。所以，这个时期在早上和傍晚，做一些慢动作的健身体操是很好的运动方法。

比如简单的伸展运动：坐在垫子上曲伸双腿；平躺下来，轻轻扭动骨盆；身体仰卧，双膝弯曲，用手抱住小腿，身体向膝盖靠近等简单动作。每次做操时间在5～10分钟左右即可，动作要慢，不要勉强做动作。

一般来说，在运动时，脉搏不要超过每分钟140次，体温不要超过38℃，时间以30～40分钟为宜。运动开始后要根据自己感觉的舒适程度及时调整，找到适合自己孕期一系列的运动组合。

如果在运动过程中出现头晕、气短、宫缩频率增加、某个部位疼痛、阴道突然有血丝或大量流血，要立即停止运动，向专家咨询情况是否正常，是否适合再继续做运动。

本月运动胎教DIY

好的呼吸方法，可以帮助孕妈妈在分娩过程中正确用力，保证分娩的顺利进行。因此，掌握正确的呼吸方法对孕妈妈来说很重要。其实，不用专门地用大段时间来练习呼吸法，只要在日常生活中抓住机会，适当练习，即可轻松找到正确的分娩呼吸法。

吹气球是分娩呼吸法中很重要的一项，可练习彻底地呼气。平时可以准备一些气球，没事的时候用力吹气球，直到感觉肺部的空气全部被呼出，然后持续几秒钟，再用鼻子做深呼吸。

摄取各种营养，应对分娩消耗和产后哺乳——营养胎教

本月营养胎教原理

在孕期的最后一个月，孕妈妈一定要保证充足的营养，满足分娩时的各种消耗，同时为新生儿哺乳做好准备。

孕妈妈要注意全面补充营养，应对分娩消耗、保证产后哺乳。

本月饮食原则

- **营养要跟上**。如果营养摄入不足，不仅所生的婴儿体重比较轻，而且还影响胎宝宝出生之后的生长。而且孕妈妈自身也容易发生贫血、骨质软化等营养不良症，这些病症会直接影响临产时的正常子宫收缩，容易发生难产。
- **增补DHA食品或鱼类DHA营养品**。以便促进胎宝宝大脑神经元和视网膜光杆细胞膜磷脂的合成。最好保持血清DHA含量每毫升不低于60微克。
- **多吃预防便秘的食品**。在孕10月，消化器官功能减弱，所以孕妈妈容易发生便秘。多吃薯类、海藻类和含纤维素丰富的蔬菜类食物能防止便秘。要注意少吃一些含脂肪和热量多的食物，以免胎宝宝过大造成难产。

本月营养胎教策略

就餐时间	食物种类及饭量
早餐	豆浆250毫升，鸡蛋2个，鱼松20克，花卷（面粉50～100克）
加餐	挂面50克，鸡蛋1个，西红柿（或青菜）100克
午餐	馒头（面粉150克），排骨100克，炒圆白菜200克，水果100克
加餐	大枣红豆汤（大枣20克、红豆50克、红糖50克）
晚餐	米饭（大米150克），牛肉炖胡萝卜（牛肉100克、胡萝卜50克），鸡蛋西红柿汤（鸡蛋1～2个、西红柿100克）
加餐	小米粥（小米50克），鸡蛋1个，豆腐干20克，炒芥菜50克

本月推荐食物

食用富含维生素B_{12}的食品可使母乳分泌旺盛。另外，为了弥补母乳的缺陷，应当大量摄取维生素K。为了确保顺产，还要充分摄取维生素E。

完美胎教每月一问

Q 明天就是预产期了，可是我到现在什么反应都没有，只是腰有点酸，我应该住院吗？还是等有反应了再去住院？

A 从末次月经第一天算起，满40周（即280天）为预产期。由于个体情况不同，真正分娩发生的时间可能距预产期有1～2周的偏差，因此，怀孕37～42周内分娩都是正常的。进入预产期后，应密切做好胎宝宝的监护工作。建议每3天去医院做一次胎宝宝监护，以了解胎宝宝是否存在缺氧，同时坚持进行胎动计数，发现胎动比平时频繁或明显减少要及时去医院。如果怀孕41周仍没有反应，则应该住院等待分娩了。

Q 据说分娩过程中可能要排便，这种情况下该怎么办呢？

A 由于分娩过程中持续向肛门部位用力，因此有可能出现排便的情形。不过不必过分担心，一般分娩前都要灌肠，不会出现问题。对分娩太过恐惧反而会产生精神负担，该吃就吃，该睡就睡，以平静的心态，信心十足地去迎接分娩才是最重要的。

Q 没有恶露的情况下会出现阵痛吗？

A 因人而异，有的人可能没有恶露，也有可能在阵痛的同时羊水破裂流出。开始出现有规律的间歇性阵痛后，应立即去医院。

Q 分娩时可以戴隐形眼镜吗，可以戴项链、戒指等饰物吗？

A 无论是自然分娩还是剖宫产分娩，都禁止戴眼镜。分娩时可能发生危急状况，因此项链、戒指等应该在进入产房之前摘下来。分娩时的状况较为混乱，为安全起见，这些物品最好从出家门时就摘下收好。

Q 肚脐周围鼓得很厉害，有关系吗？

A 进入孕晚期，胎宝宝的身体变大，运动也更为活跃，这时孕妈妈的腹部和肚脐的形态也会发生很大的改变。一般胎宝宝侧躺时孕妈妈的腹部和肚脐会突出鼓起；当胎宝宝的臀部朝下时，孕妈妈的肚脐就会深陷下去。肚脐的变化说明胎宝宝的活动能力良好，不必担心。

居家防辐射，从细节做起

◆ 手机要接通1秒后再接听，要长话短说，信号太差时少用，睡觉时别放在枕边。

◆ 冰箱运行时，后侧或下方的散热管线释放的磁场要高出前方几十甚至几百倍，所以冰箱一定不要放在人经常逗留的地方，尽量避免在冰箱运行时靠近它或者存放食物。

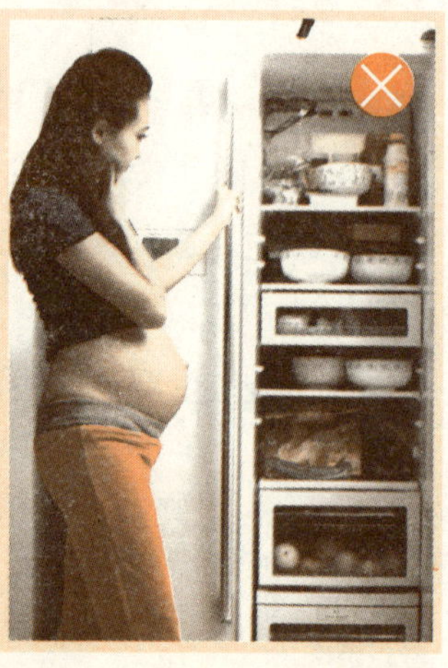

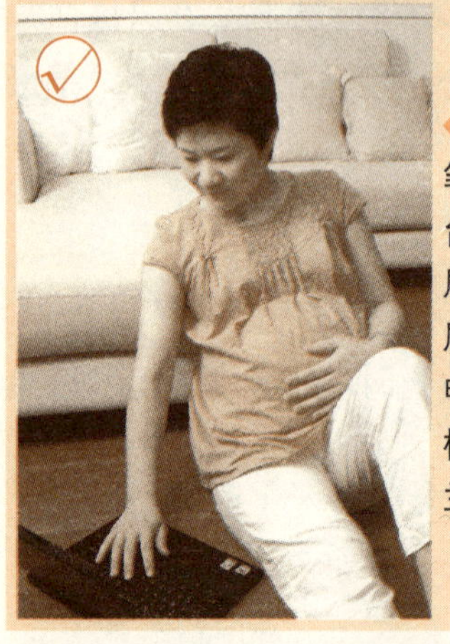

◆ 电脑最好使用笔记本电脑或将台式电脑的显示屏换上液晶显示屏，或者在台式电脑旁放些绿色植物，如仙人掌、兰花等。

◆ 以液晶电视为佳，看电视要远距离看。因为越靠近电视，辐射越强；电视亮度越高，辐射也越强。

◆ 不用吹风机，让头发自然风干。因为吹风机看起来虽小，但其马达发射电磁波的威力可不小。

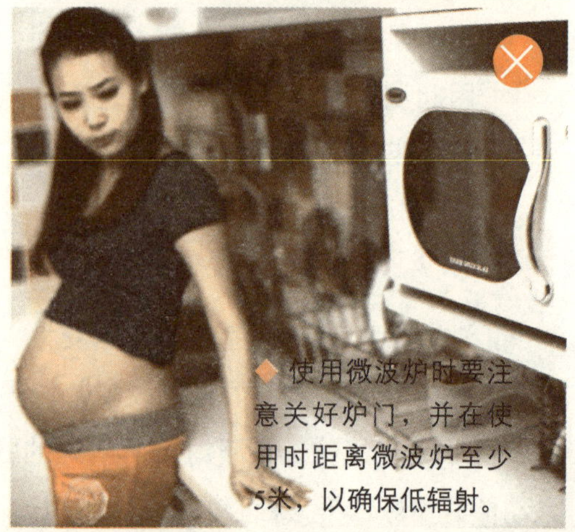

◆ 使用微波炉时要注意关好炉门，并在使用时距离微波炉至少5米，以确保低辐射。

“孕动”姿势纠正

孕妈妈在孕期腹部会日渐增大，在生活中如果动作不正确或不注意保持正确姿势，会加重腰酸腿痛感，也容易出意外。那么，应该怎样在站、立、行、坐、蹲、卧中保持正确姿势呢？

正确的站姿

站立时，要两脚平行，稍稍分开一些，把重心放在脚心上，这样身体不容易疲劳。需要较长时间站立时，两只脚最好前后交错，每隔几分钟就改变一下两条腿的前后位置，把身体重心放在靠后的腿上。

正确的行走姿势

行走时，要注意骨盆稍稍向前倾，抬起上半身，肩膀稍向后落下，下腭内敛，挺胸收臀，腹部突出，以保持整个身体的平衡，但要避免长时间走动。

正确的上下楼梯的姿势

上下楼梯时一定要抓住扶手，一阶一阶往上爬或向下走。为了避免压迫腹部，要挺直背肌。特别是到了孕晚期，日渐增大的肚子很可能会遮住视线，下楼梯不容易看清，切记踩稳当了再迈步，避免踩空。如果有扶手，一定要扶着行走，以免摔倒。

正确的坐姿

坐下时，最好选择带靠背的椅子，要深深地坐在椅子上，上半身要伸直。椅子高度以使髋关节和膝关节呈直角为好，大腿要与地面平行。

正确的起床姿势

起床时，如果是从仰卧的姿势起来，要注意先变成侧卧位，然后一点点地由半坐位到完全起来。不可以过猛的动作起床，仰卧时禁止以仰卧起坐的姿势直接起来。

正确的拾东西姿势

从地上拾东西时，要先屈腿弯腰蹲下，并且蹲稳了再拾，然后伸直双膝站起来。拾东西时注意不要压迫肚子。不可采取不弯膝盖，只是斜着上身去拾东西的姿势，这样很容易摔倒。

孕晚期不能摄取过量的食物

肉类

人体呈微碱性状态是最理想的，而肉类可使体内趋向酸性，致使大脑反应迟钝，影响胎宝宝智力的发育。

白砂糖

能够直接进入血液中，使血液流动不能畅通，白砂糖还能进入脑细胞，并带进水分，使脑细胞呈“泥泞”状态，不仅有损大脑，还有可能导致脑溢血、脑血栓。

精白米面

米和面在精制过程中，会使有益于大脑发育的成分丧失很多，剩下的基本就是碳水化合物了。碳水化合物在体内只能起到“燃料”作用，而大脑需要的是多种营养，所以长久地吃精白米和精白面不利于胎宝宝的大脑发育。

黄油

黄油又名奶油，其实就是脂肪块，脂肪容易滞留在血管壁上，妨碍血液流动。

大脑中有为数众多的毛细血管，通过这些毛细血管向脑组织输送营养成分，若脂肪使毛细血管不畅通，则会引起大脑营养不良，导致大脑正常发育受阻。

大补之品

人参是大补之品，孕妈妈在孕晚期大量服用易导致气盛阴耗，阴虚火旺，会加重孕期呕吐、水肿和高血压等的程度。孕妈妈在孕晚期原本就很容易出现水肿、高血压等症状，而人参有抗利尿的作用，会使钠在体内潴留而减少排尿，导致羊水过多，这些都可能引起阴道流血、流产或死胎。有些孕妈妈发生先兆流产就是因为服了人参、桂圆等补品引起的。

除此之外，鹿茸、鹿胎膏、鹿角胶等温热大补之品在孕期也不宜使用。

一般的孕妈妈适宜的补品就是饮食中的蛋白质、维生素、微量元素，只有少数身体极度虚弱、营养状况非常不理想的孕妈妈才需要额外进补滋补之物。一般来说只要日常饮食全面、营养充足，孕妈妈是不需要使用大补之品的。

第3篇

0~1岁

——宝宝IQ、EQ开发与培养

0~1岁是宝宝大脑发育的关键时期，此时的宝宝就像个“小玩偶”一样，什么都不能自己打理，什么都需要父母来操心。爸爸、妈妈在这个阶段不仅要照顾好宝宝的日常生活，还要耐心地同宝宝玩一些刺激大脑发育的益智游戏，培养并发掘宝宝的IQ、EQ。

ME
to
You

0~1个月

伴随着第一声清脆的哭声，宝宝终于出现在你的面前了。从降生的这一天开始，宝宝就在快速地搜集身边所能搜集到的所有信息，在认真地听、看、触摸和思考。作为家长的你，是否早已做好准备了呢？

宝宝的生长情况

0~1个月宝宝身体发育一览表

	男宝宝	女宝宝
身高	平均56.9厘米 (52.3～61.5厘米)	平均56.1厘米 (51.7～60.5厘米)
体重	平均5.1千克 (3.84～6.36千克)	平均4.81千克 (3.67～5.95千克)

喜欢听人声

宝宝喜欢听人声，尤其对妈妈的声音特别敏感，当妈妈轻轻地对着宝宝说话时，宝宝的反应是很积极的。快满月时，宝宝的听觉会出现相对集中的表现，也能更好地听外界的声音了。

作出“看”的反应

宝宝出生后7天，就开始对眼前的物体作出“看”的反应。这时候宝宝的眼神要比刚生下来时灵敏得多。睡醒后，处在安静状态下的宝宝，会把他的眼睛睁得大大的，好奇地望着你，显得格外有神。睁眼的时间要比之前稍长些，开始对大物体感兴趣。他喜欢看人脸，也喜欢看色彩鲜艳的东西。他不仅会盯着你，目光还会跟着你左右移动。到了满月，宝宝的目光就更灵敏了。

需要安慰

从生命的一开始宝宝就已有触觉。当你抱起他时，他喜欢紧贴着你的身体，依偎着你。当宝宝哭时，爸爸妈妈抱起他，并且轻轻拍拍他，这一过程充分体现了满足宝宝触觉安慰的需要。

宝宝的养育要点

提倡母乳喂养

现代医学证实，母乳是妈妈给予宝宝天然的最理想的食物，它不但维持了宝宝营养的均衡，同时也是增强宝宝免疫力及抵抗力的最佳方法。更重要的是，母乳喂养能促进宝宝大脑和智力的健康发育。

睡觉时宜侧卧

宝宝睡眠应以侧卧为宜，但两侧应经常更换，以免面部和头部变形。

早教要点

睡眠定时

这一时期，应当使宝宝养成白天清醒、夜间睡觉的生活习惯，尤其应该注意的是防止宝宝含着奶头睡觉。有的妈妈喂养宝宝不定时，宝宝什么时候哭就什么时间喂。有时甚至夜里躺着喂奶，如果妈妈自己睡着了，宝宝还在吸吮乳汁，即使宝宝入睡，嘴里还含着奶头，这种喂养方式会引起以下问题：

妈妈要帮助宝宝养成良好的睡眠习惯。

- **当宝宝处于深睡状态时**：宝宝在睡眠中常有吸吮动作，可吸出乳汁，而处于深睡状态的宝宝吞咽反应差，当乳汁进入咽喉部时，轻者引起呛咳，重者吸入气管，发生吸入性肺炎或窒息，严重者可因窒息而死亡。
- **当妈妈处于深睡状态时**：妈妈喂奶时若入睡过深，乳房会压住宝宝的口鼻，使宝宝发生窒息，特别是那些体弱的小宝宝。所以，这种喂奶方式不可取，应引起妈妈的重视。

哺乳有规律

第一个月里宝宝只吃空妈妈一边奶就够了，到4个月时每顿要吃空两边的奶才满足，奶量大约有300～400毫升，食量惊人。

- **正常哺乳规律**：健康成长的宝宝，从第二个月开始，进食量开始增大，而且进食时间也日趋固定。每天通常要吃六七次奶，每次间隔3～4小时，夜晚间隔5～6小时，到3个月左右时，宝宝夜里会醒来几次，因饥饿而哭闹。不过，这时应当将哺乳的间隔时间延长至6小时左右，使宝宝形成一定的生活规律。
- **哺乳时间长度**：若哺乳时期乳汁起初排出不畅，可将哺乳时间延长至15分钟，但是不可超过20分钟。宝宝在最初的5分钟内会吃需要量的一半左右，在此后的5～10分钟将吃下剩余量的大部分。
- **若母乳不足，可进行混合喂养**：正常生长的宝宝喂奶时间基本固定，但如果宝宝持续吮奶30分钟以上或者吃奶不到一个小时肚子又饿了，同时体重不增加，那就是母乳不足了。母乳不足的情况很常见，这时最好用人工喂养或混合喂养的方法来哺喂。

对宝宝进行IQ测试

语言能力

1.宝宝啼哭时妈妈如果发出同样的哭声，宝宝会：

A.回应性地发音2次（20分）

B.回应性地发音1次（10分）

C.停止啼哭等待（5分）

D.仍继续啼哭（0分）

2.妈妈与之讲话时，宝宝会：

A.发出喉音回答（20分）

B.小嘴模仿开合（10分）

C.停止原来的行为，注视妈妈（5分）

D.继续原来的行为，不理会妈妈（0分）

视听能力

1.在离宝宝耳朵15厘米处摇动内装二三十粒黄豆的塑料瓶时，宝宝会：

A.转头眨眼（20分）

B.皱眉（10分）

C.纵鼻张口（5分）

D.不动（0分）

2.当妈妈将手突然移至宝宝的眼前时，宝宝会：

A.转头眨眼（20分）

B.眨眼（10分）

C.不动（1分）

3.第一次注视20厘米处外的母亲黑白头像照时，宝宝连续不眨眼的时间为：

A.20秒以上（20分）

B.10秒以上20秒以下（10分）

C.7秒以上10秒以下（5分）

D.5秒以上7秒以下（1分）

动作能力

1.宝宝的双手能做下列动作：

A.双手都可达胸前，并可吸吮任一只手的手指（20分）

B.单手达胸前，只吸吮一侧手指（10分）

C.吸吮单侧拳头（5分）

D.双手在体侧不动（0分）

2.把笔杆放入宝宝的手心，宝宝会：

A.紧握10秒以上（20分）

B.握住5秒以上（10分）

C.握住3秒（5分）

D.不握或握后马上放开（0分）

3.出生10天以后，俯卧时宝宝：

A.头能抬起，下巴贴床（20分）

B.眼睛抬起观看（10分）

C.头转一侧脸贴枕上（5分）

D.头不能自己转动，只能埋入枕上，由妈妈转动（0分）

结果分析

以上全部题目共计160分，得分在60～100分之间为正常，101分及以上为优秀，59分及以下为暂时落后。

- 如果宝宝某项能力的总得分为满分，家长可跨过本月练习，提前进行下月相关训练。
- 如果宝宝某项能力的总得分介于该种能力全部测试题的B项和C项分数和之间，建议家长针对该项能力对宝宝加强训练。
- 如果宝宝某项能力的总得分小于该种能力全部测试题的C项分数和，建议家长严密注意宝宝是否有相应方面的能力障碍。

宝宝IQ开发与培养

语言能力

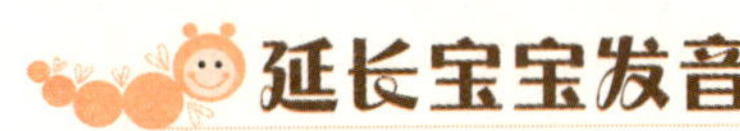

延长宝宝发音

训练目的

强化宝宝正在形成的语音，促进其语言能力的提高。

训练方法

1.妈妈做出各种表情，发出各种声音，从而引起宝宝的反应。

2.当宝宝发出元音时，妈妈重复并拉长其发音，以刺激宝宝模仿自己。

3.妈妈可以发出声音，从而引起宝宝的注意。

视听能力

看妈妈的脸

训练目的

促进宝宝追视的能力，促进其眼肌和周边视力的发展。

训练方法

1.照料宝宝时，妈妈故意让脸在宝宝的左右活动，以促使宝宝的视线适应妈妈的移动。妈妈的脸距离宝宝的脸不应超过20厘米。

2.用温和亲切的语调哄他，如“宝宝怎么了？妈妈在这儿呢”，并注意观察宝宝的反应。声音要柔和亲切，语调要富于变化，时常与宝宝讲“悄悄话”。

动作能力

握持

训练目的

训练宝宝手的握持能力。

训练方法

1.妈妈洗净双手。

2.妈妈将食指塞入宝宝手中使其握住，并停留片刻。

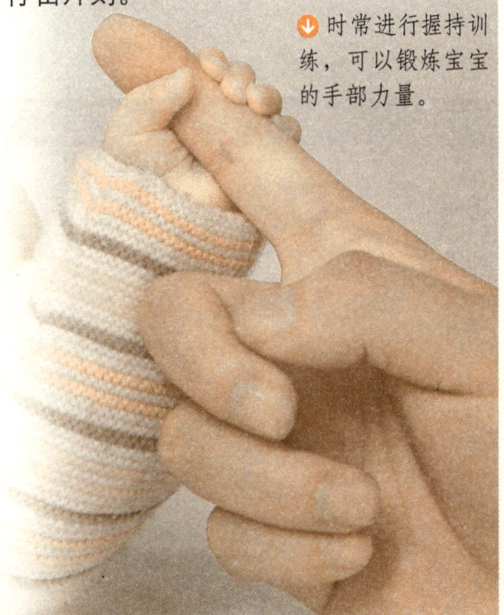

时常进行握持训练，可以锻炼宝宝的手部力量。

“走路”

训练目的

使宝宝提早学会走路，从而促进其大脑的发育和IQ发展。

训练方法

1.从宝宝出生后第8天开始训练，每天4次，每次3分钟，于喂奶后半小时进行。

2.托住宝宝的腋下，用两个大拇指控制好宝宝的头部，让他的脚底板接触平面，以使他做出迈步动作。

1~2个月

在这个月里，宝宝开始显露出其更成熟的个性，并且开始用自发的微笑回报妈妈对他的关爱。宝宝的大脑也正以最快的速度发育。智力的发展依靠“立体视觉”获得，也就是双眼能够协调一致。你的宝宝是怎样的情况呢？

宝宝的生长情况

1~2个月宝宝身体发育一览表

	男宝宝	女宝宝
身高	平均60.4厘米 (55.6～65.2厘米)	平均59.2厘米 (54.6～63.8厘米)
体重	平均6.16千克 (4.72～7.6千克)	平均5.74千克 (4.44～7.04千克)

有了“眨眼反射”

随着天数和月龄的增长，宝宝逐渐能看见活动着的物体，如果将手慢慢靠近他的眼前，他就会眨眼。这就是宝宝能看到物体的证明，这种眨眼叫做“眨眼反射”。一般宝宝在1.5～2个月之间都会有这种眨眼反射。

具有分辨声音的能力

宝宝听到太响的声音会表现出烦躁、惊恐、哭闹等，而听到温柔、低沉和慢节奏的声音时则表现得安静或高兴，这说明出生不久的宝宝对声音已经有了分辨能力。妈妈在宝宝面前的语言动作，都会通过眼神、情绪及说话时的口气传给宝宝，从而影响宝宝的情绪。宝宝虽小，却也能从听到的声音中感受到妈妈的心情。

1～2个月大的宝宝已经有了分辨声音的能力，对不同声响及节奏的声音会有不同的反应。

宝宝的养育要点

传递妈妈爱的皮肤接触

这一时期的宝宝清醒的时间增多，而且眼睛可和妈妈的眼睛对视了。此时，妈妈应当刻意地增加与宝宝皮肤接触的频率，使宝宝在精神上产生稳定感。同时，用温柔的声音与宝宝说话或把宝宝抱在怀里轻拍，宝宝会感到非常舒适。

洗澡可以促进皮肤的发育

这一时期的宝宝新陈代谢非常活跃，因此应每日洗澡。夏季出汗多时，可以经常用毛巾擦拭身体，使宝宝保持干净清爽的状态。

早教要点

建立健康的依恋关系

有些宝宝似乎天生就很喜欢父母的臂弯，照顾他们无需耗费太多的精神心力。但有些宝宝似乎很难哄，经常哭个不停，而且清醒的时间也较长。这其中原因部分可能是天生的气质，部分是父母还未与宝宝建立健康的依恋关系。天生的气质很难改变，但是健康的依恋关系却是可以建立的。

必须将自己培养成敏感的好父母

因为敏感的父母更容易和宝宝建立依恋关系，他们比较能够了解宝宝在此时此刻需要什么，清楚地知道现在只要摸摸宝宝的小脑袋就能让他很舒服、很开心。

宝宝一出生就会哭，到了三四个月时就会笑，还会愠怒。这是还不会用言语来表达的宝宝对父母发出的信号，他用这些信号来吸引注意，要求得到父母的抚慰和照顾。父母要学会解读宝宝发出的各种信号，比如需要食物了、需要换尿片了、想找人玩了，诸如此类；另外一种就是心理上的，宝宝感到不安，需要人来抚慰。这时父母就要以最快的速度做出正确的回应。

建立良好的互动

无论爱哭闹还是不爱哭闹的宝宝，父母在宝宝不哭闹的时候主动、自发地去和宝宝进行亲子互动，都会让宝宝很开心、舒服，能培养宝宝的安全感，这是最好的亲子互动。亲子依恋在良好的互动中建立，比起等到宝宝自己因觉得寂寞、无助而哭了之后，才被动地去抚慰宝宝效果要好得多。另外，在宝宝不哭闹的时候带他玩，还能降低爱哭闹宝宝因心里不舒服而哭闹的次数和频率。

消除宝宝心理上的不适

用多种多样的方式，比如逗弄宝宝、抚触宝宝的皮肤、和宝宝玩一会儿等和宝宝建立良好的互动，能让宝宝觉得很舒服、很开心。用多样化的方式去建立亲子依恋，也是为了防止某一方式施用过多、过度而造成不良影响，比如抚触过多会造成心理滞留，和得不到关爱一样也会让宝宝以后患上“皮肤饥渴症”。

对宝宝进行IQ测试

语言能力

宝宝高兴时会发出如啊、咿、哦、噢、呜等的元音：

A.4个及以上（20分）

B.3个（10分）

C.2个（5分）

D.1个（1分）

视听能力

1.当有红球从眼前摇摆时，宝宝会：

A.上下左右地追视红球（20分）

B.向左右追视达180°，并且头和眼同时转动（10分）

C.仅双眼转动，而且幅度小于60°（5分）

D.根本不追视，双眼一点也不动（0分）

2.当有声音传来时，宝宝会：

A.对妈妈的开门声、脚步声都会转头观看（20分）

B.只对妈妈的声音会转头观看（10分）

C.只会用眼看，从来不转头（5分）

D. 眼睛常看目标，但与声音无关（0 分）

动作能力

1.竖抱宝宝时，他会：

A.头部可以直立，不用扶持（20分）

B.头能竖起2分钟左右（10分）

C.头部垂向前方（5分）

D.头部向后仰（3分）

2.妈妈将某物放入宝宝手心时，宝宝会：

A.紧握住并放入口中（20分）

B.握紧达1分钟（10分）

C.握一下便马上放手（5分）

D.根本不握，任凭某物掉下（0分）

3.让宝宝俯卧时，他会：

A.下巴离床2厘米以上（20分）

B.下巴离床一点（10分）

C.下巴贴床（5分）

D.抬眼观看（3分）

E.脸部全贴着床（0分）

4.让宝宝保持仰卧姿态时，他会把手伸到眼前观看：

A.10秒以上（20分）

B.5秒（10分）

C.3秒（5分）

D.从来不看手（0分）

5.扶住宝宝腋下，让他在硬板床上自己迈步，他能迈：

A.10步以上（20分）　B.8步（18分）

C.6步（15分）　D.4步（10分）

E.2步（3分）

结果分析

以上全部题目共计160分，得分在60～100分之间为正常，101分及以上为优秀，59分及以下为暂时落后。

- 如果宝宝某项能力的总得分为满分，家长可跨过本月练习，提前进行下月相关训练。
- 如果宝宝某项能力的总得分介于该种能力全部测试题的B项和C项分数和之间，建议家长针对该项能力对宝宝进行上一个月的相关训练。
- 如果宝宝某项能力的总得分小于该种能力全部测试题的C项分数和，建议家长严密注意宝宝是否有相应方面的能力障碍。

宝宝IQ开发与培养

语言能力

诱导发音

训练目的

让宝宝主动发音。

训练方法

1.当宝宝觉醒并且不饿时，他会自己发“啊不啊不”的声音。这时妈妈可在一旁也同样叫“啊不啊不”，以促进宝宝多次发音。

2.妈妈改说宝宝前几天发出的一些声音，让宝宝再做响应。也可用录音机录下宝宝的发音，在他睡醒时播放给他听。

视听能力

看漂亮的手

训练目的

让宝宝看自己的手。

训练方法

1.让宝宝的手抓住一个小铃铛，然后摇宝宝的手腕，让铃铛作响吸引宝宝看自己的手。

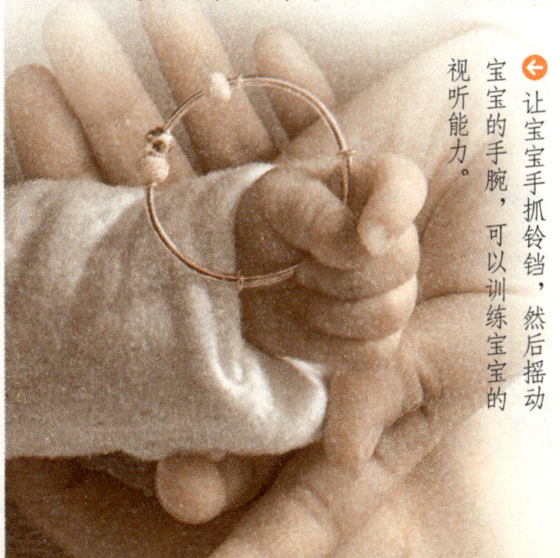

让宝宝手抓铃铛，然后摇动宝宝的手腕，可以训练宝宝的视听能力。

2.也可以系个鲜艳的大蝴蝶结在宝宝手腕上，拿到眼前让宝宝观看，看宝宝是否注视自己的手。

动作能力

俯卧抬头

训练目的

让宝宝练习抬头观看，使其颈部的肌肉强健。

训练方法

1.让宝宝趴在大床上，妈妈拿一个玩具放在离宝宝的头上方10厘米处，一面叫他的名字一面动玩具，诱导他来拿。

2.妈妈可趴在宝宝对面，帮着他拿玩具，这时他就会伸长脖子尽量抬高头来看着玩具，同时还会用手来帮忙把自己撑得高一些。

身体平衡

训练目的

训练宝宝身体的平衡能力，纠正其紧张和触觉过分敏感。

训练方法

1.爸爸仰卧在床上，将两只脚举高，膝盖微微弯曲。

2.妈妈将宝宝放在爸爸的脚面上，并注意用手扶住宝宝，然后爸爸用脚微微地摇动宝宝。

2~3个月

这个月里，宝宝看起来大部分时间都在吃奶、睡觉或者哭，实际上他已经在如饥似渴地学习了。父母要让宝宝多看、多听、多触摸，建立起更良好的亲子关系。

宝宝的生长情况

2~3个月宝宝身体发育一览表

	男宝宝	女宝宝
身高	平均63厘米 (58.4～67.6厘米)	平均61.6厘米 (57.2～66厘米)
体重	平均6.98千克 (5.4～8.56千克)	平均6.42千克 (5.02～7.82千克)

对听到的声音作出反应

3个月时，宝宝的听力有了明显的发展。他听到声音后，头能转向声音的方向，并表现出极大的兴趣；当成人与他说话时，他会发出声音来表示应答。

因此，父母平时应该多和宝宝说话，适当让宝宝听一些轻松愉快的歌曲、音乐等，这将有利于宝宝的听觉发展，也有利于宝宝语言的发展。

视力已经基本成熟

3个月大的宝宝基本能任意调节双眼的焦距，可以随意观察适当距离内的物体，能转动双眼来观看迎面而来的缓慢移动物体。

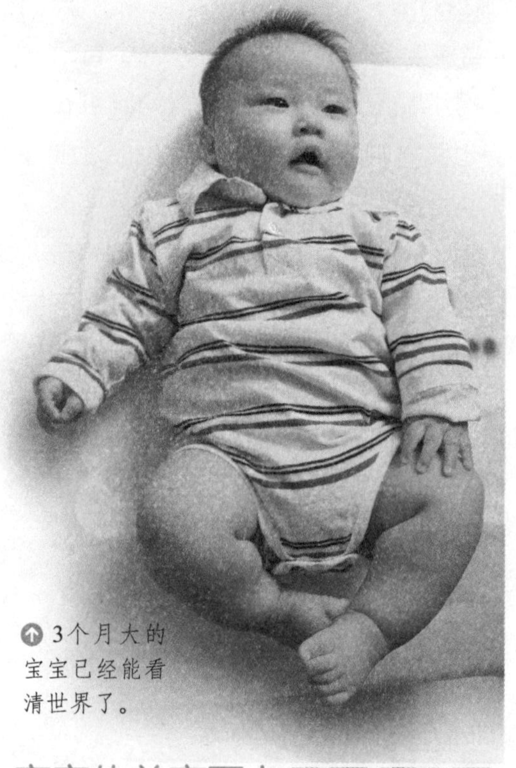

↑ 3个月大的宝宝已经能看清世界了。

宝宝的养育要点

让宝宝情绪稳定

作为妈妈，不仅要满足宝宝想要吃饱的需求，还要满足宝宝希望被抱在温暖的怀抱中吸吮乳汁的情感需求。在这一时期，如果妈妈能够充分地满足宝宝的渴望，宝宝就会产生依赖感，并保持情绪上的稳定。

不要长时间背着宝宝

虽然在宝宝能挺起脖子时，就可以背着宝宝做家务或外出了。但是，如果长时间地背着宝宝，压迫宝宝的腹部和胸部，容易出现血液循环障碍。

在活动中进行亲子交流

这一时期，妈妈应当刻意地增加与宝宝的接触，陪宝宝一起活动、做游戏等等。

照镜子

出生90天左右后，宝宝在俯卧以及在被竖直抱起的时候可以抬头。这时，妈妈可以让宝宝做照镜子的游戏。

妈妈可以把宝宝抱到镜子前，让宝宝学习认识自己和妈妈的模样。当宝宝看到镜中的自己和妈妈时，会感到很高兴，并逐渐有了自我意识。

洗澡

给宝宝洗澡的时间应安排在喂奶后1小时左右，全过程应在15分钟左右。

准备

拿出宝宝洗澡时所需的全部用品，并放在适当的位置。调整室内温度，保持在18℃以上。把兑好的温水倒入澡盆中，用温度计试温：夏天水温保持在38℃左右，冬天水温保持在40℃左右。

给宝宝洗完澡后要用浴巾及时擦干宝宝的身体，让宝宝时刻清爽。

洗澡

1.洗头：把宝宝的衣裤脱去，用浴巾包好。妈妈半蹲在澡盆前，把宝宝的屁股放在左腿上，左手托住宝宝的后脖颈和头。先给宝宝洗脸，用湿毛巾或纱布由眼睛周围轻轻向外擦洗，洗去脸上的脏东西，擦干；再用湿毛巾擦湿宝宝的头发，放少量的洗发水在右手掌心，放少量水，轻轻揉搓直至产生丰富泡沫后揉在宝宝的头上，然后用毛巾撩起清水洗净头发并擦干。

2.洗身体：左手托住宝宝的头，右手托住屁股，轻轻放入水中。左手托住宝宝的后脖颈和头，右手放上少量浴液，洗脖子、胳膊、手、前胸及腹部。然后把宝宝翻过身，左手扶住前胸，右手洗后背、屁股和腿。

结束

用浴巾包好宝宝，从头到脚轻轻擦干身上及头上的水。把婴儿护肤液放在手心，轻轻抹在宝宝身上并按摩片刻，或者把爽身粉轻轻抹在宝宝身上，特别是脖子、腋窝、腹股沟等处。

咿呀学语

宝宝两个月时已会发出两三个元音，如“a、o、e”等。宝宝发音时，父母要做出回应，用夸大的口形同宝宝说话。3个月的宝宝会发出咿咿呀呀的双元音，有了初步的应答能力。父母要多与宝宝进行声音交流，鼓励宝宝大声说话、大声笑。

对宝宝进行IQ测试

语言能力

妈妈对宝宝讲话时，宝宝会：

A.大声叫着答话（20分）

B.小声叫着答话（10分）

C.只是笑，不答话（5分）

D.毫无表示（0分）

视听能力

1.对父母的亲切度：

A.见到父母都会投怀（20分）

B.见到妈妈时会主动投怀（10分）

C.妈妈离开时会哭叫（5分）

D.对谁都一个样（1分）

2.当有红球从眼前摆动时，宝宝会：

A.环形追视时，头部能稍微离开枕头（20分）

B.头颈活动时，眼睛能上下左右环形追视（15分）

C.会上下追视（10分）

D.会左右追视（5分）

E.会小于60°地左右追视，但只眼动，头不动（1分）

动作能力

1.当有响铃被系在某一肢体上时，宝宝会：

A.一系上肢体就马上动，并且不断尝试（20 分）

B.知道动哪一侧的肢体会使响铃发出声音（10 分）

C.全身滚动着使响铃发出声音（5分）

D.肢体不会动作，也弄不出声音（0分）

2.当宝宝俯卧着抬头时，他：

A.会用双手支撑，前胸完全抬起（20分）

B.会用肘支撑，抬起半胸（10分）

C.会抬头，下巴离床（5分）

D.会眼睛往前看，下巴贴床（2分）

3.俯卧时，如果妈妈双手从两侧托胸并举起宝宝，他会：

A.头、躯干、腿成一条直线（20分）

B.头、躯干和髋部成直线（10分）

C.头、躯干成直线，下肢下垂（5分）

D.头及下肢均下垂（0分）

4.没事时，宝宝会：

A.眼看双手，手指、手掌互握长达3分钟以上（20分）

B.双手互相抓握着玩耍，如抓脸、衣服、被子、布偶娃娃等，并且在抓握时眼睛看着手（10分）

C. 双手乱抓，但眼睛看不着或不看手（5 分）

D.双手不会抓物（0分）

结果分析

以上全部题目共计140分，得分在50～80分之间为正常，81分及以上为优秀，49分及以下为暂时落后。

- 如果宝宝某项能力的总得分为满分，家长可跨过本月练习，提前进行下月相关训练。
- 如果宝宝某项能力的总得分介于该种能力全部测试题的B项和C项分数和之间，建议家长针对该项能力对宝宝进行上一个月的相关训练。
- 如果宝宝某项能力的总得分小于该种能力全部测试题的C项分数和，建议家长严密注意宝宝是否有相应方面的能力障碍。

宝宝IQ开发与培养

语言能力

打招呼

训练目的

促进宝宝发音。

训练方法

1.妈妈带宝宝照镜子，并拉着宝宝的手摸镜子。

2.然后妈妈对着镜子中的宝宝打招呼：“你好，宝宝。”并做招手动作，以逗引宝宝愉快地笑。

3.握住宝宝的小手，让他对镜子里的宝宝打招呼：“你好啊！”宝宝这时一般就会发声。

视听能力

喜欢听东西落地的声音

训练目的

引导宝宝观察不同物品落地时发出的声音，引发宝宝对声音的好奇。

训练方法

1.故意把不同的东西掉在地上，以让宝宝听到不同的声音，注意声音不可太刺激，以免惊吓到宝宝。

2. 对声音敏感的宝宝会发现有些东西很响，但是有些东西没有声音，这时他会逐渐产生好奇心，从而更注意观察，积累经验。

动作能力

拍打吊球

训练目的

练习手眼协调性。

训练方法

1.在宝宝的小床上方吊起1～2个小玩具，一个有声音，一个颜色鲜艳。

2.妈妈握着宝宝的小手去拍打它，以使玩具前后晃动发出声音，吸引宝宝自己去拍打。

3.要经常更换玩具的种类和位置，以保持宝宝的新鲜感，并且避免过度开发宝宝的某一侧肢体。

4.宝宝玩过后要及时把玩具收走，别让宝宝长时间盯着看，以免引起宝宝对眼。

抓球

训练目的

锻炼宝宝的手眼协调能力和肢体协调能力。

训练方法

1.拿一条不短于10厘米的橡皮带，在末端系上一个小铃铛。

2.在宝宝的注视下，妈妈抓住橡皮带末端的小铃铛，然后放手，让小铃铛在橡皮带下跳舞摇荡。

3.抓住宝宝的手，帮他重复上面的动作1～2次。

4.鼓励宝宝自己伸手去抓或拍动橡皮带末端的小玩具。

对宝宝进行EQ测试

社交能力

1.父母逗笑出现在：

A.15天前（20分）

B.20天前（10分）

C.30天前（5分）

D.42天之前（3分）

2.逗笑时，宝宝：

A.45天前笑出声音（20分）

B.50天前笑出声音（10分）

C.60天后笑出声音（5分）

D.微笑无声（3分）

3.在笑上，宝宝：

A.见熟人笑，对镜子笑（20分）

B.见人就笑（10分）

C.人逗才笑（5分）

D.很少笑（1分）

4.在谁的携抱下感到亲切：

A.3人（父母和照料人）（20分）

B.2人（妈妈和照料人）（10分）

C.1人（妈妈）（5分）

D.谁抱都照样啼哭（0分）

5.举高时，宝宝会：

A.高兴，愿意再玩，不肯下来（20分）

B.高兴玩2～3次（10分）

C.可以，但不愿再玩（5分）

D.害怕，不愿意让妈妈举起（0分）

生活能力

1.把宝宝大小便，宝宝识把出现在：

A.20天前（20分）

B.25天前（10分）

C.30天前（5分）

D.未练习（0分）

2.需要大小便时，宝宝：

A.会出声音和动作表示，让妈妈来把（20分）

B.会做动作表示，白天少湿床铺（10分）

C.偶尔成功1次（5分）

D.只能用尿不湿，不识把（0分）

3.会用动作表示需要大小便，让照料人及时把持：

A.两天湿1次（20分）

B.白天湿1～2次（10分）

C.每天湿3～4次（5分）

D.用纸尿裤（0分）

4.饥饿啼哭时，妈妈答应后略能等待：

A.1分半钟（20分）

B.1分钟（10分）

C.半分钟（5分）

D.15秒（3分）

结果分析

以上全部题目共计180分，得分在80～110分之间为正常，111分及以上为优秀，79分及以下为暂时落后。

- 如果宝宝某项能力的总得分为满分，家长可跨过本月练习，提前进行下月相关训练。
- 如果宝宝某项能力的总得分介于该种能力全部测试题的B项和C项分数和之间，建议家长针对该项能力对宝宝加强训练。
- 如果宝宝某项能力的总得分小于该种能力全部测试题的C项分数和，建议家长严密注意宝宝是否有相应方面的能力障碍。

宝宝EQ开发与培养

锻炼宝宝对勺子喂食的适应性

用勺子喝水

训练目的

让宝宝适应勺子喂食，为喂药和辅食做准备。

训练方法

1.用勺子装少量温开水，把勺子放进宝宝舌头中央，用勺子压着舌头，把水轻轻倒入。这时勺子仍然压着舌头，等待宝宝吞咽几次后即把少量水完全吞咽后才拿开。

2.如果宝宝在吞咽时又把喂进去的东西顶出口外，就用勺子在下唇处挡住。

让宝宝养成良好的作息习惯

夜寝昼作

训练目的

让宝宝夜间多睡，白天多活动。

训练方法

1.晚上不开灯，让房间处于黑暗中。

2.如果宝宝半夜醒来，需要哺乳或换尿布时也只用暗光，并且妈妈不要同宝宝说话，哺乳或换尿布后要赶快哄宝宝睡下。

3.白天如果宝宝睡得太久，过了该喂奶的时候，就用凉水毛巾给宝宝擦脸，让他醒来以便喂奶。然后抱着他到处看看，让他在白天有较多的活动。

让宝宝更主动一些

我先打招呼

训练目的

让宝宝学会主动同人打招呼，养成开朗活泼的良好性格。

训练方法

1.经常抱宝宝到街心公园或人们常散步的地方，当妈妈同邻居们打招呼时，也让宝宝接触这些大人和小孩。

2.人们都喜欢孩子，会逗他笑，这时宝宝也会报以微笑。这样以后再见到这些人时宝宝就会主动先笑，很招人喜爱。

3.记着要趁宝宝还未怕生之前，让他多认识邻居和亲属，并让他经常用笑来同人打招呼，从而形成大方开朗的性格。

训练宝宝的抑制力

稍等，稍等

训练目的

培养宝宝短时的抑制力。

训练方法

1.宝宝饥饿啼哭时，妈妈先用声音答应，然后稍稍过一小会儿再去喂宝宝。

2.有过前一次的经验后，妈妈以后可再稍稍延长一小会儿，甚至可以观察宝宝最长能安静等待多久。

3.注意当宝宝等不了而再次啼哭时，妈妈应当立即到宝宝身边，而不宜让宝宝再次等候，否则宝宝会对妈妈失去信任。

通过游戏培养宝宝各方面的能力

追追看

游戏目的

通过这个游戏可以训练宝宝眼球的追视能力。

游戏方法

1.将一件用线吊起来的玩具放在宝宝的眼前，先吸引宝宝来看，然后妈妈慢慢地移动玩具。

2.可以从左到右、从上到下、从近到远，慢慢变换方向和位置。

3.适宜不停地移动玩具，但要稍作停止，让宝宝看到玩具，然后再转动。最好上、下、左、右移动玩具，依次做1次，做完10次后要让宝宝休息一会。

游戏提示

1.每次不能让宝宝集中看太久，以免眼球肌肉太疲劳。

2.如果宝宝欠缺这种追视能力，将来阅读可能就有困难，例如，有些宝宝看书不能一行一行地看，会隔行跳着看，因而影响学习成绩。只要宝宝在小时候多做这些游戏，就能轻轻松松地把追视能力训练出来。

找声音

游戏目的

通过听音找物或找人，培养宝宝的听觉能力，进而提高视听能力。

游戏方法

1.妈妈用手拿着摇铃。

2.刚开始时，要在宝宝的眼前、背后、左侧、右侧发出声音，让宝宝竖起耳朵朝着妈妈发出声音的地方转过头去。

3.在宝宝看不到的地方发出声音。

4.当宝宝对声音的反应渐渐敏感时，听觉便有所发展。

游戏提示

1.宝宝的听觉较视觉先发展。同理，若是以听觉的方式表达妈妈的爱，宝宝也会先感觉得到。在这个时期，对宝宝而言，听觉的训练比其他感官的训练要来得重要。

2.妈妈也可以用毛巾遮住脸，然后发出声音，接着，将毛巾拿下来，看着宝宝的脸，然后发出声音。

摸摸看

游戏目的

此游戏可训练宝宝用手触摸物品，提高触觉敏感度。

游戏方法

1.爸爸或妈妈带着宝宝伸手去摸物品。

2.轮流拿起每一个物品，并且说：“盒子好硬，宝宝摸摸看。”“小兔子毛绒绒的，好舒服，宝宝摸摸看……”

3.再拉着宝宝的手去摸一遍。

游戏提示

让宝宝摸的物品要干净，以免宝宝的手沾上脏东西，又把手放进嘴里。

搭飞机

游戏目的

锻炼宝宝的身体和四肢，提升宝宝的运动能力。

游戏方法

1.让宝宝躺下，弯曲其膝盖，然后轻轻将屁股往上提。

2.将宝宝举放到妈妈的肚子上，然后弯曲宝宝的膝盖，将屁股往上提。

3.妈妈以躺着的姿势，将宝宝放在自己的膝盖上，然后像搭飞机一般，将膝盖一曲一伸。

4.将宝宝抱着站起，然后摇晃宝宝的身体。同时配合各种音乐，有时慢慢地，有时像跳舞般地移动。

游戏提示

运动结束后，妈妈和宝宝都会感到疲劳。让宝宝躺在妈妈的胸口，闭上眼睛休息5分钟，自然地进入梦乡也不错。

水中游

游戏目的

刺激宝宝的平衡智能，有助于宝宝形成愉悦的心情，从而在一个轻松快乐的环境下提高宝宝的肢体协调能力。

游戏方法

1.把浴缸暂时变为宝宝的小游泳池，一手托住宝宝的脖子和肩膀，一手托住他的屁股，慢慢放入水中。

2.托着宝宝“仰泳”，任其踢打嬉戏。

游戏提示

1.要牢牢托住宝宝的身体，别让其呛水或碰到浴缸四壁。

2.注意不要让宝宝着凉。

借助一定的工具，宝宝也可以这样游泳哦，看，小家伙游得有滋有味呢！

3~4个月

在宝宝生命的这一阶段，每天都充满了令人兴奋的发现。那些看似普通的事物，对宝宝来说却是他征服世界的开始。这个月的宝宝已经在尝试着“社交”了，他会试着用各种方法与别人交流，咿咿呀呀地自言自语，含含糊糊地应答。

宝宝的生长情况

3~4个月宝宝身体发育一览表

	男宝宝	女宝宝
身高	平均65.1厘米 (60.7～69.5厘米)	平均63.8厘米 (59.4～68.2厘米)
体重	平均7.56千克 (5.94～9.18千克)	平均7.01千克 (5.51～8.51千克)

开始建立立体感

宝宝视网膜已有很好的发育，能由近看远，再由远看近，可以看到4～7米远的距离，4个月时开始建立立体感。这一时期的宝宝会以视线寻找声音来源，或追踪移动的物体，视力约为0.1。4个月的宝宝表现出对不同颜色的喜好，比较喜欢看红颜色的东西。

听力已经和成人差不多

4个月的宝宝对强弱不同的声音能做出不同的反应，听力此时已和成人差不多了。在听音乐方面，不仅能听出音乐的节拍，而且能听出调子。4个月的时候，宝宝还能分辨出父母发出的声音，如听见妈妈的说话声就高兴起来，并开始发出一些含混的声音，好像是对妈妈的回答。

宝宝的养育要点

提高宝宝的抗寒能力

冬季是感冒的多发期，很多宝宝在这段时期内反复地感冒，日夜较大的温差固然是导致着凉的原因，但也说明了宝宝的抵抗力低下。增强抵抗力并不难，除了在生活中注意饮食结构、睡眠规律，还可以采用有效的锻炼方式，如用干布摩擦身体。

培养宝宝独立玩耍的能力

时常会看到有些稍大一点的宝宝非常依赖父母，父母稍一离开就开始哭闹，让父母很为难。在宝宝时期，妈妈就可以开始培养宝宝独立玩耍的能力，不需要时刻陪在他的身边，只要注意他的安全，不妨让宝宝自己玩一会儿，他会很享受独处的乐趣的。

为宝宝提供正确的刺激

通过各种感觉器官输入宝宝大脑的刺激越多，宝宝将来就越聪明。如满月后，宝宝对色彩就有了反应，提供丰富多彩的视觉刺激，可以促进宝宝视觉的发展，乃至大脑的发展。

视觉刺激

为了给宝宝提供丰富的视觉刺激，父母要给宝宝布置一个丰富多彩的生活环境。

宝宝睡床周围及整个房间里都要有鲜艳的色彩，使他有机会看到一些鲜艳的颜色，如红、黄、蓝、绿等。在宝宝睡床的上方悬挂一些彩色玩具，如吹气塑料玩具、彩色气球或用彩纸折叠成的小玩具等等。

这些玩具应悬挂在宝宝胸部上方70厘米左右之处，且应经常换换位置，以免宝宝睡偏了头或造成斜视，这样，每换一次位置宝宝都有一种新鲜感，还可以使宝宝从不同的角度认识同一个物体。同时，悬挂的物品也要经常更换，使宝宝能够感受到不同的色彩和形体。

此外，还可在宝宝睡床周围的墙壁上张贴几幅大的有人脸图案的海报或者贴一些用彩纸剪成的较大的、简单的几何形体。当宝宝清醒且情绪好时，爸爸妈妈可以用手指着这些玩具图片或海报让宝宝看，并轻轻地告诉他名称。

身体刺激

宝宝出生后颈肌的发育大约在3～4个月才能初步完成，并且颈后肌的发育领先于颈前肌。头颅主要依赖于颈肌及颈椎的支撑，因此父母如果想要把宝宝竖着抱的话，必须在宝宝出生3～4个月以后。

1～2个月的宝宝只能横着抱，因为这时宝宝的颈肌和颈椎尚未发育完善。在横抱时还应特别当心宝宝的头部，要用手托住或用前臂支撑住。因胎宝宝在母亲子宫内听惯了母亲心脏跳动的声音，所以在抱宝宝时，宝宝的头还是放在妈妈的左侧为好。当宝宝依偎在妈妈左侧怀抱里的时候，听到了熟悉的妈妈的心跳声，他感到最舒服。当宝宝哭时，这样抱的效果最好。

此时把宝宝竖着抱不会对宝宝的颈肌造成伤害，还能止住宝宝的啼哭。

对宝宝进行IQ测试

语言能力

能够模仿妈妈唇形而发出如“妈妈”“爸爸”“姑姑”等的辅音：

A.3个以上（20分）

B.2个（10分）

C.1个（5分）

视听能力

1.当有球从面前滚过时，宝宝能：

A.看到并且抓到滚球（20分）

B.从桌子一头看到另一头（10分）

C.追视到桌子中央（5分）

D.不追着看（0分）

2.在白纸上放一粒红色小丸，宝宝会：

A.看见并用手去拨弄（20分）

B.几乎马上就会发现（10分）

C.妈妈用手指着才能看到（5分）

D.找3分钟以上才能看到（2分）

3.宝宝在认识他人方面能够：

A.对父母均投怀（20分）

B.对父母、照料他的人皆投怀（10分）

C.对生人注视，无亲热表情（6分）

D.对任何人都一样反应（1分）

动作能力

1.给宝宝一个响铃棒时，他会：

A.很利索地摇得很响（20分）

B.不太利索地摇出声音（10分）

C.几乎摇不响（5分）

D.根本握不住（0分）

2.让宝宝仰卧，在他的上方挂一个吊球，宝宝会：

A.抬起手脚、四肢共玩大吊球（20分）

B.抬脚踢吊球（10分）

C.会抬脚踢吊球，但一般踢不中（5分）

D.没有什么反应（0分）

3.仰卧时听到妈妈说“坐起来”：

A.宝宝听口令并且坐起（20分）

B. 妈妈用双手拉坐时，宝宝的头会伸直（10 分）

C.拉坐时，宝宝的头会向前倾（5分）

D.拉坐时，宝宝的头会向后仰（3分）

思维能力

听口令拍打固定摆放的某个大玩具，拍5次能：

A.对4次以上（20分）

B.对2次以上（10分）

C.对1次（5分）

D.1次也拍不对（0分）

结果分析

以上全部题目共计160分，得分在60～100分之间为正常，101分及以上为优秀，59分及以下为暂时落后。

- 如果宝宝某项能力的总得分为满分，家长可跨过本月练习，提前进行下月相关训练。
- 如果宝宝某项能力的总得分介于该种能力全部测试题的B项和C项分数和之间，建议家长针对该项能力对宝宝进行上一个月的相关训练。
- 如果宝宝某项能力的总得分小于该种能力全部测试题的C项分数和，建议家长严密注意宝宝是否有相应方面的能力障碍。

宝宝IQ开发与培养

语言能力

鼓励宝宝发出辅音

训练目的

鼓励宝宝发出辅音，因为发出辅音是他将来称呼妈妈的基础。

训练方法

1.把会叫妈妈的娃娃放在宝宝的小床上，或在床边放妈妈说话的录音，让宝宝能够经常听到并且进行模仿。

2.妈妈平时无论替宝宝做任何事，都要经常说“妈妈给你吃奶”“妈妈给你换尿布”“妈妈来同你玩”……不断重复使宝宝学会模仿发出“妈妈”的声音。

3.当爸爸下班回家，妈妈抱着宝宝去迎接：“爸爸回来了”“让爸爸抱一会儿”，不断重复“爸爸……”的声音。

4.有时宝宝自己躺着玩会突然发出“妈妈”或者“爸爸”的声音。这时的发音并不是他有意去称呼大人，只是无意发出的声音。但是会发出这种声音，是为以后真正称呼妈妈打基础的，因此应当积极鼓励。

视听能力

追视喜欢的小玩具

训练目的

让宝宝视觉更灵敏，能追视。

训练方法

1.妈妈抱宝宝坐在桌旁，观看几个小玩具，看宝宝注意看哪一个，也就是宝宝喜欢哪一个。

2.握住宝宝的小手把他喜欢的玩具拿过来，但有些玩具抓不到就会跑，如皮球等，这会使宝宝很兴奋，眼睛会不停地追着看。

动作能力

皮筋弹小球

训练目的

训练宝宝双手的精细动作能力。

训练方法

1.将两个棉球系在皮筋两头。

2. 妈妈抓住一个，让宝宝抓住另一个，妈妈轻轻地拉开皮筋一点儿，然后弹回去。

3.引导宝宝去拉皮筋。然后多重复几遍。

数学能力

数数

训练目的

让宝宝熟悉数字的顺序。

训练方法

1.抱着宝宝到整洁安静的楼梯间。

2.告诉宝宝：“我们上楼梯了。”

3.上一个台阶数1个数，从1数到10。

4.再抱宝宝下楼梯，下一个台阶数1个数，从1数到10，反复数给宝宝听。

通过游戏培养宝宝各方面的能力

为礼物选包装盒

游戏目的

通过玩具与盒子形状的配对，训练宝宝的空间想象能力。

游戏方法

1.将积木和盒子都放在宝宝面前，并告诉宝宝："宝宝跟妈妈一起来送礼物啦，先给礼物挑个盒子吧。"然后把每个积木都装进相对应的盒子里，让宝宝仔细观察。

2.重复几次后，再把积木都拿出来，引导宝宝并拿着宝宝的手帮助宝宝装。

游戏提示

积木和盒子的数量不要过多，否则难度太大，容易使宝宝厌倦。

分辨形状

游戏目的

通过可见形象物，让宝宝熟悉抽象的数学概念，培养宝宝分辨形状的能力，初步感知基本图形概念。

游戏方法

1.当宝宝哼哈讲话时，妈妈将图形举起来让他看清形状后说：这是长方形，这是正方形，这是三角形。

2.还可以让宝宝小手拿一拿、攥一攥，反复刺激，直至长大一些会说、会认了再增加新内容。

游戏提示

1.在几何图形的接头处用胶布缠好，以免伤着宝宝的皮肤。

2.在宝宝拿物体时，由于小手还不那么听使唤，注意别让角、尖碰到其脸部。

认识颜色

游戏目的

让宝宝认识颜色，发展宝宝的形象思维能力。

游戏方法

1.放一件宝宝喜爱的红色玩具，如红色积木，反复告诉他："这块积木是红色的。"然后家长拉着宝宝的手从几种不同的玩具中拿起这块红色积木。

2.再拿出另一个红色的玩具，如红色瓶盖，告诉宝宝："这也是红色的。"当他表示疑惑时，家长再拿一块红布与红积木及红瓶盖放在一起，告诉他："这边都是红的，那边都不是红的。"但不能说那边是白色的、黄色的，应把他的注意力集中到红色上。

3.把上述物品放在一起，告诉宝宝："这些都是红色的。"

游戏提示

1.一次只能教宝宝一种颜色，教会后要巩固一段时间再教第二种颜色。若宝宝对家长用一个"红"字指认几种物品迷惑不解，甚至连第一个红色玩具都不认识时，家长就要再过几天另拿一件宝宝喜欢的玩具重新开始。

2.颜色是较抽象的概念，要给宝宝时间让他慢慢理解，学会第一种颜色常需3～4个月。颜色要慢慢认，千万别着急，千万不要同时介绍两种颜色，否则更易让宝宝混淆。

手指运动

游戏目的

手指运动能刺激宝宝的脑部，加速中枢神经的活动发展。

游戏方法

1.让宝宝坐在妈妈的膝盖上面。

2.妈妈一边说：“伸手手。”一边摇动宝宝的手。

3.如果观察宝宝仍没反应，妈妈可抓宝宝的手，使其手指弯曲再打开。

4.妈妈先对宝宝做“合拢、张开”的手势动作，让宝宝跟着模仿，并配合一定的速度，使宝宝产生韵律感。

游戏提示

1.此时正是大脑快速成长的时候，手指运动可促进宝宝大脑的发育。

2.也可以一边听古典音乐、童谣，一边玩这个游戏。

和小朋友一起玩

游戏目的

经常请小朋友来和宝宝一起玩，可以培养宝宝合群、开朗、活泼的好性格。

游戏方法

1.请一些2～5岁的小朋友来家里玩，对宝宝说：“你长大了也会变成这么可爱的哥哥、姐姐喔！”。

2.小朋友看见宝宝，会觉得非常惊奇和喜爱，可以让他们抱着宝宝，也可以亲亲宝宝。

3.宝宝看到这么多喜欢他的小哥哥、小姐姐，也会高兴得手舞足蹈，忙不迭地和他们“哦啊”地“谈话”。

游戏提示

现在的宝宝，兄妹和朋友都不多，所以如果经常和妈妈玩，就无法很快交到朋友。因此，可以让宝宝多和邻居的哥哥、姐姐们一起玩。为了避免哥哥、姐姐因为好奇心而打或者抓宝宝，父母应在旁边看着。

妈妈要经常让宝宝和其他小朋友一起玩，这样有助于培养宝宝活泼开朗的性格。

4~5个月

与上个月相比，宝宝身体各部分的运动能力进一步加强，力气增大了，对自己周围的事物也越来越感兴趣，活动范围也越来越大。随着感觉以及知觉的提高，宝宝面对这丰富多彩的世界，更需要父母倾注更多的爱，抽出更多的时间陪他读一读周围世界这部“活书”。

宝宝的生长情况

4~5个月宝宝身体发育一览表

	男宝宝	女宝宝
身高	平均67厘米 (62.4～71.6厘米)	平均65.5厘米 (60.9～70.1厘米)
体重	平均8.02千克 (6.26～9.78千克)	平均7.53千克 (5.99～9.07千克)

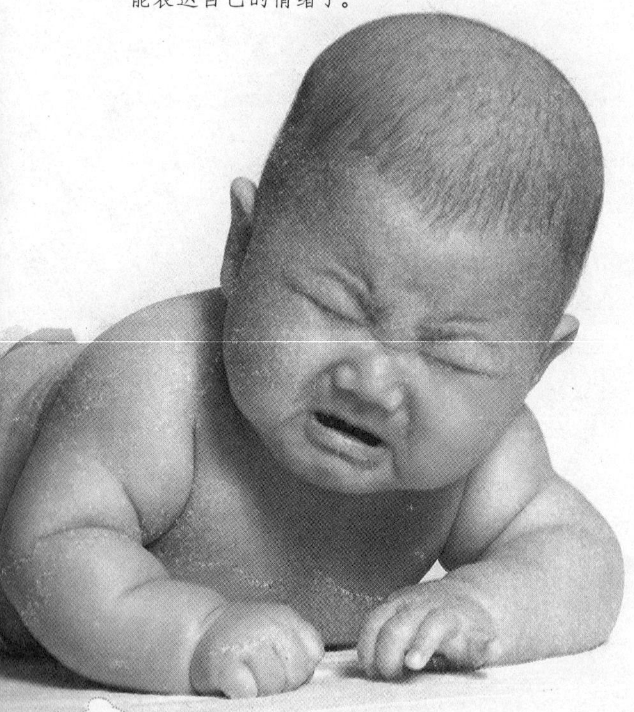

4~5个月大的宝宝已经能表达自己的情绪了。

能表达自己的情绪

5个月的宝宝已经能够随自己的需要是否得到满足而表现出喜、怒、哀、乐等各种情绪。

例如，当宝宝正在喝奶的时候，突然不给他喝了，他就会用哭声来表示生气和不满的情绪。

感知器官开始成熟

嗅觉和味觉在宝宝一出生就具备了，并且新生宝宝的嗅觉和味觉是相当灵敏的，也可以说这是他的本能，而真正的开始成熟则是在5个月的时候。

宝宝的养育要点

保护宝宝的乳牙

宝宝的乳牙一般会在出生后的4～10个月里开始陆续萌出，2～2.5岁出齐20颗乳牙。

乳牙可以咀嚼食物，吸收营养，还可以帮助宝宝学说话，促进整个面部颌骨的正常发育以及配合丰富的表情等等。因此，保护乳牙的工作不容忽视。

刺激手指，促进脑部发育

宝宝的手指活动得越多，手就会越灵活，能够直接促进大脑的发育。因此，即使宝宝的手部动作还很笨拙，也要带领宝宝做可以充分使用手指的游戏。让宝宝直接用手触摸对宝宝安全的日常用品或玩具，引导宝宝动手玩简单的游戏。

多和宝宝说话

宝宝出生后第一年里的语言交流，会对他认知社会有相当重大的影响。婴儿时期若缺乏语言交谈的互动，宝宝长大后的敏捷性会比较低，而经常与父母交谈的宝宝，在他们一生中的智力与社会发展上，都会有较杰出的表现。

宝宝用具有实际意义的词语进行清楚的表达是一个很复杂的过程，而且每个宝宝的学习方式都不是完全一样的。您的宝宝在快满周岁时可能会很快从牙牙学语阶段向开口说话阶段转变，或许您的宝宝是在快满两周岁时才能够清楚地用语言交流。这两种方式都是使宝宝成为语言交流者的正常合适的途径。无论宝宝的学习方式如何，有一种方法可以帮助宝宝学习开口说话，那就是说出宝宝每天常接触到的物品的名称。这样做，即使宝宝显得不太注意，但要相信他是都接受的。只要宝宝没有任何语言发展延缓症状出现，那父母就应坚持，继续说，宝宝很快会应答的。

如果你自己是一个很善于言谈的人，那就不必整天讲述着你的每一个动作和行为。你可把自己和宝宝正在做的事情作为重点，然后大声地予以描述：“我已给你准备好了洗澡水”“我现在要去给你准备晚餐”。或者念书给宝宝听，告诉宝宝你为他所做的每一件事，并且留心“倾听”宝宝在交谈后给你的回应。当宝宝对你的谈话感兴趣时，便要以微笑或抚摸来给予宝宝正面的鼓励。现在开始起步还不算太迟，你将会发现，宝宝正以自己的语言来回应你。

说说你将要做的事情，然后再去干，这有助于宝宝将词汇和动作行为相联系。只是听你的声音就有助于宝宝自己说出词语。

随着一天天过去，你或许会觉得自己的谈话变得越来越容易。这种渐进的结果是令人吃惊的。

有研究表明，运用对宝宝说话的方法所取得的进步，要大大超过让宝宝掌握大量的词汇和使其成为自信的说话者的方法。它会使宝宝的智商等方方面面取得很大的进步。

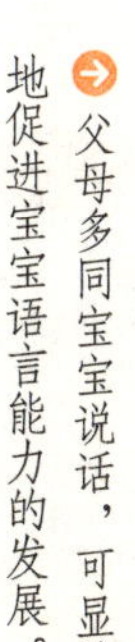

父母多同宝宝说话，可显著地促进宝宝语言能力的发展。

对宝宝进行IQ测试

视听能力

1.当听到妈妈说某物的名称时：

A.妈妈重复几次，宝宝都能看同一目标（20分）

B.妈妈说一次，宝宝的眼睛能找到目标（10分）

C.宝宝会看着妈妈的手，而无法将眼睛转到目标上（6分）

D.宝宝会看着妈妈的脸（3分）

E.乱看（1分）

2.听到金属落地的声音，宝宝会：

A.马上探头在地面寻找（20分）

B.用目光看地面寻找（10分）

C.用眼睛乱找（5分）

D.几乎没什么反应（1分）

E.没任何反应（0分）

3.听到有人叫自己的名字，宝宝会：

A.马上转头看叫自己的人（20分）

B.会回头看叫自己的人，但动作明显有些慢（10分）

C.会东张西望，但往往找不到叫自己的人（5分）

D.没什么反应（0分）

动作能力

1.在宝宝面前吊一球时，他会：

A.单手够取（20分）

B.双手抱取（10分）

C.击中但够不着（6分）

D.多次拍击，但往往击不中（1分）

2.父母扶着宝宝腋下，宝宝自由蹦跳时：

A.双腿能短时伸直负重（20分）

B.单腿伸直，另一腿轻度屈曲（10分）

C.双腿屈曲不能伸直负重（5分）

3.妈妈扶着宝宝靠着垫子坐时，宝宝：

A.头能伸直（20分）

B.头会向前倾，双臂向前支撑成蛤蟆状（10分）

C.头向后仰几乎无法扶坐（3分）

思维能力

当宝宝烦躁时，看到门之后宝宝的反应是：

A.伸手向门的方向，让妈妈抱他出去玩（20分）

B.眼睛看着门，发出声音让妈妈抱出去（10分）

C.仅仅只是眼睛看着门，表示自己想出去（5分）

D.妈妈开门时，有高兴的表情（1分）

结果分析

以上全部题目共计140分，得分在50~80分之间为正常，81分及以上为优秀，49分及以下为暂时落后。

- 如果宝宝某项能力的总得分为满分，家长可跨过本月练习，进行下月相关训练。
- 如果宝宝某项能力的总得分介于该种能力全部测试题的B项和C项分数和之间，建议家长针对该项能力对宝宝进行上一个月的相关训练。
- 如果宝宝某项能力的总得分小于该种能力全部测试题的C项分数和，建议家长严密注意宝宝是否有相应方面的能力障碍。

宝宝IQ开发与培养

语言能力

听懂第一种东西的名称

训练目的

让宝宝听懂第一种物品的名称，并能把声音与物体相联系，这是他日后听懂语言的基础。

训练方法

1.从宝宝130天起开始训练，妈妈可抱着宝宝坐在桌子旁，用手拧开台灯。

2.为吸引宝宝注意到台灯，妈妈可不停地开关台灯，让它一会儿亮、一会儿灭。在此过程中要注意吸引宝宝的视线。

3.等宝宝的目光注视台灯时，妈妈要说：“台灯”，并拿着宝宝的手摸摸灯罩。如果宝宝没有反应，妈妈不要气馁，要不停地重复。

4.让灯亮着，妈妈抱着宝宝离开桌旁，当宝宝的视线离开灯时，妈妈再说“台灯”，看宝宝是否回头看着灯。如果成功，要在当时再练习几回，并让宝宝在房间的不同角度用视线找到灯。

5.如果当天没有成功.第二天可以再试，多数宝宝会在145天前后学会。

6.有些宝宝喜欢看会移动的汽车或者喜欢看猫，妈妈应该敏锐地注意到宝宝这方面的兴趣，从而用他喜欢的物体作为其听懂物名的第一种东西，让宝宝学着认识它。

视听能力

辨音

训练目的

让宝宝熟悉生活环境的声音，提高其听觉记忆能力。

训练方法

1.用汤匙轻敲空着的玻璃杯，使杯子发出清脆悦耳的叮叮声，以吸引宝宝的注意力。敲几下后，妈妈可以告诉宝宝：“这是汤匙敲玻璃的声音。”

2.让两个锅盖互相碰撞，发出类似钹的声音。等宝宝听到后，妈妈可以告诉他：“这是碰锅盖的声音。”

思维能力

食品画

训练目的

给宝宝多方面的感觉刺激，以培养其丰富的创造力。

妈妈还可以通过鲜艳丰富的食品卡片培养宝宝识别食品的能力。

训练方法

1.准备一些常吃的食品，如布丁、奶油冰淇淋、果冻或婴儿专用食品等。

2.在宝宝的高脚椅托盘上铺一张纸，妈妈用手指蘸一点准备好的食品，在纸上随便画些图案，让宝宝观察。

3.给宝宝的手指也蘸一些食品，并鼓励宝宝自己用手指涂出图画来。

通过游戏培养宝宝各方面的能力

抬起来

游戏目的

训练宝宝的四肢运动能力，通过增加肌肉灵活性协助宝宝控制四肢的能力。

游戏方法

1.让宝宝平躺在床上，由妈妈和宝宝玩这个游戏。

2.轻轻抬起宝宝的一条腿说：“一、二，抬起来，一、二，放下。”同时，把宝宝的腿放下来。

3.换另一条腿再重复一遍。

4.换成手臂也同样试试看。

游戏提示

在宝宝洗澡的时候，也可以玩这个游戏。只是平躺的姿势要有所变化：妈妈的一只手托着宝宝的屁股，另一只手握着宝宝的手臂或者大腿运动。需要妈妈注意的是，千万不能让水进到宝宝的嘴巴里。

镜子里的宝宝是谁啊

游戏目的

通过镜子让宝宝认识和观察人的表情，学会认识自己。

游戏方法

1.让宝宝看着镜子做各种表情。

2.一边看着镜子，一边摇着宝宝的手说：“镜子里的宝宝也在摇手喔！”

3.常常看镜子，宝宝会更自信。

游戏提示

镜子是帮助宝宝认识自我的好道具，对脑力开发也很有帮助。

在哪里

游戏目的

在训练宝宝辨别声音方向的同时，也能让宝宝逐渐熟悉具体事物的声音，从而提高宝宝的声音记忆能力。

游戏方法

1.妈妈陪宝宝坐在固定位置，爸爸站在宝宝背后约2米左右的位置。

2.爸爸开始摇拨浪鼓，每两声间隔大约4秒。

3.宝宝会寻找声源，妈妈在此时可适当引导宝宝。

游戏提示

1.摇动拨浪鼓的声音不要太大，摇之前妈妈可以说：“宝宝听！”以避免惊吓到宝宝。

2.持续时间最好不要太长，摇动也不要过于频繁。

3.可以用拍手等其他声音代替摇拨浪鼓。

4.注意宝宝的反应，如果宝宝有疲倦、厌烦等表情，要立刻停止训练。

和“1”做朋友

游戏目的

通过游戏发展宝宝的数字概念。

游戏方法

1.妈妈拿出1块饼干或糖果，竖起食指告诉宝宝：“这是‘1’。”

2.让宝宝模仿这个动作，然后把食物给他，并再次竖起食指表示“1”。

3.同时出示字卡，让宝宝认识“1”，并加以鼓励。

游戏提示

1.这个阶段，宝宝并不真正了解“1”的含义。因此，在每次训练中，妈妈都要强调“1”表示什么。家长可根据宝宝的喜好，如有的宝宝对汽车、玩具感兴趣，有的宝宝对书画感兴趣，引导宝宝反复认识“1”。

2.这个小训练要在生活中完成，并随时随地进行。

大、小苹果

游戏目的

通过比较大小的练习，培养宝宝对数学的兴趣。

游戏方法

1.将宝宝抱在桌前，桌子上放着一大一小两个苹果。

2.父母拿起大苹果，告诉宝宝：“这是大的。”接着拿起小苹果，告诉宝宝：“这是小的。”

3.经过几次训练后，父母可以让宝宝拿起大苹果或小苹果，看他是否能拿对。拿对了，家长要赞扬、鼓励。拿得不对，更要多鼓励。

游戏提示

在宝宝疲倦之前结束训练。

抓着手指转一转

游戏目的

通过游戏可以强化宝宝的腕力，更能增进宝宝与妈妈的亲子关系。

游戏方法

1.将手指放到宝宝手中，宝宝会紧紧抓住妈妈其中一根手指。

2.此时，妈妈将手指向左、右摇晃。

3.宝宝会因为不想放开妈妈的手指而抓得更用力。

4.妈妈转动手指画圈。

游戏提示

1.动作要轻柔、缓慢，以免惊吓到宝宝。

2.注意要用胳膊护住宝宝，以免宝宝摔倒。

妈妈经常抓着宝宝的手转一转，可以让宝宝的手腕更加有力。

5~6个月

宝宝变得越来越好动了，这个月他最乐于做的事情就是将东西搬来搬去，或拿出来又放进去，常常把周围弄得乱七八糟、一片狼藉。父母对此一定要理性对待，千万不要因此而怪罪宝宝，因为这是宝宝的天性。

宝宝的生长情况

5~6个月宝宝身体发育一览表

	男宝宝	女宝宝
身高	平均68.6厘米 (64～73.2厘米)	平均67厘米 (62.4～71.6厘米)
体重	平均8.48千克 (6.66～10.3千克)	平均7.84千克 (6.16～9.52千克)

能区分周围的人

大约6个月的时候，宝宝的眼睛可以调焦距了，他们的视力越好，就越能准确地区分周围的人。他们已经能从几米远处认出爸爸妈妈了。

此时他也能判断出谁是让他害怕的陌生人，通常在这个时候，父母会吃惊地发现，他们的宝宝居然会突然怕生起来了。

声定位能力发育成熟

宝宝6个月时声定位能力已发育得很好，有清楚的定位运动，在背后轻轻呼唤他的名字时，会立刻把头转向声源。如果宝宝不转头去寻找，也没有什么反应，可能是听力有问题。

喜欢玩捉迷藏

6个月大的宝宝格外喜欢的游戏是捉迷藏，通过这个游戏他可以一再确定一个令人安慰的事实：即便有时看不到自己认为很重要的东西，但它们仍是存在的。

宝宝的养育要点

正确看待宝宝对物品的依赖心理

宝宝会通过各种感官来满足探索的需求或安抚情绪。如为满足口腔吸吮欲望，就有了吸奶嘴、吸手指等动作出现。父母要对宝宝的恋物情结有正确的认识。

只要情绪、行为等方面发育正常，宝宝对物品的依恋就不是异常的。一般说来，多数宝宝只是在特定的时候才需要依恋物品，如必须抱着枕头或玩偶、手捻被面才可入睡等等。

对于这种情形，妈妈一般无需干涉，更不应生硬地制止甚至强行夺走宝宝的依恋物。

带宝宝感知世界

宝宝第5个月后应特别注意其各个方面的协调能力。这一阶段是宝宝大脑发育的关键时期。正是由于宝宝在其不断地看、听、说、运动、触摸等早期经验中构建起高级神经网络，才使大脑中视觉、听觉、语言和运动等不同的区域得以胜任其日后的发展。

带宝宝散步

第5个月后，宝宝应该开始正常的空气浴。宝宝对外面世界的好奇心与日俱增，因此特别喜欢和妈妈散步。经常散步会使宝宝的皮肤得到锻炼，使呼吸器官受到刺激，从而增强抵抗力。另外，带宝宝出去散步还能增加锻炼宝宝感觉器官发育的机会。

这一时期的宝宝大部分可以挺起脖子，因此可以抱着或背着外出，也可以放到婴儿车中推出去。

每天散步2次，每次以30分钟为宜。可以选择在哺乳后30分钟～1小时左右带宝宝外出，这时应当携带白开水，以保证宝宝能摄取充足的水分。

关注宝宝的视力发育

研究表明：0～2岁是听觉、视觉、简单词汇、情绪控制、人际关系等能力的发展关键期。特别是视觉皮层的脑神经网络联系，在 3 个月时达到最高峰，大脑开始对视觉进行微调，宝宝的眼睛能聚焦在某一物体上，也就是说宝宝能开始看清东西了。

宝宝5个月时，视力已经发育到一定程度了，可以清晰地看到小物体或远方的物体。宝宝会伸手想要抓住看到的物体，如果出现比较新奇的事物，会扭头去看。听到有人叫自己的名字或打开电视机时，会把头转向声音的方向，目不转睛地看着。

如果在出生4个月以后，宝宝的眼睛还是不能准确地对焦，或者出现了斜视症状，父母应当及时把宝宝送到医院接受检查。

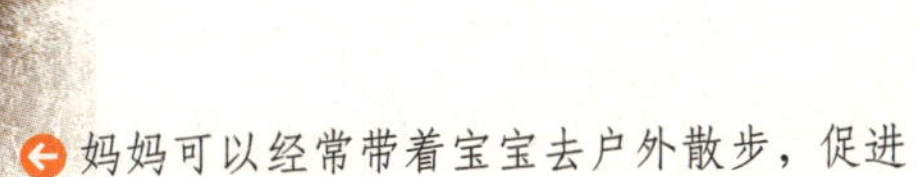

妈妈可以经常带着宝宝去户外散步，促进宝宝的感觉器官发育。

对宝宝进行IQ测试

语言能力

1.会发如“妈妈”“爸爸”“拿拿”等双辅音，但不是去称呼父母（即尚不理解其意义）：

A.4个以上（20分） B.3个（10分）

C.2个（5分） D.1个（2分）

2.当妈妈唱熟悉的儿歌时，宝宝会：

A.听到第一句就准时出现动作（20分）

B.会做一种动作（10分）

C.随着妈妈的儿歌声而动作，但动作不准时（5分）

D.只笑不动（2分）

视听能力

1.当听到妈妈说物名时，宝宝会：

A.用手指2种以上相应的物（20分）

B.用眼看2种以上相应的物（10分）

C.用眼看1种相应的物（5分）

D.1种也不指不看（0分）

2.喜欢某一颜色：

A.特别爱抓红色等颜色的玩具（20分）

B.喜欢拍打某种颜色的东西（10分）

C.爱看着某种颜色（5分）

D.似乎对不同的颜色无明显偏好（0分）

动作能力

1.当一手握住某一玩具时，宝宝：

A.能将玩具从一手递入另一手中（20分）

B.握物时能将手中之物放在胸前（10分）

C.握住另一物时会扔掉手中之物（5分）

D.双手握不住东西（0分）

2.坐在床上时，宝宝能：

A.双手支撑坐稳10分钟以上（20分）

B.单手支撑坐稳10分钟以上（10分）

C.单手支撑坐稳（5分）

D.双手支撑坐稳（0分）

思维能力

认识鸡蛋、苹果，并且能够根据父母的口令听名取物：

A.两个全拿对（20分）

B.拿对一个（10分）

C.只能指对（5分）

D.拿不对，有时也指不对（0分）

数学能力

分得清敲一下和敲两下：

A.会单手敲一下和双手敲两下（20分）

B.会双手敲两下（10分）

C.会单手敲一下（5分）

D.会乱敲（2分）

结果分析

以上全部题目共计160分，得分在60～100分之间为正常，101分及以上为优秀，59分及以下为暂时落后。

- 如果宝宝某项能力的总得分为满分，家长可跨过本月练习，提前进行下月相关训练。
- 如果宝宝某项能力的总得分介于该种能力全部测试题的B项和C项分数和之间，建议家长针对该项能力对宝宝进行上一个月的相关训练。
- 如果宝宝某项能力的总得分小于该种能力全部测试题的C项分数和，建议家长严密注意宝宝是否有相应方面的能力障碍。

宝宝IQ开发与培养

语言能力

和宝宝对话

训练目的

促进宝宝的语言表达和与他人交流的能力。

训练方法

1.当宝宝哭时，父母可以这样对他说话：“哎哟！宝宝哭喽！宝宝饿了，是吗？”（停顿）“啊，宝宝不饿啊！那是怎么了？”（停顿）“噢！宝宝是尿湿了呀！让妈妈看看！”（停顿）“哦，没尿湿你哭什么呀，是不是饿了呀，来，咱们吃饭！妈妈要给宝宝喂奶喽。”

2.当给宝宝穿衣服时，父母可以这样对他说话：“宝宝今天想穿什么衣服呀？嗯？”（停顿）“穿黄色的呀？好吧！那就穿黄色的。”（停顿）“哦？不穿黄的呀？黄的不好看？那好，穿什么颜色的？红色的吧，红色真漂亮！”（停顿）拿起红色的衣服给宝宝穿。

妈妈经常和宝宝说话，可以促进宝宝与人交流的能力。

视听能力

打开和关上

训练目的

开发宝宝的视觉记忆能力。

训练方法

1.找一个有盖的、可以装许多不同物品的盒子，然后在里面放一些宝宝比较感兴趣的物品。

2.向宝宝展示：打开盖子，合上盖子。多重复几次。

3.将准备的东西依次放入盒中，盖上盖子。

4.鼓励宝宝自己打开盖子，寻找东西。如果宝宝一开始不感兴趣，妈妈要多重复几次。

思维能力

丢球

训练目的

培养宝宝解决问题的能力和创新思维能力。

训练方法

1.妈妈握着宝宝的手将球丢出去，说：“宝宝的球走喽。”

2.鼓励宝宝自己丢球，看他会不会改变方向。刚开始宝宝不会，妈妈可以示范给他做。多次重复，宝宝慢慢就会了。

对宝宝进行EQ测试

社交能力

1.照镜时笑、同它说话、用手去摸、同它碰头，宝宝会做：

A.4种（20分）

B.3种（10分）

C.2种（5分）

D.1种（3分）

2.躲避生人，宝宝会：

A.躲在妈妈怀中，探出头来观察生人（20分）

B.将身体藏到妈妈身后或躲在妈妈怀中（10分）

C.注视（5分）

D.完全不避生人（3分）

3.玩藏猫猫时，宝宝：

A.自己蒙脸自己拉开，同人笑（20分）

B.自己蒙脸逗妈妈笑（10分）

C.妈妈蒙脸，孩子去拉开会笑（5分）

D.不会拉开，只会跟人笑（3分）

生活能力

1.吃奶时，宝宝能：

A.自己双手抱奶瓶，略能负重，奶瓶离开胸脯（20分）

B.双手捧奶瓶（或抱乳房），不能负重，需要妈妈托瓶底（10分）

C.单手扶瓶或乳房（1分）

2.用勺子喂食时，宝宝会：

A.张口舔食（20分）

B.张口吸入不外流（10分）

C.撅嘴吸吮，食物外流（3分）

3.吃固体食物时，宝宝会：

A.自己拿饼干吃，会咀嚼，掉下能捡回（20分）

B.自己拿饼干吃，会咀嚼，但有时会掉下（10分）

C.含着食物慢慢下咽（5分）

D.不吃硬食物（0分）

4.宝宝会拿小勺：

A.在碗里搅动（20分）

B.插入碗里（10分）

C.拿勺子乱挥舞（5分）

D.拿不稳勺子（1分）

5.大小便前，宝宝会：

A.出声表示（20分）

B.用动作表示（10分）

C.不会表示（0分）

结果分析

以上全部题目共计160分，得分在60~100分之间为正常，101分及以上为优秀，59分及以下为暂时落后。

- 如果宝宝某项能力的总得分为满分，家长可跨过本月练习，提前进行下月相关训练。
- 如果宝宝某项能力的总得分介于该种能力全部测试题的B项和C项分数和之间，建议家长针对该项能力对宝宝加强训练。
- 如果宝宝某项能力的总得分小于该种能力全部测试题的C项分数和，建议家长严密注意宝宝是否有相应方面的能力障碍。

宝宝EQ开发与培养

训练宝宝自己进食的能力

自己抱奶瓶

训练目的

让宝宝从抱奶瓶开始，逐渐学习进食自助。

训练方法

1.配好奶后，妈妈把奶瓶递到宝宝手中，让宝宝用双手捧住，自己放奶嘴入口，然后自己双手抱着奶瓶吃奶。

2.如果用的是玻璃奶瓶，加上奶瓶会很重，而宝宝由于太小还抱不动，所以奶瓶常会落在宝宝胸前，并呈水平状态，让宝宝无法进食。这时妈妈就要替宝宝托着瓶底，以免宝宝吸进空气，引起打嗝和漾奶。

3.如果用的是塑料奶瓶，但里面的奶液已经超过了100毫升，宝宝也会托不起，仍需妈妈托着。这时妈妈可待瓶子轻一些时再放手让宝宝自己捧着奶瓶吃奶，然后在旁边看着，以防瓶子掉下或宝宝被奶呛着。等宝宝稍大时，即可直接让宝宝自己吃奶。

增强宝宝的主动性

藏猫猫

训练目的

让宝宝练习主动控制游戏，从而启发其内心的主动性。

训练方法

1.拿一床薄毯子或一件干净的衣服，妈妈先给自己盖脸，让宝宝掀开。

2.妈妈替宝宝盖脸，让宝宝自己拉开。

3.让宝宝自己藏进毯子或衣服里，由妈妈把覆盖物拉开。

4.让宝宝主动盖住自己，等大人来时自己拉开逗人笑，即全过程都由他自己操作。

5.5 个月的宝宝多数能做到第 2 步，即让妈妈盖住自己，然后自己拉开同妈妈玩。只有个别宝宝能自己藏起来让妈妈寻找。

培养宝宝的安全感

接触生人

训练目的

在宝宝还未知道怕生以前，让他尽量接触生人，以免他日后失去安全感。

训练方法

1.从3个月起就让宝宝经常接触邻居的大人和孩子，因为这时宝宝的抗拒最少。比如妈妈可以在他4～5个月前都让新来的保姆带。

2.注意不管宝宝是否已经知道怕生，将他送到生人怀里后，妈妈都不能马上离开，而要留在宝宝身边，以便宝宝随时都可以回到自己怀中。否则的话，下次宝宝就可能拒绝让生人抱自己或保姆照料自己。

通过游戏培养宝宝各方面的能力

滚圆筒

游戏目的

学习辨认和命名常见物体，提高宝宝的观察思考能力。

游戏方法

1.父母一边用手拨动铁筒，使其滚来滚去发出声响，一边对宝宝说：“咦，这是什么声音？”“哪来的声音？”“里面是什么？”

2.当宝宝想看时，打开圆筒，把东西倒出来，倒出一样讲一样：“噢，是球！”“是积木！”“是纽扣！”“是玻璃！”并让宝宝一一辨认。

游戏提示

铁桶中的东西不要有边缘锋利的毛刺，以免划伤宝宝。

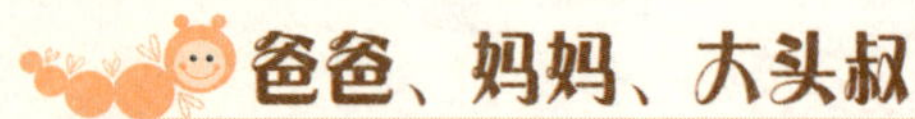

爸爸、妈妈、大头叔

游戏目的

通过这个游戏培养宝宝的交流能力，开发宝宝的潜能。

游戏方法

1.妈妈坐在椅子上，将宝宝放在膝盖上，轻轻弹动双腿。适时地转动，让宝宝面对不同的方向。

2.将宝宝从左向右、从前向后倾斜，最后让他坐直身子。同时说唱下面的儿歌：爸爸、妈妈、大头叔，一个一个把门出。妈妈跌一跤，爸爸跌一跤，只有大头叔没事儿，大步流星往前走，大步流星往前走。

游戏提示

妈妈的动作要轻柔。

捉小球

游戏目的

这个游戏能够帮助宝宝训练身体平衡能力。

游戏方法

1.让宝宝坐着，妈妈在他面前摇动小球，吸引宝宝伸手向前捉球。

2.可以每次做5分钟，每天可做3次。

游戏提示

玩这个游戏时，最好让宝宝坐在软垫上。

骑大马

游戏目的

让宝宝在动作配合中听简单的歌谣，培养宝宝的节奏感，从而提高宝宝的声音记忆能力。而且还可以引起宝宝欢乐的情绪。

游戏方法

1.让宝宝背对妈妈坐在妈妈大腿上。

2.托住宝宝的背部，边有节奏地前后摇晃边念歌谣。

3.歌谣可活泼一些，比如：骑大马，呱嗒嗒，一跑跑到外婆家，见了外婆问声好，外婆对我笑哈哈。

游戏提示

1.注意不要让宝宝感到疲劳。

2.平常可以多搜集些儿歌。

3.可反复地玩这个游戏，宝宝对这类游戏很感兴趣。

寻宝记

游戏目的

通过训练，培养宝宝的表象记忆和思维能力。

游戏方法

1.当着宝宝的面，将宝宝喜爱的玩具的一部分藏在毯子下。

2.问宝宝："宝宝的玩具哪里去了？"然后掀开毯子说："原来在这里呀。"多重复几次。

3.再将玩具藏到毯子下，然后边发问边引导宝宝将毯子翻开把玩具拿出来。

游戏提示

控制时间，不要让宝宝感到疲劳。

胎教早教一点通

选择6个月大的宝宝的玩具

6个月的宝宝随意运动和不随意运动正在开始形成，眼睛和手的协调性逐步发展，对周围事物的关心和兴趣迅速提高，喜欢抓东西玩，一旦抓到手就不肯放。这时需要用玩具有目的地增加他全身和四肢的活动，可将玩具放在距离宝宝30～40厘米的地方，吸引宝宝去抓取。同时还要给宝宝颜色鲜艳、带有声响的玩具，以发展视觉和听觉。适合宝宝的玩具有积木、塑料书、丝织品做的小玩具、镜子、设计精美的床头玩具、洗澡玩具、海滩玩的球及音乐盒等。

↑玩具不仅可以带给宝宝欢乐，还可以培养宝宝的思维能力。

6~7个月

7个月大的宝宝的运动能力日渐增强，很多宝宝逐渐能自己坐得很好了，已经开始学习站立了。这一时期的宝宝记忆能力已经有了显著发展。如果看到不认识的人，会紧紧搂着妈妈，这是能区别妈妈和别人的表现，说明宝宝已经有分析识别能力了。

宝宝的生长情况

6~7个月宝宝身体发育一览表

	男宝宝	女宝宝
身高	平均70.1厘米 (65.5～74.7厘米)	平均68.4厘米 (63.6～73.2厘米)
体重	平均8.82千克 (6.92～10.72千克)	平均8.2千克 (6.4～10.1千克)

看，宝宝正试着在妈妈的协助下站起来呢。

能进行一系列身体运动

宝宝头部平衡保持得很好，已能双手双膝撑起身体、前后摇动。一手或双手握物体，同时一面向前蠕动，可能会爬了。被拉着站起来时会自动帮忙，腿保持直挺；也可能会自己扶物站起来。被扶着腋窝时，能负担身体重量站立，上下跳，腿伸出行走，双眼注视脚部。

宝宝出牙了

大多数宝宝从这个时期开始出牙。如果牙齿不好，会影响宝宝对营养物质的消化吸收，有碍健康。父母要及时添加辅食，使宝宝摄取足够的营养，以保证牙齿的正常结构、形态及提高牙齿的抵抗力。

宝宝的养育要点

可以让宝宝使用学步车

宝宝开始努力地坐起来的时候，就可以把宝宝放在学步车里了。有人认为不要给宝宝使用学步车。事实上，只要不是过早使用或长时间地使用，就不会对宝宝有不利影响。

让宝宝单独睡

应该让宝宝单独睡，这个道理父母都明白。可是，宝宝还那么小，他自己能照顾自己吗？他愿意单独睡觉吗？他要是抗拒独睡该怎么办？

其实，要解决宝宝单独睡觉的问题并不是很麻烦，只要给他布置一个安全的环境，让他有足够的安全感，那么宝宝独自睡觉的障碍就基本扫清啦。

如果宝宝独自睡觉缺乏安全感，可以将他最喜欢的玩具放在他身边，这样宝宝独自睡觉的障碍就会减轻很多了。

布置安全的环境

一个安全、舒适的睡眠环境非常重要，否则宝宝排斥独睡的意愿会更强烈。对于8个月以下的宝宝来说，在他的小床周围不要摆放太多不需要的物品，如衣服、毛巾等，以免宝宝意外窒息。另外，可在宝宝的房间、卫生间、走廊里都放上小夜灯，以减少他对黑暗的恐惧，让他更有安全感。

除了从客观角度去考虑环境的安全性之外，为了让宝宝享有优质的睡眠，还可以安排一些能够吸引他的玩具、音乐等。

父母态度要坚决

在训练宝宝独睡的时候，最怕的就是父母态度不一，而且难以持之以恒。要知道，宝宝一直在仔细地观察父母的态度。如果父母态度不坚定，宝宝一哭闹就想放弃，那么以后让宝宝独睡就更困难。因此，即便宝宝一开始对独睡的反抗很强烈，即便他一次一次地要回到父母身边，你也要温柔而坚定地把他“赶”回去，要让他明白，父母肯定会坚决地执行这个做法。

规律作息

建立规律的作息非常重要，这有助于宝宝日后发展稳定的情绪、增强对他人的信任感。

当然，规律的生活作息并非一成不变，只要让宝宝的吃、睡、玩达到一个理想的平衡状态，就能让宝宝感觉安心、愉快，而这正是为宝宝建立安全感的关键。

6个月的宝宝所需要的睡眠时间依然很多，一昼夜需睡15～16个小时，一般白天要睡3次，每次1.5～2小时，夜间睡10个小时左右。这时可以适当地训练宝宝自己入睡。

对宝宝进行IQ测试

语言能力

1.当妈妈说“不行”时，宝宝会：

A.看着妈妈，停止活动（20分）

B.停止原来动作（10分）

C.笑着继续干（5分）

D.没什么反应（0分）

2.会用肢体语言，如再见、谢谢、点头、摆手等：

A.3种以上（20分）

B.2种（10分）

C.1种（5分）

D.一种也不会用，妈妈要求时只会笑笑或没反应（1分）

动作能力

1.两手各握一物时，宝宝会：

A.以各种方式敲，如单手敲、双手对敲等（20分）

B.双手对敲（10分）

C.双手抱紧一物，另一物被掉落（5分）

D.只单手抓一物（1分）

2.当发现一颗小丸时，宝宝会：

A.用手指拨弄小丸（20分）

B.用手掌拨弄小丸（10分）

C.只注视小丸，不伸手触摸（5分）

3.在翻滚能力方面，宝宝能：

A.连续翻滚4圈以上（20分）

B.连续翻两三个360°（10分）

C.能翻360°（5分）

D.能翻180°（1分）

4.让宝宝坐稳时，他：

A.双手能自由活动（20分）

B.双手会在前面支撑（10分）

C.身体向前倾斜倒下（5分）

D.几乎连靠坐也不能（1分）

思维能力

宝宝认识第一个身体部位是在：

A.190天前（20分）

B.200天前（10分）

C.210天前（5分）

D.目前尚未认识（0分）

数学能力

知道“拿一块糖”的意义：

A.5次中每次都能拿对（20分）

B.5次中拿对3次（10分）

C.5次中拿对2次（5分）

D.5次中拿对1次（3分）

E.一直没拿对（0分）

结果分析

以上全部题目共计160分，得分在60～100分之间为正常，101分及以上为优秀，59分及以下为暂时落后。

- 如果宝宝某项能力的总得分为满分，家长可跨过本月练习，提前进行下月相关训练。
- 如果宝宝某项能力的总得分介于该种能力全部测试题的B项和C项分数和之间，建议家长针对该项能力对宝宝进行上一个月的相关训练。
- 如果宝宝某项能力的总得分小于该种能力全部测试题的C项分数和，建议家长严密注意宝宝是否有相应方面的能力障碍。

宝宝IQ开发与培养

语言能力

听懂“不”

训练目的

让宝宝学会抑制。

训练方法

1.把一杯较烫的水端到宝宝面前（注意不要过烫，以免发生意外烫伤宝宝），妈妈做动作，在宝宝前摇手说：“烫，不能动”。

2.如果宝宝不懂，还想伸手，妈妈可拉着宝宝的手，让他的手指轻轻碰一下杯子，让他感觉到什么是烫，从而使他不再伸手去摸杯子。这样，以后妈妈再说“烫”时，他便不会伸手了。

听懂别人叫自己的名字

训练目的

让宝宝听懂自己的名字。

训练方法

1.拍拍手，叫宝宝的小名，引起宝宝回头。多重复几次。

2.不再拍手，叫宝宝的小名让他回头。

3.曾做过胎教的宝宝在5个月前后就能听懂自己的小名，未作过胎教的宝宝在6～7个月时就能听懂别人叫自己的小名。如果宝宝到7月时还未听懂别人叫自己，就要小心鉴别宝宝是否有听力上或IQ上的障碍。

动作能力

坐稳

训练目的

使宝宝往左右转身后或身体前倾后仍能坐稳。

训练方法

1.宝宝已经坐稳，能用双手拿玩具而不必再用手支撑身体后，妈妈可从宝宝的左右给宝宝送去一个玩具，以使宝宝接过玩具后仍能坐稳。

2.从宝宝的后方同宝宝说话，以让宝宝把身体转到一侧，训练宝宝在这种体位下能坐稳的能力。

3.把惯性车推到宝宝前方，让宝宝前倾来拿惯性车，然后再坐稳。

相信在多次训练后，你的宝宝也能坐得『稳如泰山』了。

数学能力

选糖果

训练目的

让宝宝理解数字的概念，培养宝宝对数字的兴趣。

训练方法

取4块糖，分成1块和3块两堆，并告诉宝宝："这是1块，这是3块。"将它们分别用两张纸包上，再打开让宝宝注视5秒钟后包上（两包的位置不要变），再让宝宝把两包糖打开，看他要哪一包。几次之后，如果宝宝总是要3块的那包，说明他已经能区别1和3了。

通过游戏培养宝宝各方面的能力

抓住拨浪鼓

游戏目的

训练宝宝的手部动作，促进手眼动作协调。

游戏方法

1.把拨浪鼓放到宝宝一只手里。

2.摇动宝宝拿拨浪鼓的小手。

3.教宝宝怎样把拨浪鼓从一只手换到另一只手。

4.把宝宝空着的小手放到拨浪鼓上，宝宝自然就会抓住它。

5.再让宝宝松开拿拨浪鼓的手指，并亲亲宝宝的手指。

游戏提示

在这一时期，很多宝宝都已经能够把东西从一只手换到另一只手。这对于促进手和上肢肌肉动作、发展手的运动能力、训练双手的传递功能很有帮助。

钻拱桥

游戏目的

锻炼宝宝在爬行运动中协调身体各部位，提高宝宝肢体协调能力。

游戏方法

1.父母双腿跪下，两手撑在地上，形成一个"拱桥"。

2.鼓励宝宝迅速地从"拱桥"下面钻爬过去，同时父母说："宝宝钻拱桥啦！"

游戏提示

如果宝宝爬得不够快，就将身体往下轻轻一压，让宝宝意识到慢了就会过不去。熟练后，宝宝的快速钻爬能力会大大提高。

学押韵

游戏目的

通过听一些押韵的儿歌，熟悉语言特点，培养表达能力，从而提高宝宝的语言能力。

游戏方法

1.妈妈念儿歌，如"小娃娃，嘴巴甜，喊妈妈，喊爸爸，喊得奶奶笑掉牙……"念时，故意加重每句最后一个字的语气，并将前面的字拉长，念成"小娃

——娃”，以强调最后那个押韵的字。

2.妈妈紧接着说：“宝宝，说‘娃’”。然后再念一遍“小娃——”故意不说出“娃”字，等宝宝说出来。这样反复进行多次。

游戏提示

1.家长发音要准确、到位。

2.注意宝宝的反应，在宝宝疲倦之前停止训练。

旋转棉被

游戏目的

这个游戏中虽然宝宝的手脚没有活动，但透过妈妈拉动棉被的动作，宝宝同样可以进行被动的前庭活动，从而提升智能，另外还可以促进亲子关系的发展。

游戏方法

1.让宝宝伏在棉被上，把头抬起来。

2.妈妈拉起棉被的一角，沿着顺时针方向旋转一圈，再逆时针方向旋转一圈。

3.宝宝玩的时候，妈妈要与他保持眼神接触，增进彼此的感情。

游戏提示

1.留意转圈的速度要完全配合宝宝的反应，看见他表现愉快时，可以转得快些。

2.如果宝宝未满周岁，活动时间不要超过1分钟。

认识月亮、星星

游戏目的

让宝宝认识月亮、星星，并且知道太阳走了，天黑了，月亮、星星就会挂在天边，以此来培养宝宝的观察力。

游戏方法

1.在晴朗的夜晚，妈妈可带宝宝来到户外，指引宝宝观察天上的月亮、星星。

2.妈妈在指引宝宝观察时，告诉宝宝，圆圆的是月亮，亮闪闪的是星星。

3.为加深宝宝对月亮、星星的认识，可念儿歌给他听：“大月亮，像银盘；小星星，亮闪闪。”

游戏提示

可让宝宝反复练习从一些图片中找出月亮、星星的图片。

认识花

游戏目的

让宝宝认识花，发展宝宝的观察力，培养宝宝对美好事物的欣赏情趣和对大自然的热爱之心。

游戏方法

1.妈妈用盆栽花或图片，指点宝宝观看五颜六色的花，告诉宝宝：“这是花，宝宝就像花一样美。”

2.妈妈一边让宝宝欣赏花，一边加深宝宝对颜色的认识：“这是红色的花，这是粉色的花，这是白色的花……”

3.一边让宝宝看花，一边说儿歌：“花儿花儿美，花儿花儿香，宝宝就像花一样。”使宝宝学会发“花”的音。

游戏提示

妈妈可以在家里种养几盆花，以培养宝宝的情趣。

7~8个月

宝宝喜欢和大人玩，并模仿大人的动作。模仿对于记忆事物十分重要，也有助于智力的发展。宝宝会从自己周围的人与事中学习。距离宝宝最近的父母们可要多加注意自己的言行了。

宝宝的生长情况

7~8个月宝宝身体发育一览表

	男宝宝	女宝宝
身高	平均71.5厘米 (66.5～76.5厘米)	平均70厘米 (65.4～74.6厘米)
体重	平均9.1千克 (7.16～11.04千克)	平均8.56千克 (6.72～10.4千克)

7～8个月的宝宝已经开始四处爬啦。

学会爬和站立

8个月的宝宝已经基本上会爬了，肚子贴地可向四方行动。开始时可能向前或向后爬；可能一手拿着玩具爬；也可能以坐姿，而臀部上下跳动，甚至可以双手放开，身体靠着他物而站立，或者拉着家具站立起来，但站立后需要帮忙才能坐下来。

宝宝可以拉着人手站立；被拉着站立时，一只脚会在另一只脚前面。

手指更灵活

能用大拇指、食指与中指握住积木，大拇指与食指可合作，如小钳子拿物，并懂得捡拾地上的小东西及线。手拿着摇铃至少可摇3分钟。手指会极力伸张伸向玩具，且集中全部注意力。

宝宝的养育要点

引导宝宝正确看电视

宝宝视力差，看电视时往往容易靠得太近。如想看，至少要让宝宝在离电视机2米远的正面看。

当宝宝连续看电视的时间达到30分钟或1个小时，妈妈就应跟宝宝讲讲话，转移宝宝的注意力。

让宝宝远离毒霉

家中的木制品和书如果保存不当的话，会造成发霉，黑色的霉干了以后，它的孢子就会进入空气中。宝宝假如吸入它们，就会影响到他快速成长中的肺部细胞，从而导致宝宝出现肺部出血，影响宝宝的身体健康。

教宝宝独自玩耍

有的宝宝喜欢自己玩，可是，有的宝宝却不会。

你会发现，本来宝宝自己玩得挺好，可一旦你的注意力放在其他事情上，他就不肯自己玩了，反倒缠上你了。你不得不放下家务和工作陪他，而当你为宝宝收拾起玩具的时候，他又自得其乐自己玩了。等你转身接一个电话，或者打算做饭了，宝宝可能再次中断他的游戏，嚷嚷着爬到你的腿上。

看来，有些宝宝只有你在他的身边，他才能安心地玩。这是怎么一回事？宝宝为什么这么爱黏人呢？

宝宝黏人的原因

宝宝不愿独自玩耍，喜欢黏着父母，那是他对熟悉的亲人逐渐产生依恋情绪的表现。半岁之后，宝宝进入依恋建立期，形成了对父母特殊的、明显的依恋及对生人的恐惧。

正确处理宝宝黏人的方式

宝宝黏人是正常的现象，父母不要试图一夜之间改变宝宝。给宝宝时间，让他一点点适应，一切都会走向正常。比如，和他待在一个房间里，你忙你的，他玩他的，你选择做一些简单的家务，或是不怕宝宝打搅和打断的工作。这种状态下，宝宝对独自玩耍会比较乐意接受，玩得也比较安心自在，而且时间也会更久一点。在你离开宝宝前，可以先给宝宝一个他喜爱的玩具，陪他一起玩一会儿。

一旦发现宝宝开始投入地玩耍，你就可以退出游戏，在宝宝旁边看着他，让他独自玩耍。然后再尝试离开他一定的距离看他玩。等宝宝适应后，可以进一步加大与宝宝的距离，并在宝宝视线里做些别的事情。如果宝宝适应这一切，你可以慢慢尝试在他的视线里消失一段时间。你消失的时间可以从半分钟开始，然后逐渐延长到1分钟、2分钟、3分钟……

在你离开宝宝的时间里，为了防止宝宝寂寞，除了给他一些玩具之外，还可以给他听儿歌或音乐，以分散宝宝的注意力。

当宝宝呼唤你的时候，不要过于急切地走过去陪伴他，可以先和宝宝保持一定的距离和他说说话，从心理上给他一种安慰，以便逐渐延长宝宝自己玩的时间。

对宝宝进行IQ测试

语言能力

做动作表示语言“再见”“谢谢”“你好”“不要”等，能做：

A.4种以上（20分）

B.3种（10分）

C.2种（5分）

D.1种（1分）

动作能力

1.会用食指抠洞、转盘、按键、探入瓶中取物这几种动作中的：

A.4种（20分） B.3种（10分）

C.2种（5分） D.1种（1分）

2.宝宝如何弄响玩具：

A.捏响（20分） B.摇响（10分）

C.踢响（5分） D.扔响（1分）

3.扶物站起时，宝宝能：

A.自己扶物轻松地站起（20分）

B.叫唤让人帮助站起（10分）

C.站起很快又坐下（5分）

D.根本站不起来（0分）

4.手、腹匍行：

A.会自己借助手、膝爬行，腹部离地（20分）

B.妈妈用毛巾吊起宝宝腹部时，可用手、膝爬行（10分）

C.手、腹向后匍行（5分）

D.会打转不会匍行（1分）

5.俯卧时，宝宝：

A.自己能坐起来（20分）

B.扶物翻至仰卧再扶物坐起（10分）

C.要妈妈扶住才能坐起（5分）

D.怎么着也坐不起来（0分）

思维能力

分清小猫和小狗：

A.认识玩具猫和玩具狗（20分）

B.认识玩具猫（10分）

C.能根据妈妈的提示，分清这两种动物（5分）

D.把会走的动作都当成猫（1分）

数学能力

准备大小苹果、大小娃娃等，告诉宝宝拿“大”的，宝宝能：

A.3次以上拿对（20分）

B.2次拿对（10分）

C.1次拿对（5分）

D.总是拿不对（1分）

结果分析

以上全部题目共计160分，得分在60～100分之间为正常，101分及以上为优秀，59分及以下为暂时落后。

- 如果宝宝某项能力的总得分为满分，家长可跨过本月练习，提前进行下月相关训练。
- 如果宝宝某项能力的总得分介于该种能力全部测试题的B项和C项分数和之间，建议家长针对该项能力对宝宝进行上一个月的相关训练。
- 如果宝宝某项能力的总得分小于该种能力全部测试题的C项分数和，建议家长严密注意宝宝是否有相应方面的能力障碍。

宝宝IQ开发与培养

语言能力

模仿宝宝“说话”

训练目的

让宝宝尽快掌握一些基本语音，提高其语言能力。

训练方法

1.适当地引导宝宝，让宝宝发出声音，然后马上模仿宝宝发出的声音。

2.重复几次之后，父母可以在宝宝原发音的基础上稍加改动，并引起宝宝的注意和模仿。

找妈妈

训练目的

培养宝宝对语言的理解力。

训练方法

1.准备一条干净的毛巾。

2.妈妈用毛巾遮住自己的脸，然后问宝宝：“妈妈在哪儿呢？”稍作停顿后把毛巾拿开，笑着对宝宝说：“妈妈在这儿呢！”

动作能力

学爬

训练目的

让宝宝学会用手、膝爬行。

训练方法

1.当宝宝以用腹部为支点向前方匍行时，妈妈用双手或毛巾把宝宝的腹部抬起来，使宝宝的手和膝盖着地向前爬行。

2.用绳子拉着一个宝宝喜爱的玩具，放在宝宝伸手可及之处，待宝宝快要拿到时就略微拉远一点，让宝宝往前爬一步。

扶物站立

训练目的

让宝宝学会扶物站起。

训练方法

1.在宝宝玩耍的地垫四周围上家具，如椅子、凳子、茶几、沙发、桌子等。

2.当宝宝滚到这些家具旁时，引导他用双手扶着家具，用下肢把身体撑起来。

3.如果开始时宝宝站起有困难，妈妈可以稍微帮他一下，直到宝宝能完全靠自己扶物站立。

数学能力

分餐巾

训练目的

让宝宝认识数字。

训练方法

1.吃饭时，把几条干净的餐巾放在宝宝面前。引导宝宝给你1条餐巾，并给他自己也拿1条。

2.稍后一段时间，让他给3个或更多的人分餐巾。

通过游戏培养宝宝各方面的能力

旋转音乐玩具

游戏目的

训练宝宝手的能力，培养宝宝的视觉追踪能力，从而提高宝宝的视觉记忆能力，增强宝宝对这个世界的兴趣。

游戏方法

1.将绳子绑在旋转音乐玩具上，并让宝宝的手可以碰到绳子。

2.在旋转音乐玩具上挂上铃铛。

3.当宝宝抓住绳子时，会被旋转音乐玩具转动的样子及声音吸引住。

4.由于每次抓着绳子就会传来铃铛的声音，所以宝宝不会觉得无聊。

游戏提示

1.这个时期的宝宝对于只能看的旋转音乐玩具可能会感到厌烦。可以为宝宝制作可以移动的旋转音乐玩具。

2.为避免旋转音乐玩具掉落伤及宝宝，最好将其绑在和宝宝头部稍有一段距离的地方，并且确认绑玩具的绳子不会断裂。

自由落体

游戏目的

刺激宝宝的听觉能力，同时还能锻炼宝宝的平衡能力，使宝宝感情上存在着期待情绪。

游戏方法

1.妈妈坐在地板或床上，伸直双腿，让宝宝坐在自己的膝盖上。

2.妈妈在一边唱歌的同时，一边缩回小腿、抬起膝头。

3.当膝盖抬到最高点时，妈妈停止唱歌，看看宝宝，说：“一、二、三！”

4.妈妈数到三时，同时把腿放平，并发出“哇！”的音效。

游戏提示

如果宝宝对这个游戏的反应良好，可以重复几次。

手指布偶

游戏目的

训练宝宝的视觉灵敏度和视觉移动能力，从而提高宝宝的视觉能力。

游戏方法

1.父母在食指上套一个布偶，嘴里叫着宝宝的名字。

2.让布偶上下移动，或试着让布偶绕圈子，看宝宝的视线是否能跟着动。运动形式可以变换。

游戏提示

注意移动时动作不要太快。

邀请宝宝跳个舞

游戏目的

在音乐和动作中培养宝宝与人交往的能力。

游戏方法

1.妈妈打开音乐，轻声问宝宝：“宝贝，可以和你跳个舞吗？”

2.在宝宝的耳边哼歌，同时一只手托着他的头部，一只手抱着他的背部，随着音乐向前或向后晃动宝宝的身体。还可以一边跳一边称赞宝宝：“宝宝跳得真好！”

3.曲子结束时，妈妈应该说：“谢谢宝宝陪我跳舞。”

游戏提示

1.音乐的音量不要过大。

2.和宝宝跳舞时动作要轻柔。

练习爬行

游戏目的

通过爬行训练宝宝全身的肌肉运动能力，扩大宝宝的视野和提高脑的综合能力。

游戏方法

1.宝宝俯卧在铺有毯子的地板上，父母将宝宝喜欢的玩具放在前方，鼓励宝宝用力向前爬行，去取玩具。

2.必要时父母可用手轻轻地推宝宝的脚掌给予协助。

为了得到玩具，宝宝正努力地爬向面前的这个小人。

游戏提示

1.爬行是代表宝宝智能发展的重要动作之一，父母可以带着宝宝多做几次。

2.父母时刻在旁边保护宝宝以免受伤。

灌篮高手

游戏目的

培养宝宝的动手能力及视觉搜寻能力，同时刺激宝宝的听觉能力。

游戏方法

1.父母先把纸盒上下挖空，之后以胶带固定在墙面上，高度应该与宝宝坐下时鼻子的高度平齐。

2.抱着宝宝坐在纸盒前面，父母示范把小玩具分别丢进各纸盒中，玩具落下时，可加上好玩的音效，如“哇！”，以达到夸张的效果。

3.轮到宝宝玩了。玩具掉落后，父母可协助宝宝捡回来再丢。

游戏提示

注意发出的声音夸张些，但不要过大，否则会影响宝宝听觉器官的发育。

胎教早教一点通

安排好宝宝一天的饮食

7个月宝宝的主食可以是母乳或奶粉；餐次及用量为每隔4小时喂1次；给宝宝添加辅助食物，可以是温开水、水果汁、菜汤、烂米粥、面片汤等，每日1~2次，可选在上午9~10点和下午2~5点。

8~9个月

这个月里，宝宝在摆弄物体的过程中能初步认识到一些物体之间最简单的联系，这是宝宝最初的大脑思维活动，是宝宝智能发展的一大进步。父母应该提供机会让宝宝做一些探索性的活动，而不应该去阻止他或者限制他。

宝宝的生长情况

8~9个月宝宝身体发育一览表

	男宝宝	女宝宝
身高	平均72.7厘米 (67.9～77.5厘米)	平均71.3厘米 (66.5～76.1厘米)
体重	平均9.29千克 (7.23～11.35千克)	平均8.75千克 (6.71～10.79千克)

能发出高低音调

宝宝开始有明显的高低音调出现，会用声音加强情绪的激动。能模仿大人咳嗽，用舌头发出嗒嗒的声音，或发出嘶嘶（像开水）的声音。宝宝会注意听别人讲话或唱歌，会对自己名字以外的一两个字有反应。

可进行精细动作

宝宝可以用大拇指和食指捡起小东西如豆子、大米等，或系鞋带，会在胸前拍手或拿着两样东西相互击打，会用食指指东西和方向，会用食指去挖洞或勾东西，还可能会叠两块积木。

宝宝的养育要点

给宝宝穿方便活动的衣服

这一时期，宝宝四处爬行，运动量大，因此流汗较多，衣服脏得快。如果衣服被汗水湿透，不仅容易患感冒，还容易引发皮炎，所以妈妈要给宝宝勤洗勤换，让宝宝时刻都穿着干爽的衣服。给宝宝挑选衣服时，应当选择吸汗性好的棉布衣物，而且应便于穿着，不束缚宝宝的行动。有很多扣子的衣服和有衣带的衣服看起来很漂亮，行动起来却碍手碍脚。

别让宝宝接触小东西

宝宝会用手指头扒出地板上的一小片饼干，然后用手将它捡起来，有时他还会去追逐地板上的小灰尘。这个时期，父母要注意别让宝宝接触小物品。

矫治宝宝吸吮手指的习惯

常常听到做妈妈的这样埋怨自己的孩子："我的宝宝总是吃自己的手指头，脏死了。"而且不管妈妈怎么阻挠，宝宝还是我行我素、津津有味地吸吮着自己的手指头，乐在其中。

宝宝经常吸吮手指往往是自己的需求没有得到满足的一种表现，父母应重视宝宝的这种行为并及时矫治。

宝宝吸吮手指的原因

生理需要得不到满足

当宝宝饥饿而得不到满足时，或者当宝宝身体某一部位不舒服时，吸吮手指似乎可以缓解身体的不适感。

心理需要得不到满足

因为宝宝对父母有强烈的依恋，需要得到他们的关心、照顾和爱抚，从而获得心理上的安全感。如果他们对安全感的需要得不到满足，就会通过啃咬手指来缓解内心的紧张和不安。

父母的养育方法不对

有些家长认为，吸吮手指不会影响宝宝健康，宝宝爱吸吮尽管去吸吮。也有的父母看见宝宝吸吮手指，大呼小叫，本来宝宝最初吸吮手指是无意识的，父母的态度反而引起了他对这一行为的注意，认为这是吸引爸爸妈妈关注的好方法。

也有妈妈在哺乳期时，只要宝宝一哭就塞给乳头，或者把橡皮奶嘴塞在宝宝口中。

这些都使得宝宝把吸吮动作当作解除烦恼的手段，稍大以后，当宝宝遇到烦恼时则会习惯性地吸吮手指。

宝宝吸吮手指的矫治

查清原因，对症治疗

如是宝宝生理或心理需要得不到满足造成的，就应在阻止宝宝的同时，多关心、照顾宝宝。

如果是父母的养育方法不对造成的，就应改善养育方法。

注意矫治方法，切忌强制粗暴

在矫治过程中，有些父母缺乏耐心、态度粗暴，甚至打骂、恐吓宝宝。这些不良的矫治方法，往往会加重宝宝的心理负担，以致适得其反。当看到宝宝吮吸手指，父母应尽量用其他活动吸引宝宝的注意力，让宝宝在不知不觉中终止这一行为。

宝宝吸吮手指的习惯很可能成为一种行为惯性，父母要及时、积极地矫治。

对宝宝进行IQ测试

语言能力

1.称呼：

A.会见父亲叫爸、见母亲叫妈（20分）

B.会叫爸妈中的一人（10分）

C.经常无人时乱叫（5分）

D.还不会叫（0分）

2.用姿势表示再见、谢谢、鼓掌等：

A.5种以上（20分） B.4种（10分）

C.3种（6分） D.2种（3分）

E.1种（1分）

视听能力

让宝宝找图中之物，宝宝能够找对：

A.4种以上（20分）

B.3种（10分）

C.2种（5分）

D.1种（1分）

动作能力

1.揭纸找玩具时，宝宝会：

A.揭开再盖上玩具（20分）

B.揭开取到玩具（10分）

C.揭开部分盖着的玩具（5分）

2.用食指按电视、录音机、电灯、收音机等开关和转动转盘：

A.5种以上（20分） B.4种（10分）

C.3种（8分） D.2种（5分）

E.1种（1分）

3.学爬：

A. 自己会手、膝爬行，腹部离床（20 分）

B.用毛巾托起会手、膝爬行（10分）

C.手腹匍行（5分）

D.俯卧打转（2分）

4.扶物站立：

A.单手扶物，横行跨步（20分）

B.双手扶物横行跨步（10分）

C.扶站不稳（5分）

D.刚会从爬行扶起站立，很快就坐下（2分）

思维能力

1.按吩咐把玩具给爸爸、妈妈、奶奶：

A.3人（20分）

B.2人（10分）

C.1人（5分）

D.自己拿着（1分）

2.认识身体部位：

A.3处以上（20分）

B.2处（10分）

C.1处（5分）

D.不会（0分）

结果分析

以上全部题目共计180分，得分在80～110分之间为正常，111分及以上为优秀，79分及以下为暂时落后。

- 如果宝宝某项能力的总得分为满分，家长可跨过本月练习，提前进行下月相关训练。
- 如果宝宝某项能力的总得分介于该种能力全部测试题的B项和C项分数和之间，建议家长针对该项能力对宝宝进行上一个月的相关训练。
- 如果宝宝某项能力的总得分小于该种能力全部测试题的C项分数和，建议家长严密注意宝宝是否有相应方面的能力障碍。

宝宝IQ开发与培养

语言能力

听有情节的故事

训练目的

提高宝宝对语言的理解力。

训练方法

1.找一本字数少的图画故事书给宝宝看。

2.开始时只让宝宝认识故事的主角，让宝宝看图猜猜主角在干什么，以引起他的兴趣。

3.翻开画有另一个角色的页面或翻到图中的其他事物图片，让宝宝逐一记住。

4.给宝宝朗读每一页的文字，并指着相应的角色、动作或事物。

5.可以多重复几遍，直到从宝宝的表情中看出他听懂了为止。

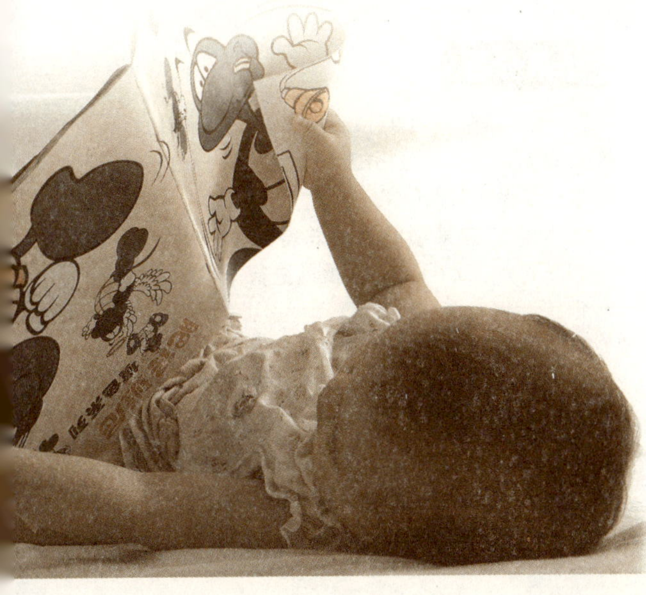

让宝宝翻看图片多的故事书，并由父母从旁朗读、讲解，这样可以增强宝宝对语言的理解。

视听能力

摸一摸，抓一抓

训练目的

让宝宝初步感知物体特性，提高视觉记忆力。

训练方法

1.妈妈拿着1根香蕉和1个苹果先后在宝宝眼前晃动，并说出物品的名称："香蕉、苹果。"

2.反复几次后，让宝宝接触这些物品，感知物体的特性，并给他描述："香蕉，长长的，黄黄的；苹果，圆圆的，红红的。"并多次重复。

3.把香蕉、苹果放在桌子上，逗引宝宝去抓握，不论他抓到其中的哪一个都要对他加以鼓励。

思维能力

认识身体器官

训练目的

让宝宝开始认识越来越多的人体的各种器官。

训练方法

1.妈妈抱宝宝坐在镜子前，拿着宝宝的小手指着自己的眼睛说："眼睛"，再指宝宝的眼睛说："眼睛"。

2.母子二人相对，妈妈问宝宝："耳朵呢？"，然后让宝宝分别摸自己和他的耳朵。

对宝宝进行EQ测试

社交能力

1.宝宝会给娃娃服务：

A.用瓶子喂娃娃吃奶（20分）

B.盖被（10分）

C.拍它睡觉（5分）

D.抱娃娃哄它不哭（3分）

E.不喜欢娃娃，扔掉或摔它（1分）

2.宝宝懂得害羞：

A.双手把脸藏起来（20分）

B.当听到别人谈到自己时，会藏到妈妈身后（10分）

C.躲到妈妈怀中（5分）

D.不理会别人谈话（1分）

3.宝宝知道妈妈的表情：

A.高兴、悲伤、生气、懊丧4种（20分）

B.高兴、悲伤、生气3种（10分）

C.高兴、生气2种（5分）

D.1种（1分）

4.看到妈妈，宝宝：

A.急切伸手投入妈妈怀中（20分）

B.展开双手要妈妈抱（10分）

C.大声呼叫（5分）

D.手脚乱动着急（3分）

5.宝宝懂得妈妈表扬和批评的：

A.语言（20分）

B.表情（10分）

C.语言加上表情（5分）

D.不懂（0分）

6.记得离开7～10天的熟人：

A.再见时表示亲热投怀（20分）

B.对人笑（10分）

C.四肢舞动（5分）

D.注视（1分）

生活能力

1.宝宝会拿勺子：

A.盛到食物，拿到嘴边（20分）

B.凹面向上盛到食物（10分）

C.凸面向上盛不到食物（5分）

D.拿勺子乱搅不盛食物（1分）

2.妈妈帮助穿衣服时，宝宝：

A.会依次伸手，把第二只手放在后面伸袖（20分）

B.会伸一只手和头配合（10分）

C.会伸一只手（5分）

D.不配合（0分）

3.妈妈托杯，宝宝能：

A.自己双手捧杯喝水（20分）

B.完全由妈妈拿杯能喝水（10分）

C.只会用奶瓶不会用杯（3分）

结果分析

以上全部题目共计180分，得分在80～110分之间为正常，111分及以上为优秀，79分及以下为暂时落后。

- 如果宝宝某项能力的总得分为满分，家长可跨过本月练习，提前进行下月相关训练。
- 如果宝宝某项能力的总得分介于该种能力全部测试题的B项和C项分数和之间，建议家长针对该项能力对宝宝加强训练。
- 如果宝宝某项能力的总得分小于该种能力全部测试题的C项分数和，建议家长严密注意宝宝是否有相应方面的能力障碍。

宝宝EQ开发与培养

训练宝宝的合作能力

捧杯喝水

训练目的

让宝宝学习自己喝水，为以后不再用奶瓶做准备。

训练方法

1.找一个双耳杯，让宝宝能够用双手捧着杯的双耳，再由妈妈托着杯底练习捧杯喝水。

2.每次只倒入杯中不多于1/4的水，以免宝宝洒漏。

3.目前只能让他喝水或者试喝一些蔬菜汁、水果汁，注意每次都要鼓励宝宝喝干净并且尽量少洒漏。如果宝宝完成得不错，妈妈要及时予以表扬鼓励。

训练宝宝自立

穿衣伸袖

训练目的

为宝宝以后自己穿衣服做准备。

训练方法

1.每天替宝宝穿衣服时，先把衣服在宝宝面前展开，让宝宝认识袖子。

2.开始时妈妈可拿着宝宝的手放进袖子里，并在袖口处把手拉出来。

3.以后妈妈可渐渐让宝宝自己把手伸入袖子内，在袖口处帮助他把手拉出来。

培养宝宝的大小便自理能力

自己坐盆

训练目的

让宝宝认识便盆，知道便盆是排泄的用具，教宝宝自己坐盆并形成良好的坐盆习惯。

训练方法

1.让宝宝直接坐在便盆上大小便，妈妈坐在矮板凳上扶着宝宝，帮助他使劲。便完后马上帮助宝宝擦净穿好裤子，再把便盆马上带走，清洗干净备用。

2.宝宝坐盆排便时要让他专心一些，不能让他一边玩玩具一边排便，更不可允许他边吃东西边排便。

3.坐盆时间如果超过5分钟，就让宝宝起来，别让他长久坐在便盆上。

4.给宝宝擦屁股要从前向后擦，尤其是女孩，以防粪便污染阴道和尿道口而造成继发感染。

5.父母料理宝宝大小便后应彻底洗手，也应领着宝宝洗手，以帮宝宝养成大小便后洗手的卫生习惯。

妈妈给宝宝擦屁股时要从前往后擦，这样可预防细菌的感染。

通过游戏培养宝宝各方面的能力

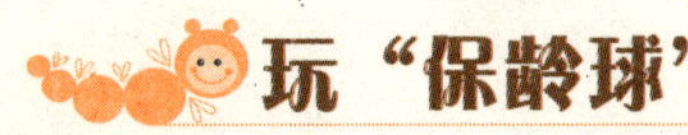

玩“保龄球”

游戏目的

这个游戏可以使宝宝下半身得到锻炼、平衡感增强。

游戏方法

1.父母先将塑料瓶依序摆好，间距不要太大；然后扶着宝宝面对瓶子站好。

2.接着由父母扶握宝宝腋下，并抱起离地悬空，然后前后轻轻摇晃，好像荡秋千一样。

3.当宝宝习惯了摇晃的感觉，大人可稍微用力，并在往前时，协助宝宝踢倒对面的瓶子。

4.瓶倒了，大人要抱着宝宝高声欢呼，并观察其表情。

游戏提示

如果宝宝喜欢玩，不妨重复进行，并试着增加瓶数或调整每个瓶子之间的距离。

谁叫我

游戏目的

让宝宝知道自己的名字，训练宝宝对语言的反应能力。

游戏方法

1.让宝宝坐在床上，妈妈站在宝宝的侧面或者背后。

2.妈妈轻轻叫出宝宝的名字。

3.当宝宝回头笑时，妈妈将宝宝抱起来亲吻，并说：“你真棒！真聪明！”以示表扬。

游戏提示

一定要叫宝宝的名字，不要一会儿叫宝宝，一会儿又改个叫法，那会让宝宝无所适从。

宝宝心情不愉快时不要进行该游戏。

健康步道

游戏目的

锻炼宝宝双腿的灵活性，培养身体平衡能力，从小培养宝宝的冒险精神。

游戏方法

1.父母先把一双一双的袜子对折反套，形成数个扁扁的袜子球。

2.接着在宝宝的注视下，把袜子球铺在地面上，并盖上薄被，使其变成安全的健康步道。

3.父母扶着宝宝腋下，先在平坦地方练习迈步移动。等宝宝适应了，再试着让他走健康步道。

游戏提示

有时宝宝走着走着，会突然趴下，并尝试翻动被子，寻找藏在底下的袜子球，父母可以一起帮忙。

捉迷藏

游戏目的

在培养视觉记忆能力的同时，也可训练宝宝的推测能力以及四肢协调能力。

游戏方法

1.先检查场地是否安全，场地上最好有足够的空间。

2.父母先把四张椅子两两一组相对放好，中间留通道。

3.接着将床单或薄被铺在椅子上，形成隧道，并在里面放一些玩具。

4.把宝宝抱到隧道一端，爸爸走到另一端，趴下，从洞中看着宝宝，并叫他的名字，妈妈要鼓励宝宝想办法找到爸爸。

5.有的宝宝会穿过隧道，有的可能从旁边爬过去，这两种方式都可以，全凭宝宝自己选择。

6.宝宝快找到爸爸时，爸爸可试着躲到一旁，让宝宝找找看。

7.当宝宝找到爸爸了，要记得给宝宝赞美和拥抱哦！

游戏提示

1.宝宝是独立自主的个体，尤其对于“玩”，更有自己的想法。建议父母多观察宝宝对游戏的反应，并随机调整，总而言之，要尊重宝宝。

2.进行游戏时，务必确保场地和道具的安全，这样才能玩得开心和安心。

3.布置场地或准备道具时，尽量让宝宝在旁观看，以引发其主动探索的好奇心。

宝宝的心声

游戏目的

让宝宝用单音节词来表达自己的意思，提高自主说话的能力。

游戏方法

1.家长拿着皮球在宝宝面前晃一晃，并说：“宝宝想不想要啊？”

2.宝宝往往会想要皮球，朝着皮球的方向使劲儿。

3.假设宝宝回答：“要——”

家长：“要什么？这是什么？这是什么？”

4.假设宝宝回答：“球！”

家长：“哦，宝宝想要皮球啊！给宝宝！”

游戏提示

训练时要选择宝宝喜欢的玩具。

宝宝这时候已经能表达自己的想法了，父母要注意倾听和引导，提高宝宝自己说话的能力。

9~10个月

很多宝宝都开始由扶着东西站立发展成为扶着东西行走了。因为手指的运动机能越来越发达，宝宝可以不用整个手掌而只用手指就能拿起有一些重量的积木来。而且一旦手里拿了什么东西，便死活也不愿意放下。

宝宝的生长情况

9~10个月宝宝身体发育一览表

	男宝宝	女宝宝
身高	平均73.9厘米 (68.9～78.9厘米)	平均72.5厘米 (67.7～77.3厘米)
体重	平均9.54千克 (7.5～11.58千克)	平均8.96千克 (7.02～10.9千克)

喜欢站立

到了10个月左右，多数宝宝都喜欢尽量站着。比如站着洗澡、换尿布和吃饭，只要安全的话就让他站，但别让他站在不恰当的位置而危害到他。假如他想站的时候并不安全的话，父母可能就需要阻止他了。

知觉变敏锐

此时宝宝会专心地上下移动玩具，或者将它们移近然后又移远。当他将玩具放颠倒时，便可看到另一种景象，斜眼看玩具也能提供不同的景象效果。当宝宝专注在这些活动上时，他就是在探索物品的样子，父母应该在此时多给宝宝提供一些色彩丰富的玩具。

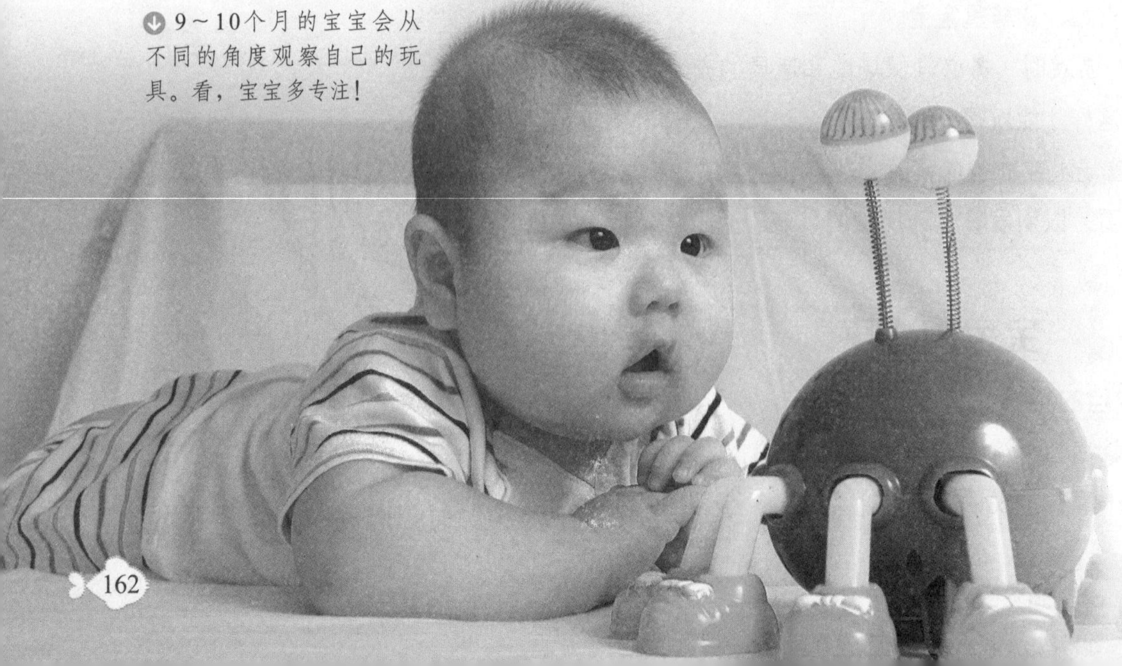

9～10个月的宝宝会从不同的角度观察自己的玩具。看，宝宝多专注！

宝宝的养育要点

让宝宝使用杯子

这一时期，宝宝要逐渐地断乳，并以其他食物替代母乳或奶粉。

宝宝除了练习吃食物外，还要开始学着使用杯子。刚开始使用杯子时，妈妈可以坐在宝宝的后面，握着宝宝的双手，练习把杯子放到嘴边再拿开的动作。宝宝如果做得好，就要用称赞进行鼓励。

别让宝宝吃有籽的水果

即使你的宝宝现在还未开始吃苹果、西瓜、葡萄或其他有籽水果，他不久应该就会吃了。5岁以下的宝宝在吃水果时，很容易将水果籽吸入气管中。吸入的水果籽可能阻碍呼吸而造成窒息，而留在肺中的籽则可能引起感染。所以喂宝宝吃水果时要先去籽。

此外，5岁以前千万别给宝宝吃葵花籽或南瓜籽。

让宝宝充分爬行

在大人看起来简单的爬行，对宝宝来说却是精密动作。宝宝爬行的时候要昂头、挺胸、抬腰，而且动作要协调，肢体要平衡。爬行的过程中不仅锻炼了宝宝全身肌肉与大脑的协调，还锻炼了触觉、听觉、视觉等感觉器官，有助于方位感和距离感的建立。

爬行对宝宝身体和心智的发育都起了很大的作用，没有得到充分爬行锻炼的宝宝，到了学龄前期，就会显得反应迟钝、动作笨拙、游戏能力逊于同龄伙伴。而且不经过爬行阶段就会走路的宝宝，其动作发展将赶不上会爬行的宝宝。有人还认为，不会爬行的宝宝长大后容易出现阅读困难。

许多父母大概都不会把爬行与视力联系起来，殊不知，爬行对宝宝视力的发育起着至关重要的影响。宝宝出生后都是近视眼，爬行是幼儿视力健康发育必须经过的一个重要阶段。如果未满周岁的宝宝不学爬只学走，极易发生视力发育障碍。

那么，怎样让宝宝爬行呢？父母需做到以下几点：

把屋子打扫干净

每隔几天对家里的犄角旮旯进行一次全面的安全检查，防止宝宝把硬币、别针、扣子放入嘴里。

不要怕屋子乱

宝宝的运动能力增强后，他会最大限度地接近所生活的区域，到处乱抓、到处乱动，把整洁的屋子搞得杂乱无章。此时父母应当感到欣慰，因为这是宝宝发育良好的表现。

满足宝宝的需求

大人不能到达的窄小的地方，可能是幼儿喜欢的游戏场所，如床底下和桌子下边。此时，父母可在屋子中间放几把椅子，让宝宝在椅子之间爬来爬去。

对宝宝进行IQ测试

语言能力

1.有意识地称呼亲人：

A.爸爸或妈妈（20分）

B.爸妈中的任何一人（10分）

C.无人时乱叫（5分）

2.用姿势表示语言，如再见、谢谢、你好、握手、鼓掌、碰头、亲亲、虫虫飞、鸟飞、挤眼睛、咂嘴等：

A.7种以上（20分） B.5种（10分）

C.3种（5分） D.2种（3分）

E.1种（1分）

视听能力

1.听指令拣出大人所要的图片：

A.拣对3张以上（20分）

B.拣对2张（10分）

C.拣对1张（5分）

D.不知道去拣（0分）

2.模仿大人做体操时，上下前后动作：

A.做对4次以上（20分）

B.做对3次（10分）

C.做对2次（5分）

D.做对1次或根本不会做（0分）

动作能力

1.捏取葡萄干或爆米花：

A.食指、拇指捏取2～3个（20分）

B.食指、拇指捏取1个（10分）

C.大把抓（5分）

D.用手掌拨弄（3分）

2.在1分钟之内把小球放入瓶中：

A.4个以上（20分） B.3个（10分）

C.2个（5分） D.1个（1分）

3.爬行时：

A.手、足快爬（20分）

B.手、膝慢爬（10分）

C.腹部靠床匍行（5分）

D.俯卧打转（1分）

4.扶站时：

A.会蹲下捡物两种，能自己站起（20分）

B.能蹲下捡物一种（10分）

C.蹲下但捡不着（5分）

D.不敢蹲下（1分）

数学能力

把小的东西放入大的容器里，妈妈示范1次后，宝宝能：

A.做对4次以上（20分）

B.做对3次（10分）

C.做对2次（5分）

D.做对1次或根本不会做（0分）

结果分析

以上全部题目共计180分，得分在80～110分之间为正常，111分及以上为优秀，79分及以下为暂时落后。

- 如果宝宝某项能力的总得分为满分，家长可跨过本月练习，提前进行下月相关训练。
- 如果宝宝某项能力的总得分介于该种能力全部测试题的B项和C项分数和之间，可针对该项能力对宝宝进行上个月的训练。
- 如果宝宝某项能力的总得分小于该种能力全部测试题的C项分数和，建议家长严密注意宝宝是否有相应方面的能力障碍。

宝宝IQ开发与培养

语言能力

鼓励宝宝答话

训练目的

让宝宝学会用声音回话。

训练方法

1.叫宝宝的小名，让宝宝转头去看谁在叫自己。

2.当宝宝回过头来看自己时，妈妈帮助他回答：“哎”，并鼓励宝宝也说出“哎”。

3.多叫几次宝宝的小名，以让他多次作答。这样以后凡是有人叫他的名字，他都会出声作答。

视听能力

瓶中的玻璃球

训练目的

增强宝宝的视觉跟踪能力，让宝宝将图像和声音联系起来。

训练方法

1.将几个色彩鲜艳的小玻璃球放入塑料瓶中，盖上盖子。

2.倾斜翻转小瓶，让宝宝看到玻璃球是怎样运动的，同时说：“宝宝看，球球转！宝宝听，球球响。”

3.换个方式摇动小瓶，让宝宝观察，以使他的视线跟着玻璃球一起动。

动作能力

牵双手走步

训练目的

让宝宝练习向前方迈步。

训练方法

妈妈双手牵着宝宝，两人都面向前方。妈妈向前迈左脚，并引导宝宝也跟着迈左脚；妈妈向前迈右脚，同时引导宝宝也向前迈右脚。

打响拨浪鼓

训练目的

让宝宝学会转动手腕。

训练方法

妈妈先转动手腕把拨浪鼓打响，然后把拨浪鼓递给宝宝。如果宝宝不能让两边的小球打在鼓上，妈妈可再次示范，并明确要摇动手腕拨浪鼓才会响。

数学能力

小东西，大容器

训练目的

让宝宝知道小的东西可以放在大的里面。

训练方法

妈妈把珠子放进瓶子里。再把珠子倒出，并和瓶子一起放到宝宝面前，鼓励宝宝也把珠子放进瓶子里。

通过游戏培养宝宝各方面的能力

用汤匙搬运米

游戏目的

这个游戏不仅能训练宝宝的手眼协调能力，也能让宝宝熟悉汤匙的使用方法，培养生活自理能力。

游戏方法

1.妈妈先示范给宝宝看。

2.在碗里放入黄豆或米，让宝宝用汤匙将黄豆或米移到其他的碗里。

3.让宝宝将掉出来的米捡回碗里。

游戏提示

在游戏过程中不要急，让宝宝慢慢来。

刷牙

游戏目的

帮助宝宝养成正确的生活习惯，在游戏中学习生活自理。

游戏方法

1.父母假装用牙刷帮玩偶刷牙，并假装用水冲掉。

2.然后说：“刷牙会变得更漂亮喔！”

3.让宝宝帮玩偶刷牙。

4.刷完牙之后，也假装用水冲掉。

游戏提示

把玩偶当成宝宝的朋友、教育的道具。看到父母为玩偶做的事之后，宝宝就会想要跟着做。由此，宝宝从玩偶的身上看到自己的影子。

父母可将玩偶作为道具，让宝宝学会自己刷牙，培养其生活自理能力。

看图片

游戏目的

通过声音帮助宝宝记住图片，提升宝宝的视觉记忆能力，为发展宝宝的视觉能力及图像认知能力做准备。

游戏方法

每天选择一个安静的时刻，搂着宝宝，用手指着图片上的图案说：“看，这是小猫！”

游戏提示

1.说话和翻书的速度都不要过快，以免宝宝反应不过来，注意把握训练时间，不要造成宝宝视觉疲劳。

2.准备一些色彩鲜艳、线条清晰、尺寸较大的图案，尽量选用红、黄、蓝、绿这4种颜色。

拾宝贝

游戏目的

捡拾又细又软的东西能有效训练宝宝的精细动作能力。

游戏方法

1.选择一些需要同时运用拇指和食指才能捡拾的小物体，散放在清洁的地板上。

2.把小盒子递给宝宝，让他替妈妈把地上的东西收拾好，然后放在盒内。

游戏提示

1.切勿要求宝宝做他们能力未及的事情。

2.千万要留意别让宝宝吞吃小物件。

交朋友

游戏目的

培养宝宝对语言的模仿能力和理解能力。

游戏方法

1.妈妈拿出会说话的洋娃娃和宝宝打招呼，激发宝宝的兴趣。

2.妈妈鼓励宝宝与洋娃娃打招呼："你好！"并以洋娃娃的身份送给宝宝礼物，说："这是送给你的。"教宝宝拿着礼物说"谢谢"。

3.妈妈鼓励宝宝主动与别的宝宝打招呼，并互赠糖果、交换玩具，同时学习礼貌用语"谢谢"。在游戏结束时，引导宝宝说"再见"，并做出相应的手势。

游戏提示

父母可根据宝宝的实际情况，选择不同的游戏方法。

印手印

游戏目的

帮助宝宝建立初步的色彩印象，并加深宝宝对手的认识。

游戏方法

1.妈妈画两张画，一张画的树上只有树干及少量叶子，另一张树上长满了叶子。

2.妈妈对宝宝说："树上长满了绿色的叶子，多漂亮呀！可是这一棵树上的叶子太少了，宝宝来加上几片好吗？"

3.把绿色广告颜料涂在宝宝手上，教宝宝印在树上。然后把印有小手印的画贴在墙上，让宝宝欣赏。

游戏提示

可用红色、黄色颜料让宝宝印手印，从而丰富宝宝对色彩的印象。

取娃娃

游戏目的

进一步提高宝宝手的活动能力和对语言的理解能力。

游戏方法

1.妈妈用纸把布娃娃包起来，说："娃娃哪儿去了？宝宝把娃娃找出来！"

2.宝宝会翻弄纸包，把纸撕破，最终看见娃娃出现了，宝宝会非常开心。

3.然后妈妈再用另一张纸把娃娃包好，然后慢慢打开纸包，把娃娃拿出来。

4.多次重复这一动作。

游戏提示

游戏在宝宝情绪好的时候进行。

10~11个月

这个阶段是宝宝人生的一个转折点。这个月龄的宝宝在生理、心理和智力上都会发生很大的变化。他将从一个完全依赖于他人的小宝宝逐渐成长为懂事的大宝宝。这一时期的宝宝比其他任何时候都更加需要父母的关爱和鼓励，父母们一定要有足够的耐心。

宝宝的生长情况

10~11个月宝宝身体发育一览表

	男宝宝	女宝宝
身高	平均75.3厘米 (70.1～80.5厘米)	平均74厘米 (68.8～79.2厘米)
体重	平均9.78千克 (7.68～11.88千克)	平均9.2千克 (7.21～11.21千克)

有了自己的语言

世上各处都有儿语。“宝宝用字”帮助宝宝简单地表达他的希望或感受。儿语中的用字通常比成人语言中的相同用字短而简单。

你可能会听到他说“不”，即使他的意思是“是”，当他开始分辨字如何使用时，他可能就会一边说“不”，同时一边摇头。

可以独立站立

宝宝以双掌撑地、伸直四肢、躯干上升的方式站起来。可能弯曲双腿，由蹲姿站立，也可能独立摇摆身体，还可能靠着支撑物站立，身体前倾。站立时，身体可以转90°，独立站立2秒钟。

宝宝的养育要点

及时给宝宝洗鼻子

宝宝的鼻腔比较狭窄，鼻窦尚未发育成熟，容易出现流鼻涕、鼻塞的现象，宝宝的鼻黏膜和大人一样，每天都会有分泌物，有时会干燥变硬，阻塞住宝宝狭窄的鼻腔，伴随每次的呼吸，会出现鼻塞音。

鼻塞会影响宝宝的睡眠质量，因此，要时常地为宝宝洗鼻子，帮助他呼吸顺畅。

提供有营养价值的食物

假如宝宝因为挑食而无法从一餐中获得所需的营养的话，下面提到的这些食物便可帮助他得到一天中所需的营养。

父母此时可提供给他富含钙质、蛋白质和维生素B_{12}的食物。

如鸡蛋含蛋白质、维生素B_2和维生素A、维生素B_{12}和维生素K。

鼓励宝宝进行探索

宝宝一出生就会看、能听，有触觉、味觉和一定的运动能力，这为他的探索活动奠定了基础。到周岁时，宝宝学会了站立行走，产生了简单的语言，并能理解一些事物，这时幼儿的探索活动有了飞跃式的发展。

随着宝宝与外界接触面进一步扩大，他对什么东西都想摸摸。在他面前放上一只热水杯，指给他说："这是热的，触碰它会烫手。"他还是抑制不住自己的好奇心，小心地伸出小手去试探它，直到感到手指被烫了一下，才把小手快速地抽回来。妈妈抓住他的小手再去触碰热水杯时，他马上做出躲避的动作。这样的探索活动使他知道了冷热的含义。此时，宝宝探索活动的水平有限，经验也很少。假如宝宝的面前有一块烧红的铁，他的好奇心会驱使他拾起铁块，而意想不到会引起烧伤。因此，在宝宝的探索活动中，父母要放手不放眼，防止宝宝受到意外伤害。

这个时候的第一要务便是在家中创造出安全环境，再三地检查宝宝活动区域的安全防护处理，以确保家中的小小探险家可以在安全无误的情况下，在这些安全的地方，例如，客厅、书房、卧房等，随意地展开他的探险历程。当然，在他探索的过程中，一定要有大人陪伴在他的身边，让他安全自由地去查看他所看到、碰触的每一件物品。

如果他发现的物品特别有趣，那么他就会非常开心并享受这个探索历程，因此，你可以为他准备一只篮子，里面装满各种形状的物品，例如，球、卷轴、图片、塑料等，供他自行翻捣。需要注意的是，这些东西都不能太小，以免他塞进自己的嘴里，造成哽噎的危险。现在，他可能也会渐渐地开始喜欢泡在澡盆里洗澡，此时可在澡盆里放入一些鸭子、乌龟等玩具模型，当他的身边围着许多玩具时，他便可以通过这些玩具了解水的特性。

父母可以扮演引导者的角色。当外出时，带宝宝去看看花叶树木，让他碰碰地上的青草，因为他已经做好了充裕的准备去和自己所处的环境互动。

妈妈要满足宝宝的探索欲望，但同时也要时刻注意宝宝的安全。

对宝宝进行IQ测试

语言能力

1.回答“你几岁啦”时，宝宝：

A.马上自己竖起食指作答（20分）

B.看到父母示范会竖起食指表示“我1岁”（10分）

C.乱竖指头表示（5分）

D.点头微笑作答（1分）

2.能称呼父母及周围的人：

A.4人（20分） B.3人（10分）

C.2人（5分） D.1人（1分）

动作能力

1.放杯盖，宝宝：

A.放正2个（20分） B.放正1个（10分）

C.放歪（5分） D.乱放（1分）

2.用手解开纸包取食物，宝宝：

A.会打开两种（糖果、小包饼干）（20分）

B.只打开1种（10分）

C.撕开（5分）

D.要大人打开（0分）

3.从大瓶中取糖果，宝宝能：

A.食指抠出2个以上（20分）

B.食指抠出1个（10分）

C.倒出（5分）

D.打翻瓶子取（1分）

4.从三形板中取形块，宝宝：

A.取出3个，放入圆形（20分）

B.抠出3个形块（10分）

C.抠取两个形块（5分）

D.抠取1个形块（1分）

5.走路时，宝宝：

A.在父母之间放手走1～2步（20分）

B.自己扶家具来回走（10分）

C.父母一手牵着走（5分）

D.在学步车内走（1分）

6.爬向高处，宝宝：

A.自己用手脚爬上5级台阶（20分）

B.自己用手脚爬上2级台阶（10分）

C.父母牵着上1级台阶（5分）

D.不敢上高（0分）

思维能力

宝宝按吩咐拣出图片、书页或字卡：

A.4张以上（20分） B.3张（10分）

C.2张（5分） D.1张（1分）

数学能力

给铅笔套圈，宝宝能：

A.套4个以上（20分） B.套3个（10分）

C.套2个（5分） D.套0个（0分）

结果分析

以上全部题目共计200分，得分在100～130分之间为正常，131分及以上为优秀，99分及以下为暂时落后。

- 如果宝宝某项能力的总得分为满分，家长可跨过本月练习，提前进行下月相关训练。
- 如果宝宝某项能力的总得分介于该种能力全部测试题的B项和C项分数和之间，建议家长针对该项能力对宝宝进行上一个月的相关训练。
- 如果宝宝某项能力的总得分小于该种能力全部测试题的C项分数和，建议家长严密注意宝宝是否有相应方面的能力障碍。

宝宝IQ开发与培养

语言能力

说字说词

训练目的

对宝宝进行语言启蒙教育，从而提高其语言能力。

训练方法

周一，妈妈指着自己说：“妈妈……”并让宝宝重复。周二，妈妈指着爸爸说：“爸爸……”并让宝宝重复。周三，妈妈指着脸说：“脸……”并让宝宝重复。周四，妈妈指着眼睛说：“眼睛……”并让宝宝重复。周五，妈妈指着鼻子说：“鼻子……”并让宝宝重复。周六，妈妈指着嘴巴说：“嘴巴……”并让宝宝重复。周日，妈妈指着手说：“手……”并让宝宝重复。

动作能力

吊单杠

训练目的

增强宝宝的体力及上臂的力量。

训练方法

1.帮助宝宝热身，再准备一根细棒。

2.帮助宝宝站立起来。

3.将细棒固定在宝宝一旦用手抓住，脚就够不着地的高度，然后让宝宝抓住细棒自己吊单杠。

思维能力

找到图片的另一半

训练目的

培养宝宝认知图形的能力。

训练方法

1.从图片中挑选1张图像清晰、图案单一的，剪成不多于4片的几部分，再拼贴在硬纸板上。

2.从硬纸板上任意取下1片拼图，将其与其他的图片混放在一起，然后引导宝宝找到可以拼到硬纸板上的图片，并且知道拼上去。

数学能力

玩套环

训练目的

让宝宝初步认识1、2、3，并锻炼手眼协调能力。

训练方法

1.准备一根铅笔、一块橡皮泥、一些细铁丝、彩色布条及针线。

2.将铅笔插进橡皮泥里固定，做成一个套环用的柱子，然后用铁丝拧3个直径约5厘米的环。

3.将每个环都用不同颜色的布条缠好，再用针线固定住。

4.给宝宝示范将环套在铅笔上，边套边数：“1个、2个、3个。”套完后，再一个一个数着取出来。

通过游戏培养宝宝各方面的能力

透明的窗

游戏目的

通过游戏培养宝宝独立解决问题的能力。

游戏方法

1.将宝宝喜欢的玩具放进纸盒内，让宝宝可以通过透明片看到他的玩具。

2.左右摇动盒子，盒子内的玩具发出的声音，吸引宝宝伸手来抓，当宝宝伸手碰到透明片而无法取出盒里的东西时，可以引导宝宝再拍拍或摸摸透明片，让宝宝明白其中有东西阻隔着。

3.再摇动盒子，观察宝宝能否想办法取出盒子内的东西，可以示范从另一个洞口伸手入内拿东西，引导宝宝也伸手从洞口中拿取东西。

游戏提示

宝宝懂得在洞口拿走玩具，家长可给予掌声鼓励。

手推车

游戏目的

帮助宝宝学习把身体直立，用双脚走路，培养宝宝的独立能力，以减少对大人的依赖。

游戏方法

1.先让宝宝扶着手推车站立，然后慢慢推着一步一步地走。如果不放心，家长可以陪伴在旁边，让宝宝感觉安全。

2.经过一段时间的锻炼，宝宝可以走得比较稳当了，这时不妨加进一些游戏，例如叫他停下来捡东西、摆些小东西让他跨过去等等，增加宝宝的手脚灵活性。

游戏提示

开始游戏前，父母要观察他是否已具备可以走的条件，例如，宝宝有没有走的欲望？能不能掌握身体从头到脚的基本平衡反应？脚掌、脚趾、小腿发育得怎么样等等，千万别急于要宝宝学走，应循序渐进。

抓豆豆

游戏目的

进一步引导宝宝学习抓钳动作，锻炼宝宝手指的精细动作能力。

游戏方法

1.妈妈将蚕豆、豌豆、赤豆等放在垫子上，让宝宝随意摆弄。

2.对宝宝的各种摆弄，妈妈都要给予鼓励，并边示范边引导宝宝抓钳小物体，如：“妈妈抓小豆豆啦！”以吸引宝宝完成抓钳动作。

3.当宝宝尝试着用大拇指、食指、中指去抓钳时，妈妈要及时给予肯定，并引导他抓起各种小豆豆放入自己的篓内。

游戏提示

1.妈妈应及时阻止宝宝将小豆豆放入嘴中，如可以这样说：“宝宝不能吃，我们一起抓吧！”

2.妈妈应经常提供不同形状的材料，让宝宝有更多的抓钳机会，以提高其手指的灵活性。

照镜子

游戏目的

让宝宝在镜子里记住自己的五官和样子，培养宝宝的视觉记忆能力。

游戏方法

1.抱着宝宝站在镜子前。捏捏宝宝的五官，使他有准备。

2.指着宝宝的脸说："这是谁呀？"，"这是宝宝！"

3.指着宝宝的鼻子说："这是什么？这是宝宝的鼻子。"这样依次给宝宝指认自己的五官。

游戏提示

1.与镜子保持约50厘米的距离，不要太近，以免刺激宝宝的眼睛。

2.训练时间长短要适当。

区分噪声和音乐

游戏目的

在游戏中分辨噪声和乐音，锻炼宝宝的听力。

游戏方法

1.父母拿积木敲桌子，示意宝宝"这是不好听的声音"，并对着宝宝皱皱眉头。

2.家长轻敲木琴，让宝宝倾听，告诉宝宝"这是好听的音乐"，并对着宝宝笑笑。

3.播放或用实物玩具制造一种轰隆隆的声音，再告诉宝宝"这是不好听的声音"，并皱眉。

4.播放一小段音乐，让宝宝倾听，告诉宝宝："这是很好听的音乐"，并对宝宝笑笑。

5.然后弄响发出噪声与音乐的物体或者放录音，让宝宝听，家长用皱眉或微笑给予宝宝暗示。

游戏提示

用木琴敲出的音乐要柔和、悦耳。

经常让宝宝照照镜子，可以培养宝宝的视觉记忆能力。

11~12个月

宝宝即将迎来自己的第一个生日了，他朝着活泼、开朗的方向快速成长。这个月里，宝宝从爬、站立到行走的技能日益增加，他的好奇心也随之增强，就像一位探险家，喜欢把房间里每个角落都了解清楚，父母们对宝宝要有耐心。

宝宝的生长情况

11~12个月宝宝身体发育一览表

	男宝宝	女宝宝
身高	平均77.3厘米 (71.9～82.7厘米)	平均75.9厘米 (70.3～81.5厘米)
体重	平均10.16千克 (8.08～12.24千克)	平均9.52千克 (7.42～11.62千克)

睡眠有规律

宝宝现在的生活已经很有规律，白天一般要睡两次，上午一次，下午一次，但也有的宝宝精力旺盛，白天只睡一次。现在应注意培养宝宝良好的生活习惯，晚上尽量让宝宝在固定的时间里入睡，并为此创造条件。

宝宝的改变

宝宝在第一年中，已经历了不可思议的变化。在这第一年中，他的脑已长到将近成人的60%。他的视力几乎已成熟。宝宝的空间感很好，但对于距离和速度的判断则仍然有困难。他已学会分辨成人与宝宝的不同。现在可能会寻找其他的宝宝一起玩。

宝宝的养育要点

正确应对宝宝的好奇心

好奇是这个年龄的自然倾向。这种好奇会使宝宝做出一些破坏性的事情。父母要保持冷静，记住当宝宝在做某件事时，他都是在从中学习。一方面要鼓励宝宝探索，一方面要时刻关注宝宝的动作将损坏减至最低。

父母可以随手准备替代品。假如父母有一些东西能吸引宝宝的话，他就不会去理会其他的东西。

不能太早喝全脂牛奶

儿科医生建议要等到宝宝满1岁后才能喝全脂牛奶。

这是由于不满1岁的宝宝的消化系统尚未成熟，肾脏和消化系统无法完全处理全脂牛奶中的蛋白质与矿物质。假如在这之前就让宝宝喝全脂牛奶的话，可能会对他的肠壁造成轻微的伤害。

为宝宝学步做好准备

当宝宝已经学会扶着栏杆站立并表现出往前移动的愿望时，就表示从现在开始，宝宝要开始学步了，但从扶走到独自走还有一个相当长的过程。在这个过程中，父母要为宝宝学步做好充分的准备。

使用学步车的注意事项

学步车是最常用的学步辅助工具，它能给父母带来一定方便，不用总抱着宝宝，可以空出手来做事。但使用学步车时应注意以下几个问题：

- 最好在宝宝能够支撑颈部并平稳坐立时使用。
- 学步车的高度须适合宝宝的身高，不宜过高或过低。
- 每次使用的时间不宜过长，以不超过20分钟为宜。

妈妈可用学步车帮助宝宝学会走路，但要注意使用时间和方法。

- 宝宝在使用学步车时应让宝宝在大人的视线范围内活动。

另外，楼梯、小板凳等，也可以当作宝宝学步的辅助工具。

学步时的安全措施

- **阳台**。宝宝一旦学会行走，“到处乱走”是必然的情形，父母就要特别留意宝宝走到阳台上。没有围栏或栏杆高在85厘米以下，栏杆间隔过大（超过10厘米）或者阳台上摆小凳子等，都容易使宝宝误爬上去，而导致危险。
- **家具**。家具的摆设应尽量避免妨碍宝宝学习行走，父母宜将所有具有危险性的物品放在高处或移走，并且留意家具尖锐的角，以防宝宝碰撞。
- **门窗**。宝宝容易在开关门时发生夹伤，父母可用门防夹软垫来避免危险；至于窗户方面，最怕宝宝走到窗边玩窗帘绳，这样容易发生被绳子缠绕造成窒息的危险。

选择适宜学步的衣服

衣服的款式以肥大、宽松为好，这样才能使四肢有足够的活动余地，也便于穿脱，更有利于生长发育。

特别注意不要把宝宝打扮成“小大人”。像喇叭裤、牛仔裤、紧身裤等，由于过紧会影响血液循环，不仅蹲起不便、跑跳受限，而且抽紧的裤裆会经常摩擦、刺激宝宝的生殖器。另外，胸腹部约束过紧的衣服，会影响胸廓和腹部的运动，可能造成胸廓畸形。

对宝宝进行IQ测试

视听能力

知道最大的鞋是爸爸的，中间的是妈妈的，最小的是自己的：

A.这3种都认识（20分）

B.认识2种（10分）

C.只认识自己的（5分）

D.1种都不认识（0分）

动作能力

1.画蜡笔画时：

A.画出长线（20分）

B.乱涂，纸上有痕（10分）

C.扎上小点（5分） D.空中乱画（3分）

E.不会握笔（0分）

2.1分钟内将小丸投入瓶中：

A.6个以上（20分） B.5个（10分）

C.4个（8分） D.3个（5分）

E.2个（1分）

3.拿着绳子摇晃系着的小球时：

A.不必示范就能自己摇成圆圈（20分）

B.看着示范会摇成圆圈（10分）

C.前后晃荡（5分） D.摇不动（0分）

4.学站：

A.蹲下捡物，自己站起不用扶，站稳5秒（20分）

B.不扶物站稳3秒（10分）

C.扶物站稳（5分） D.牵着站（1分）

5.会走：

A.自己走10步（20分）

B.自己走5步（15分）

C.自己走1～2步（10分）

D.牵着走（5分）

思维能力

1.认识身体部位：

A.6处以上（20分） B.5处（10分）

C.4处（8分） D.3处（5分）

E.2处（1分）

2.宝宝能够正确指图（动物、水果、用品、车辆等）：

A.8幅以上（20分） B.6幅（10分）

C.4幅（8分） D.2幅（5分）

E.1幅（1分）

数学能力

上楼梯时，宝宝自己会说：

A.1、2、3、4（20分）

B.1、2、3（10分）

C.1、2、1、2（5分）

D.1、1、1（3分）

结果分析

以上全部题目共计180分，得分在80～110分之间为正常，111分及以上为优秀，79分及以下为暂时落后。

- 如果宝宝某项能力的总得分为满分，家长可跨过本月练习，提前进行下月相关训练。
- 如果宝宝某项能力的总得分介于该种能力全部测试题的B项和C项分数和之间，建议家长针对该项能力对宝宝进行上一个月的相关训练。
- 如果宝宝某项能力的总得分小于该种能力全部测试题的C项分数和，建议家长严密注意宝宝是否有相应方面的能力障碍。

宝宝IQ开发与培养

语言能力

学动物叫

训练目的

促进宝宝发出更多的音，而且让发音与动物相匹配。

训练方法

1.妈妈拿出几个会叫的动物玩具，如公鸡、鸭、羊、牛、猪等。

2.妈妈拿出一个动物玩具如公鸡，并说：“公鸡，咯咯咯”；再拿出一个玩具如鸭子，并说：“鸭子，嘎嘎嘎”……

3.反复几次后，让宝宝跟自己一起模仿这些动物的叫声。

4.鼓励宝宝自己模仿动物叫声。

动作能力

由单手牵着走到独自行走

训练目的

让宝宝从被牵着走过渡到自己走。

训练方法

1.如果父母上个月训练的是双手或单手牵着宝宝走，那么现在可以将自己的手臂用一根小棍子或小娃娃代替，即让宝宝扶着手中小棍子或娃娃的另一端行走。

2.宝宝能够熟练地扶着小棍子走以后，父母可伺机放开小棍子，让宝宝自己行走。

3.为安全起见，可让宝宝在爸爸和妈妈之间来回走，然后父母逐渐拉大彼此的距离，以使宝宝越来越远地独立行走。

4.在这期间，如果宝宝有跌倒或不愿意继续行走的现象，一定要及时鼓励他，并注意不要让他太疲劳。

思维能力

玩水

训练目的

培养宝宝的创造能力，提升其创造性思维。

训练方法

1.洗澡时，妈妈用手拍打水面，用溅起的水花让宝宝得到一种快乐的体验，以提高其玩水的积极性。

2.准备几只塑料袋，装满水，再鼓励宝宝戳几个小洞，这样塑料袋就变成莲蓬了。

数学能力

数字之旅

训练目的

让宝宝接触和认识更多的数字。

训练方法

1.选择一个晴朗的天气，带宝宝到一个既安静又干净的地方去。

2.一边走，一边让宝宝看道路旁的标示牌、招牌和广告牌等，一看到数字就大声读出来。如果路边没有带数字的标示牌，则可数路两旁的树的数目。

对宝宝进行EQ测试

社交能力

1.用动作表演一首儿歌时，宝宝做：

A.动作5种以上（20分）

B.动作4种（10分）

C.动作3种（5分）

D.动作2种（3分）

E.动作1种（1分）

2.依恋大人：

A.拉着妈妈，不让她接近别的孩子（20分）

B.当妈妈抱别的孩子时拉扯着要妈妈抱自己（10分）

C.靠在妈妈身边不离开（5分）

D.靠到爸爸或其他亲人身边（3分）

E.妈妈离开时不在乎（1分）

3.能信赖身边的几个人（母亲、父亲、祖辈、保姆）：

A.4人以上（20分） B.3人（10分）

C.2人（5分） D.1人（1分）

生活能力

1.会用勺：

A.吃3勺以上（20分）

B.盛饭送入嘴里1~2勺（10分）

C.盛上饭，但未送到嘴里（5分）

D.凸面向上盛不到东西（3分）

E.乱搅不盛物（0分）

2.戴帽子时，宝宝能：

A.放头顶上拉正（20分）

B.放稳（10分）

C.放不稳掉下（5分）

D.不会（0分）

3.妈妈帮助穿裤子时，宝宝会：

A.自己伸腿入两个裤管内（20分）

B.自己伸腿入1个裤管内（10分）

C.妈妈握腿放入裤管内（5分）

D.不肯穿裤子（0分）

4.脱鞋袜时，宝宝能：

A.动手去脱掉鞋袜（20分）

B.自己用脚蹬去鞋袜（10分）

C.蹬去鞋子（5分）

D.让妈妈帮助脱掉（0分）

5.在捧杯喝水上，宝宝能：

A.自己捧杯喝水，没有洒漏（20分）

B.不用妈妈扶持略有洒漏（10分）

C.要妈妈扶持（5分）

D.不会用杯（0分）

6.穿衣时，宝宝：

A.会伸头入领口，伸双手入袖（20分）

B.自己把胳膊伸入袖内双侧（10分）

C.自己会伸入一侧（5分）

D.妈妈拿胳膊放入袖内（1分）

结果分析

以上全部题目共计180分，得分在80~110分之间为正常，111分及以上为优秀，79分及以下为暂时落后。

- 如果宝宝某项能力的总得分为满分，家长可跨过本月练习，提前进行下月相关训练。
- 如果宝宝某项能力的总得分介于该种能力全部测试题的B项和C项分数和之间，建议家长针对该项能力对宝宝加强训练。
- 如果宝宝某项能力的总得分小于该种能力全部测试题的C项分数和，建议家长严密注意宝宝是否有相应方面的能力障碍。

宝宝EQ开发与培养

训练宝宝帮大人做事

爬过去给人递东西

训练目的

让宝宝对物名和人的称呼做出快速反应，愿意帮妈妈做事。

训练方法

1.妈妈坐在宝宝旁边，奶奶坐在宝宝对面，奶奶假装在择菜，妈妈则可装作看书。

2.奶奶叫宝宝递一个小筐过来，然后妈妈请宝宝把另一本小书递过来。

3.妈妈假装看到了非常有意思的一段，所以请宝宝递书给奶奶看。而奶奶需要放大镜才能看得见，因此又请宝宝爬到抽屉旁找放大镜给奶奶。如果宝宝能够准确无误地完成“指令”，大人们一定要及时表扬和赞美他，以使他更具积极性。

训练宝宝独立脱衣

脱去鞋袜及部分衣服

训练目的

让宝宝学会自己脱去部分衣物，为以后穿脱衣服完全自理打基础。

训练方法

1.1岁前后的宝宝已经能够自己用手拉开粘扣，自己脱下鞋和袜。这时父母可以开始训练宝宝自己脱鞋袜和部分衣物的能力。

2.尽量给宝宝用一条拉锁固定的连衣裤，这样的衣服宝宝能够很容易把拉锁打开，然后自己从衣服里钻出来。等到宝宝已经能够熟练地脱这种衣服时再渐渐给他换成带粘扣或系扣的衣服。

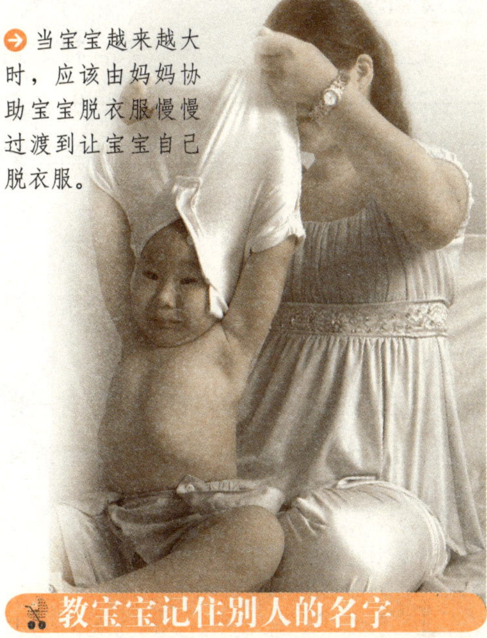

当宝宝越来越大时，应该由妈妈协助宝宝脱衣服慢慢过渡到让宝宝自己脱衣服。

教宝宝记住别人的名字

记住小朋友的小名

训练目的

让宝宝有意识地记住别人的名字，从而为其与人交往提供便利。

训练方法

1.在公园或在家附近遇到同龄的宝宝时，妈妈可引导宝宝主动与对方的宝宝打招呼。

2.妈妈这时可以顺便问对方宝宝的小名和月龄，然后再介绍两位宝宝互相认识。

3.提醒宝宝记住对方宝宝的名字，并在此后几天内经常向宝宝提起，以加深宝宝的印象。这样再见到那位宝宝时，自己的宝宝就能主动叫出对方的名字。

通过游戏培养宝宝各方面的能力

分水果

游戏目的

通过游戏，可教宝宝认识各种水果的名称，并且学习简单的语言，促进宝宝语言能力的发展。在游戏中教宝宝学会分享，培养与人合作的精神。

游戏方法

1.将一个盛着各种水果的篮子放到宝宝的面前。

2.拿一些玩偶，由妈妈抱着，然后对一旁的宝宝说：“小熊要吃苹果，宝宝请帮它拿一个。”

3.随意说出篮子内的水果叫宝宝拿。

游戏提示

1.当宝宝热悉游戏的玩法后，可以增加水果的种类。

2.可角色互换，由宝宝发出指示。

走路轨

游戏目的

宝宝以不同步式走路轨时，脑部要不断组织身体的行动，刺激脑部活动。而在电线胶纸下加海绵等制造凹凸感，则可刺激宝宝的触觉能力。

游戏方法

1.用电线胶纸在地上黏贴出两条直线，变成一条路轨，宝宝沿路轨走，可以单脚跳、脚跟贴脚跟等不同的方式走。

2.此外，可在电线胶纸下加海绵或纸张，形成凹凸不平的路轨，让宝宝在上面赤脚走过。

游戏提示

1.单脚跳要大一点的宝宝才可以做。

2.若要增加难度可以收窄路轨。

跟着做

游戏目的

让宝宝听指令做动作，以提高宝宝的语言理解能力，并锻炼宝宝的语言节奏感，从而达到提高语言能力的目的。

游戏方法

1.妈妈和宝宝相对而坐，妈妈边做动作边念儿歌，让宝宝也做同样的动作。儿歌为：“请你跟我这样做，我就跟你这样做，小手指一指，眼睛在哪里？眼睛在这里（用手指眼睛）。”“请你跟我这样做，我就跟你这样做，小手摸一摸，鼻子在哪里？鼻子在这里（用手摸鼻子）。”依次认识五官。“请你跟我这样做，我就跟你这样做，小手指一指，小手在哪里？小手在这里（用手摇两下）。”

2.可先和爸爸示范一下。如妈妈说：“请你跟我伸伸手。”边说边做伸手的动作。然后爸爸接着说：“我就跟你伸伸手。”边说边做伸手的动作。在宝宝参与的时候，可以让爸爸带着宝宝一起做，然后慢慢地让宝宝学会单独做动作。可做各种各样的动作，让宝宝学说“伸伸手”“弯弯腰”“喂小猫”“种种花”等短语。

游戏提示

1.念儿歌的速度要慢一点，宝宝反应需要一段时间，可能要多做几次，宝宝才能逐渐开始模仿。

2.儿歌可以随时编创，只要能调动宝宝的兴趣即可。可用比较自由的形式调动宝宝的参与热情，激发宝宝的说话愿望。

动物回家

游戏目的

这个游戏可以发展宝宝的精细动作、手眼协调能力和空间感。

游戏方法

1.妈妈同宝宝一起指认图片上的小动物，并用引导性的语言告诉宝宝："这些小动物的家就在这个盒子里，我们送它们回家吧！"然后帮助宝宝将图片从细缝中塞入盒子里，告诉宝宝这就表示"送小动物回家"了。

2.妈妈打开纸盒，取出所有的图片，让宝宝模仿妈妈的动作，再次单独完成"送小动物回家"；也可以由妈妈先塞一张，宝宝再把其他的图片往盒子里塞。

游戏提示

注意不要让宝宝太累，让宝宝一直保持新鲜感。

涂涂点点

游戏目的

发展宝宝手指、手腕的灵活性，提升宝宝的精细动作能力，培养宝宝对绘画的兴趣。

游戏方法

1.妈妈用彩笔在纸上画出一张娃娃脸或一个小动物，再给它涂上颜色，让宝宝观看，以激发宝宝学习的兴趣。

2.妈妈把彩笔给宝宝，教他用右手握笔。妈妈可握住宝宝的手在纸上作画，也可让宝宝自己握笔任意涂涂点点，不管宝宝涂成什么样子，都要给予鼓励。

游戏提示

在家中，家长可提供写字板或白纸给宝宝涂鸦，要注意宝宝握笔的方法与坐姿。

妈妈和宝宝一起涂鸦，不仅可提高宝宝手腕、手指的灵活性，还可以培养宝宝对绘画的兴趣。

专题4

0～1岁是宝宝IQ发育的关键期

婴儿期（1～12个月）是宝宝大脑发育的关键期。

如果抓住关键期对宝宝进行适度的智力开发训练，将能使宝宝的IQ水平达到最理想的程度。

父母可以针对不同时期的宝宝这样来促进其IQ的发育：

2个月的宝宝

2个月的宝宝正处于脑细胞“突发生长期”的第2个高峰前夜，对于该时期的宝宝来说，没有什么比母乳更能促进宝宝的脑发育了。

3个月的宝宝

对于这时候的宝宝来说，父母的触摸，充满疼爱的交流、逗弄，给他看的一些东西，给他听的一些声音，给他品尝的一些食物，都是他认识世界、发展IQ不可或缺的重要因素。

4个月的宝宝

4个月的宝宝头部运动、视力和手的操作能力都有了更进一步的提高。他对周围环境更感兴趣了，因此很有必要改变一下宝宝周围的环境布置，以使宝宝有新鲜感，从而提高他观察、探索的兴趣和能力。

5个月的宝宝

5个月的宝宝由于感知觉的发展和对身体控制能力的提高，对丰富多彩的世界更感兴趣了。

在这一时期，父母可以陪宝宝说一说周围的世界这部活书、有计划地教宝宝认识周围事物等等。

另外，5个月的宝宝已经能够对音乐表现出明显的情绪并配合音乐节奏来摆动四肢。

因此，如果想开发宝宝在音乐方面的智能，此时可以适当进行了。

6个月的宝宝

6个月的宝宝已经有了比较复杂的情绪。此时妈妈如果能及时满足宝宝的需求，并且对宝宝进行细微地照顾和疼爱，能够使宝宝经常产生欢快的情绪，从而建立起其对妈妈的依恋和对周围世界的信任。

7个月的宝宝

7个月时，宝宝双手的动作会变得更加灵活，他会逐渐学会拿东西，大拇指能够和其他四指分开，特别是食指的能力会有很好的发展。一般来说，这时期的宝宝最喜欢抓到什么玩什么，抓到什么尝什么。

8个月的宝宝

8个月时，宝宝不仅爬行的本领与日俱增，而且能够扶着东西站起来了，但他们一般还不会自己坐下。当宝宝处于这个爬行的关键期时，作为父母最重要的就是要给宝宝开辟一个“运动场”，任宝宝摸、爬、滚、打。

9个月的宝宝

9个月的宝宝都已经学会站立，并且也开始理解他人的言语。这一时期的宝宝非常喜欢受表扬，所以在该时期父母对宝宝的每一个小小成功都应该随时给予鼓励。不要吝啬你的赞扬话，而要用你丰富的表情、由衷的喝采、兴奋的拍手、竖起大拇指的动作为宝宝营造一个强化的亲子气氛。

10个月的宝宝

10个月的宝宝在独立站稳和简单语言表达方面（比如“妈妈”）都会有十分明显的进步。

在这一时期，作为父母要不断训练宝宝站稳的能力和语言表达方面的发展，并可适当对宝宝进行一些握勺、拿杯等生活能力方面的训练。

11个月的宝宝

11个月的宝宝是个小小活动家和探险家，由于爬、站立和行走的技能日益增强，他已经可以满屋子探索周围的环境了。

这时父母应满足宝宝的好奇心，鼓励他的探索活动，并且赞赏他在房间的每一个“新发现”。

12个月（1周岁）的宝宝

1周岁时，宝宝已经变成了一个眼观六路、耳听八方的机灵鬼，一个牙牙学语、蹒跚而行，能够向你表达依恋之情的小可爱！

在这一年中，宝宝的进步是惊人的——他从完全无力支配自己的身体发展到了可以自如爬行、独自站立并且行走的地步；他从只会哭叫发展到了学习发声，并且已经会用简单的语言进行初步交流；他从对世界一无所知发展到了对世界有初步认识与了解的地步。而这，都为宝宝今后更好、更快的发展奠定了坚实的基础。

0～1岁宝宝IQ发展过程

0～1岁宝宝IQ发展过程	
月龄	IQ发展过程
0～1个月	◎大脑的发育尚未成熟，自我控制能力很低。 ◎大部分动作都是反射动作。 ◎醒着时，会眨眼到处看，眼睛分辨能力较低。 ◎只能分辨几个不同的声音。
1～2个月	◎视线开始探索，对环境逐渐熟悉，观察力及注意力继续增强。 ◎双眼能够配合上下左右看，对颜色有了初步印象。 ◎对自己的手很感兴趣，会用手探索物体的形状及构造。 ◎听觉日渐灵敏，对妈妈的声音特别敏感。
2～3个月	◎记忆力在增强，开始运用大脑进行短暂的记忆，记得妈妈的声音。 ◎观察力比以前好，正前方晃动的物件能引起他的注意。 ◎会经常玩手、乱动手指，并尝试用手探测距离的变化。
3～4个月	◎高层次的大脑功能开始运行，反射动作逐渐被意志动作取代。 ◎视觉分辨更精准，能很快看到细小物件。 ◎会灵活地用眼睛寻找声源，对熟悉的声响有表情和动作反应。 ◎开始由意志控制吞咽和抓握动作，会协调手眼去触摸物件。
4～5个月	◎视觉发展大致完成，能很清楚地观察周围环境，分辨人脸和图案。 ◎对陌生人或陌生环境表现出排斥。 ◎能用双手紧握物件，可扶住奶瓶吃奶，也会用双手拍球。
5～6个月	◎手眼协调能力已完善，可以及时拿到眼前的物件。 ◎分辨能力在增强，能分辨出亲人和外人，见到陌生人或许会哭。 ◎5个手指开始分工，控制力增强，会刻意地模仿声音和动作。
6～7个月	◎开始知道因果关系，玩具被人拿走会表现出不快。 ◎记忆力增强，能记得人的表情，并开始模仿。 ◎分辨能力提高，能认出镜中的人是自己。 ◎语音开始发展，能听懂妈妈说话的意思，喜欢敲击物件。

（续表）

7～8个月	◎分析能力、观察能力、交流能力（理解能力）开始发展，开始学着打手势，能以动作表达“再见”“请”等意思。 ◎能唤起以前的记忆，联想力也开始发展，会因想起开心时刻而发笑。
8～9个月	◎有了时间观念，对于特定时刻发生的事有记忆，还会期待事情的再发生。 ◎开始建立自己的思维和学习方式，会模仿大人的语调及动作。 ◎具有解决简单问题的能力，如会寻找被掩盖的玩具。
9～10个月	◎理解力大大增强，懂得动作所传达的意思，会用手去探究物件的构造。 ◎记忆力继续增强，能记起前一天做过的事情。 ◎注意集中力在增强，能专心用笔戳戳画画。
10～11个月	◎自我意识及辨识能力继续发展，知道哪些东西是自己的，哪些是别人的。 ◎模仿力增强，会学着使用香皂擦身。 ◎探索力增强，会为同样的目的而尝试用各种不同的方法。 ◎注意力及观察力继续增强，会探询物件在容器中发出的声音，还会注视物件从容器中跌落出来。
11～12个月	◎自我分辨力越来越强，会分辨周围人的性格，对不同的人信任度也不同。 ◎能凭记忆打开盒子拿玩具或找寻不见了的玩具。 ◎看过演示后，会学着将形状和颜色归类，探索新事物的能力继续发展。

宝宝的IQ发展过程是渐进的，父母要了解宝宝IQ发展规律，从而对宝宝进行适当的IQ开发。

专题6

用抚触使宝宝EQ更上一层楼

抚触对于宝宝EQ的发展具有不可估量的作用，比如婴幼儿时期经常被父母抚触的宝宝能够更具安全感、能够更自信、能够更具有爱心等。

那么，具体如何用抚触来促进宝宝的EQ呢?

哺乳时的抚触按摩

宝宝在妈妈怀中，妈妈一只手托住宝宝，另一只手从宝宝头顶部开始向下抚摩，沿后背、腰臀、腿一直抚摩到脚。然后再从头顶开始重复抚摩。

洗浴时的抚触按摩

父母在为宝宝洗澡时，也可穿插一些按摩的动作，如搓洗四肢、颈项、后背等部位时，可稍用力来按摩。洗浴时按摩可帮助宝宝更好地放松身心。

换尿布时的抚触按摩

- **提臀抚触按摩**。用一只手握住宝宝的双腿踝关节，将宝宝下肢抬起，要尽量使臀部抬离床铺的水平面，然后用另一只手从臀部开始，伸展手掌沿大腿后面向下抚摩至足跟部，随着这只手的向下抚摩，握住宝宝踝关节的手可逐渐放下抬高的下肢。这种方式通常能够让双腿同时被抚触到。如果宝宝配合，可反复抚触按摩数遍。
- **下肢抚触按摩**。将宝宝下肢放平，一只手手心向上，握住宝宝一侧的踝关节，另一只手由同侧的大腿根部开始，从前面经膝关节、小腿一直抚触按摩到足背，然后拽拽宝宝的每个脚指头。如此几遍之后，用同样的方法抚触按摩另一侧肢体。
- **腹部抚触按摩**。将手掌轻轻放在宝宝腹部，以肚脐为中心，顺时针方向转圈，最后将手掌停在肚脐上数分钟。

入睡前的抚触按摩

让宝宝紧贴大人的身体仰卧位躺下，妈妈侧卧，可用一只手支撑头，另一只手轻抚宝宝的腹部（妈妈的体位以让自己感觉到舒服为宜）。可用整个手掌和手指顺时针柔缓而有力、有节奏地抚触按摩宝宝腹部（通常是隔衣抚摩），看到宝宝放松有睡意时，可慢慢减轻抚触按摩的力度，并逐渐随着宝宝入睡而停止抚触按摩。

0～1岁宝宝的排泄教养

排泄教养进行曲

成长阶段	教养要点
0～6个月	在给宝宝换尿布时要常和宝宝说话，如："舒服了吧！"等。要让宝宝有尿湿了后不快乐及换完尿布后心情很好等不同的感觉。
6个月～1岁	早些给宝宝买个小马桶，让宝宝在类似游戏的心情下习惯使用它。
1～2岁	选择适当的时间，让宝宝坐到马桶上去。在妈妈的教导下开始排泄教育，教育过程不能心急，要做长时间的打算。
2～3岁	尽可能让宝宝自己去大便，大便后的收尾工作则要由妈妈来做。

根据宝宝发育特点进行排泄教养

排泄教养是指技巧性地使宝宝感受到尿意和便意，并能自行去排尿或排便，甚至能在短时间内忍住尿意或便意的教养。为了能更好地对宝宝进行排泄教养，妈妈要先了解人体排尿的机制及宝宝发育特点，以便掌握进行排泄教养的时机。肾脏所制造出来的尿水会先送到膀胱，等膀胱积存到一定程度之后，"积满尿水"的讯息便会通过脊髓的神经系统传达到大脑。大脑接收到信息后，则发出排尿的指令。因此，等成人到达厕所时，再度传达"可以排尿"的指命给膀胱，就可以排出尿来了。虽然成人和宝宝的排尿机制是完全相同的，但对宝宝而言，这种机制却未发育成熟，不过会随着年龄的增长而有所转变。0～6个月的宝宝，即使膀胱积满了尿液，也不能感受到尿意。宝宝的膀胱尚小，排尿的次数较多。一般宝宝不会提出排尿诉求，但也有些比较敏感的宝宝会因为在排尿的刹那间有所感觉而被吓哭。

0～6个月的宝宝往往感受不到尿意，所以经常会不自觉地尿床，妈妈要做好勤洗勤换的工作。

6～10个月的宝宝在排尿后往往会啼哭。其原因有二：一是由于尿布潮湿的不快感而啼哭；二是由于受到反射性的排尿惊吓而啼哭。10～12个月的宝宝的大脑皮质已经发达。当膀胱积尿时，宝宝逐渐有了想排尿的感觉。敏感一些的宝宝，会在尿意兴起时显得扭捏不安，并且脸色怪异。但这时想排尿的感觉和排尿的行为却未能明显地结合。

第4篇

1~3岁

——宝宝IQ、EQ开发与培养

1~3岁的宝宝能走能跳了，对周围的事物也有了自己的一个模糊的判断，对爸爸、妈妈还有了一定的逆反心理。此时，爸爸、妈妈要多费心思，引导宝宝的行为，进一步培养、开发宝宝的IQ、EQ，为宝宝多元智能和健康人格的培养打下良好的基础。

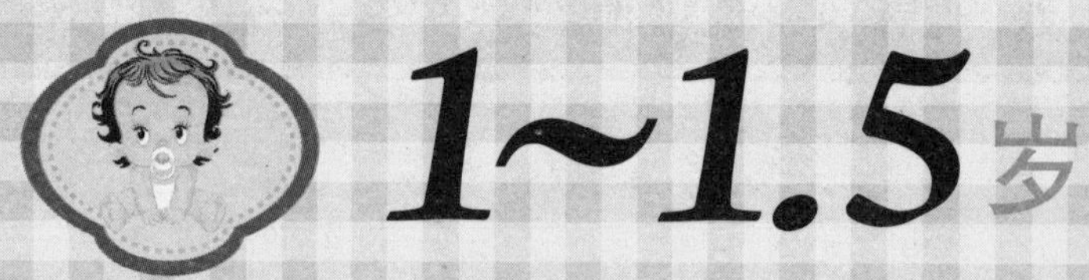

1~1.5岁

这一阶段的宝宝会走、会跳、会跑，接触外界环境的机会增多了。宝宝对外界环境产生了好奇心，他们更喜欢模仿。在此期间，父母们要循序渐进，采取有效、合理的方法来激发宝宝的各种智能，使他们的心智迈上一个台阶。

宝宝的生长情况

1~1.5岁宝宝身体发育一览表

	男宝宝	女宝宝
身高	平均79.1厘米 (73.1～85.1厘米)	平均77.8厘米 (71.9～83.7厘米)
体重	平均10.95千克 (8.7～13.2千克)	平均10.2千克 (8.0～12.4千克)

宝宝开始出磨牙

磨牙上下、左右共有4颗，一般在宝宝1～1.5岁之间长出。

迈出人生第一步

宝宝要挣脱父母的双手，独自远行了！他将开始“巡游”——喜欢绕着家具走来走去——这是他迈出自己人生坚实第一步的最后冲刺阶段！

宝宝的养育要点

关注宝宝吃饭的情况

宝宝的胃口通常总是难以捉摸，每天的饭量都不同，甚至每顿饭的饭量都不一样。

一般来说，宝宝每天只能好好吃一顿饭也是正常的。但是当你发现在一段时间内宝宝体重不增长，个头也不长了，在这样的情况下，即使他不想吃，仍要坚持每种食物都喂给他吃一两勺。

关注宝宝的“不舒服”状态

大约在1～1.5岁之间，宝宝对排便逐渐有了较明确的意识。因此，1～2岁的宝宝是接受大小便训练的最好时期，此时他们对大便的先兆和排泄也有了更明显的反应。

宝宝们可能玩着玩着就会突然停下来，显出不太舒服的样子，也可能会用某种表情或某种声音向爸爸妈妈表示尿布脏了，仿佛在期待着有人来替他们清理。

不过，真要在大小便排出之前及时发出信号，在厕所里排便，则有赖于宝宝对肠运动的先兆产生充分的意识。而要实现这一点，不仅需要父母适时的鼓励和提醒，而且还需要一个过程。

早教要点

促进宝宝开步走

一般来说，宝宝10～12个月期间开始学走路，到1岁半左右就可以独自行走了。有的宝宝8个月左右就能独自站立，甚至开始扶物练习迈步了。有的宝宝相对晚一些，但这都属于正常现象。

有的妈妈看到同龄的小朋友会走路了，可自家的宝宝还不能走，很着急，怀疑宝宝发育是否有问题。其实，宝宝从学习站立、扶物迈步，到独立行走，是身体技能和动作发育的自然过程，早晚快慢与宝宝的身体素质、营养水平、发育状况，以及父母的培养、锻炼都有关系，不可能协调一致地“齐步走”。只要宝宝的各项发育指标正常，排除身体功能上的问题和疾病，爸爸妈妈就不必着急。

要知道，如果宝宝腿脚的力量还不足以支撑整个身体，动作的协调性还达不到练习迈步、行走的水平，就过早让宝宝站立、走路，反而会给身体发育带来一些不良影响，如八字脚的形成就与过早学走路有关。而且，走路时间长了，足弓不堪重负会形成扁平足。

宝宝学步，是一个循序渐进的过程，在开始迈步以前，父母需要做不少工作，为宝宝迈出第一步打下坚实的基础：

- **单手扶物**。当宝宝能单手扶物，或是能够离开支撑物独自站立时，就意味着他已经具备了独自站稳的能力。
- **蹲起**。当宝宝能够单手，最好是双手离开支撑物，蹲下捡起玩具再站起来，并能够保持身体平衡时，就说明到了宝宝学走路的最佳时期。
- **独自行动**。慢慢地，当宝宝确定他没有危险时，就会大胆地把身体的重量都放在双脚上，摆脱一切束缚，迈出他在这个世界上独立的、完全属于他自己的第一步。

学步，应当顺应宝宝的发育水平和能力，自主自发、循序渐进。妈妈不要因为怕宝宝摔跤、磕碰，而久久不敢放手；也不要急于求成、拔苗助长。

宝宝学步应顺应身体的发育水平，父母不应该急于求成，也不能怕宝宝磕磕碰碰而不敢放手。

训练宝宝自己大小便

大小便是人类生活中的一部分。对宝宝来说，在适当的地方以适当的方法排大小便，是他在人生旅程中适应社会的一种行为。而这一行为不是与生俱来的，需要父母在适当的时候采取得当而有效的训练方法。

你曾发现宝宝抓着裤子，只在便器周围逛来逛去，甚至对着便器生气得哇哇叫，却仍不愿意坐下来便便吗？教会宝宝走到便器前脱下裤子、坐上便器等如厕前的动作不需花太长的时间，但要让宝宝完全靠自己的力量，熟练控制大小便才是最困难的。

对宝宝来说，尿尿和便便就像是身体的一部分，有的宝宝会不太愿意将它们排出来。学习大小便的过程与学习其他的事情相同，宝宝会不小心忘记，或是努力做却没做好，当然也会因心理压力而采取一些抗拒行为。那么，在这种情况下，爸爸妈妈该如何面对宝宝的大小便练习？是继续坚持训练，还是让宝宝裹尿布呢？

太早训练会造成宝宝的心理负担或亲子间的紧张，以致徒劳无功。当宝宝的生理与心智发展到某一程度，会表现出某些生理征兆或特殊反应，这时才是开始进行训练的合适时机。

一般来说，此时的宝宝在生理和心理的发育已经较为成熟，到了开始训练其排大小便的时候了。这时候宝宝大脑神经系统已基本成熟，已经基本能控制大小便了，需要大小便时，知道用语言、声音或肢体语言来向父母表达。

小便训练初期，父母应首先摸清宝宝的排尿规律，比如饮水后大概多长时间会排尿，抓准宝宝排尿的间隔时间，然后每次可提前几分钟提醒宝宝尿尿。而大便则一般安排在饭后进行。因为饭后由于食物的特殊动力作用，可促进肠蠕动，往往有助于粪便的排出。父母应鼓励宝宝在饭后自己主动坐盆，但不要强迫宝宝，否则会适得其反。

要让宝宝乖乖地坐盆大小便，可需要妈妈不少精力呢。

对宝宝进行IQ测试

语言能力

1.说出自己的小名：

A.会（10分） B.不会（0分）

2.用单音说物名：

A.5种以上（10分） B.4种（8分）

C.3种（6分） D.2种（4分）

3.能背儿歌：

A.全首（20分） B.背两句（10分）

C.背押韵字（5分）

视听能力

1.听名字拿出认识的水果，宝宝能拿对：

A.6种以上（20分） B.5种（10分）

C.4种（5分） D.3种（1分）

2.认识几种形状（圆形、正方形、三角形、椭圆形、长方形、半圆形）：

A.6种（20分） B.5种（10分）

C.4种（5分） D.3种（3分）

动作能力

1.拿蜡笔画长线、为鱼点眼睛、会画圆圈（封闭的曲线），这3项宝宝能做：

A.3项（20分） B.2项（10分）

C.1项（5分）

2.上楼梯：

A.自己扶栏上，两脚交替上台阶（20分）

B.妈妈牵一手上，双脚交替踏一阶（10分）

C.妈妈牵着一手，双脚踏一台阶（5分）

3.踢球时，宝宝：

A.会向一个目标踢球（20分）

B.不必扶物或扶人（10分）

C.扶人扶物才踢球（5分）

D.牵手踢球（3分）

思维能力

1.认识几种交通工具如汽车、马车、自行车、飞机、火车、轮船等：

A.6种以上（20分） B.5种（10分）

C.4种（5分） D.3种（3分）

E.2种（1分）

2.能说出自己“1岁”，或伸食指表示：

A.会说“我1岁”（20分）

B.会说“1岁”（10分）

C.会伸出食指（5分）

数学能力

宝宝能背数到：

A.10以上（20分） B.5（10分）

C.3（5分） D.2（1分）

结果分析

以上全部题目共计200分，得分在100~130分之间为正常，131分及以上为优秀，99分及以下为暂时落后。

- 如果宝宝某项能力的总得分为满分，家长可跨过本月练习，提前进行下月相关训练。
- 如果宝宝某项能力的总得分介于该种能力全部测试题的B项和C项分数和之间，建议家长针对该项能力对宝宝进行上一个月的相关训练。
- 如果宝宝某项能力的总得分小于该种能力全部测试题的C项分数和，建议家长严密注意宝宝是否有相应方面的能力障碍。

宝宝IQ开发与培养

语言能力

正确表达意思

训练目的

让宝宝学会用肯定或否定话语正确表达自己的要求，提高语言能力。

训练方法

1.准备一些日常生活中宝宝易于理解的对话内容。

2.将宝宝的玩具放在宝宝面前，问他：“这是宝宝的玩具吗？”引导宝宝回答“是”或“不是”。

3.妈妈倒一杯水递到宝宝面前，问：“宝宝要喝水吗？”引导宝宝回答“要”或者“不要”。

说出物品的名称

训练目的

丰富宝宝的词汇量。

训练方法

1.将玩具小汽车、娃娃、布偶、积木、叉子、汤匙、杯子、椅子、拖鞋等常见物品摆好。对宝宝说：“这些都是你知道的东西。”

2.逐一把玩具们拿起来，问宝宝：“这是什么？”让宝宝做出回答。如果他不知道，就告诉他：“这是椅子。”并且以温和的态度教他认识各种物品。

3.逐一简单介绍各种物品的用途及使用方法。

视听能力

看小球，找小球

训练目的

增强宝宝的视觉记忆能力。

训练方法

1. 找几个颜色鲜艳的小球放在床上，然后问宝宝：“球球漂亮吗？宝宝喜欢吗？”

2.用毯子将小球盖住（或用罐子把小球扣住），然后问宝宝：“小球不见了，它们都哪儿去了呢？”

3.如果宝宝能够自己掀开毯子（或拿开罐）找到小球，妈妈要奖励宝宝。如果不能，则妈妈可先示范一下，然后让宝宝自己寻找。

思维能力

穿珠子

训练目的

培养宝宝发现规律的能力和逻辑思维能力。

训练方法

1.准备一根线和红、黄、蓝3种颜色的带孔小珠子。妈妈将3颗不同颜色的珠子按红、黄、蓝的顺序摆好，然后再按顺序串，一边串一边跟宝宝说：“看妈妈串彩色项链喽！”

2.重复几次后，让宝宝自己来串，看宝宝会不会按颜色顺序串。串完以后，把项链当成奖品奖励给宝宝。

蔬菜和水果

训练目的

促进宝宝的观察能力和思维能力。

训练方法

1.准备一些干净的蔬菜和水果，如果不方便，也可用蔬菜或水果的图片代替。

2.妈妈先做示范，将蔬菜和水果按类分成两堆。

3.再把蔬菜和水果混合在一起，然后对宝宝说："妈妈不小心将蔬菜和水果混在一起了，宝宝能帮妈妈把蔬菜和水果分开吗？"

4.当宝宝在分开的过程中出现错误时，妈妈可及时指出："萝卜是蔬菜还是水果呢？"让宝宝动脑考虑后再重新分。如果宝宝还不能分正确，妈妈要耐心地告诉宝宝："萝卜是蔬菜，应该放在蔬菜这边。"

妈妈借助卡片教宝宝识别水果和蔬菜，可促进宝宝的观察能力和思维能力。

大盒子，小盒子

训练目的

让宝宝理解大与小的概念，促进宝宝的左脑思维能力的发展。

训练方法

1.把几个大小明显不同的盒子摆在宝宝面前，问宝宝："宝宝，这是什么？"

2.等宝宝指出来以后，再让宝宝把这些盒子按照从小到大或从大到小的顺序排列起来。

做模型

训练目的

提高宝宝对图形构成的理解，培养其创造性。

训练方法

1.准备几张图画纸、一盒蜡笔以及一把剪刀。

2.将边长固定的直角三角形画在图画纸上，多画几个。

3.用红、黄、绿3种颜色给三角形涂上色彩，然后剪下来。

4.把颜色各异的三角形给宝宝，让他按照自己的喜好加以组合，做成各种形状。组合好时，可以问宝宝："这个形状是什么呀？"

对宝宝进行EQ测试

社交能力

1.见熟人能否高兴蹦跳：

A.跳，笑，招手，叫（20分）

B.跳，笑，招手（10分）

C.跳和笑（5分）

D.跳，不带表情（1分）

2.替大人拿东西，如拖鞋、板凳等日用品，宝宝能：

A.拿对4种以上（20分）

B.拿对3种（10分）

C.拿对2种（5分）

D.拿对1种（1分）

3.从胡同口走到自己家，宝宝能：

A.找到自己的家门口（20分）

B.找到自己家的门号或楼门口（10分）

C.走到楼门口但不敢认门（5分）

D.找不到楼门口（0分）

生活能力

1.自己端杯喝水，宝宝能做到：

A.自己端杯不洒，可以放弃奶瓶（20分）

B.自己端杯少洒（10分）

C.妈妈端杯，宝宝双手或单手扶杯（5分）

D.用奶瓶（0分）

2.自己会去坐盆：

A.白天不湿裤子（20分）

B.偶尔湿裤子（10分）

C.每次要妈妈提醒（5分）

D.要人把（1分）

E.用纸尿裤（0分）

3.吃饭时：

A.自己吃全顿饭（20分）

B.自己吃半顿饭（10分）

C.完全由妈妈喂（3分）

D.跑来跑去追着喂（0分）

4.擦鼻涕时：

A.会用手绢和纸巾，叠好手绢放入兜内，把纸巾放入纸篓里（20分）

B.会用手绢和纸巾，用后都放入兜里或都扔掉（10分）

C.会用手绢，但不会叠好（5分）

D.用衣服袖子擦（1分）

5.穿脱宽大的衣服，宝宝能做到：

A.穿脱套头衫（20分）

B.穿脱开衫（10分）

C.穿上开衫（5分）

D.要妈妈帮助穿脱（1分）

结果分析

以上全部题目共计160分，得分在60～100分之间为正常，101分及以上为优秀，59分及以下为暂时落后。

- 如果宝宝某项能力的总得分为满分，家长可跨过本月练习，提前进行下月相关训练。
- 如果宝宝某项能力的总得分介于该种能力全部测试题的B项和C项分数和之间，建议家长针对该项能力对宝宝加强训练。
- 如果宝宝某项能力的总得分小于该种能力全部测试题的C项分数和，建议家长严密注意宝宝是否有相应方面的能力障碍。

宝宝EQ开发与培养

让宝宝自己做小事

擦桌子准备吃饭

训练目的

让宝宝参与饭前的准备工作，从而开始学习帮助妈妈做小事。

训练方法

1.当妈妈说："收拾玩具准备吃饭了"，要及时监督宝宝收拾好玩具。

2.引导宝宝到厨房里拿专门擦桌子的布把桌子擦净。注意要训练宝宝擦饭桌的正确方式：先从四边擦起，围着桌子擦到中间，最后把中间的不净之物收到布内，再拿到厨房，把脏东西扔到垃圾筒里，再把布放在水池里，让妈妈帮助洗净。

3.宝宝擦完桌子后，妈妈要注意提醒他先去洗手再准备吃饭。

4.一般情况下，饭前的桌子基本干净，让宝宝参与饭前的准备工作是为宝宝日后学习餐后收拾桌子做准备的。由此开始让宝宝学习帮助妈妈做一点小事，能使他感到胜任工作的愉快，并且越来越乐意参加餐前劳动。

训练宝宝睡眠的自律性

中午自己上床入睡

训练目的

让宝宝知道自己上床入睡才是好宝宝，从而引导其养成自律的好习惯。

训练方法

1.每天午饭后，提醒宝宝先入厕，然后自己脱鞋，脱去外面的厚衣服，爬上自己的小床赶快入睡。

2.妈妈可以帮助宝宝弄好被子，并把他小床的床栏扣上，拉好窗帘。

3.做完这一切后，妈妈最好马上出去或者也躺下闭眼入睡，而不是拍、哄宝宝，也不要同宝宝说话。一般来说，宝宝看到妈妈不在房间或者也在睡觉，就不会再提出什么要求，而是赶快入睡。

4.连续几天如此，宝宝就会养成午饭后自己上床睡午觉的好习惯，并且能够在上床后很快就入睡。

培养宝宝整洁有序的意识

把玩具放在架子上

训练目的

教宝宝记住每样玩具摆放的地方，不乱放，从而养成有次序摆放物品的好习惯。

训练方法

1.用一个小书架或有格子的小柜给宝宝放他所有的玩具。

2.一排一排地把玩具放进去，让每件玩具都有自己的"家"，然后给每个"家"都安上简单易懂的门牌。并引导宝宝记住与玩具相对应的门牌，从而能够在每次玩完后都把玩具送回正确的"家"。

3.如果宝宝觉得有必要更换某件玩具放置的地方，就把玩具连同门牌标志一起换掉，从而使宝宝养成不乱放玩具的习惯。

4.这个习惯很有用，如果宝宝能够从自己的玩具开始培养起按顺序安放物品的意识，以后其他东西他也会按次序安放，从而养成有次序的生活习惯。

让宝宝学会与人分享

与家人分享美味

训练目的

让宝宝知道想着家人，把好吃的留给他们一份，从而养成关怀别人的好习惯。

训练方法

1.在爸爸因为某种原因需要晚些回家的时候，妈妈可指导宝宝把餐桌上所有好吃的东西都留一份给爸爸。

2.待宝宝明白妈妈的意思后，妈妈可握着宝宝的小手用一只勺子把每样菜都舀出一大勺放在爸爸的碗里。

3.当有好吃的东西时，妈妈要有意识地当着宝宝的面把东西分成几份，然后分给每一位在场的人享用，从而让宝宝渐渐培养起这种意识——好东西要跟大家分享。这样久而久之，宝宝就能养成懂得关心别人的好品质。

让宝宝养成好的卫生习惯

学会擦鼻涕

训练目的

让宝宝懂得保持自己仪容的清洁，养成良好的卫生习惯。

训练方法

1.让宝宝的衣兜内每天都有一条清洁的手绢，并且要让他知道手绢只可以用来擦鼻涕、擦脸、擦手，不可以作为玩具，也不可以让别人使用。

2.告诉宝宝不可以让鼻涕自己流下，或者再吸回鼻子里，甚至吸到嘴巴里吐在地上，因为这样很不卫生。

3.教给宝宝用手绢擦净鼻涕后把手绢用过的一面往里叠，干净的一面朝外，然后再放进衣兜里。

4.当看见宝宝用袖子或衣服的其他地方来擦鼻涕时，要及时纠正和告诉他应该怎么做。很多宝宝不愿意擦鼻涕，是因为妈妈擦鼻涕的动作过于粗硬，让宝宝有恐惧感。所以，妈妈给宝宝擦鼻涕时，动作要轻，以免引起宝宝的反感。

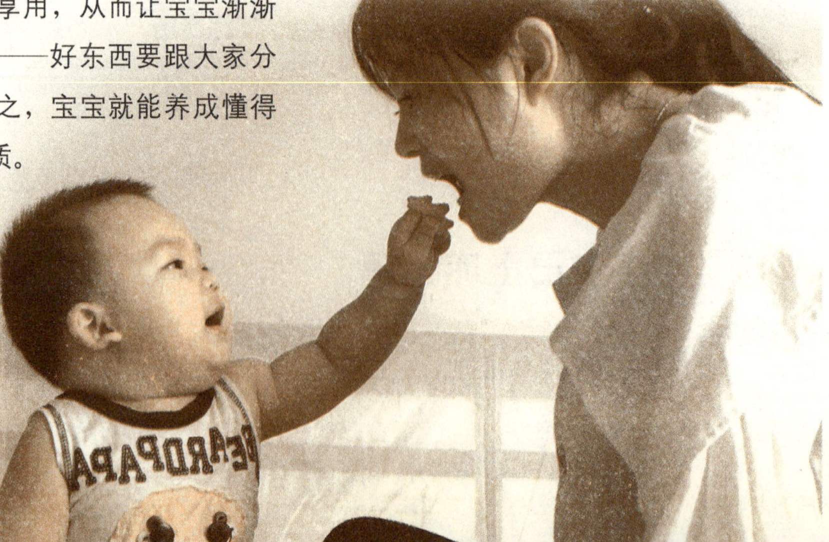

妈妈要培养宝宝乐于与别人分享的好习惯，这样宝宝才能逐渐学会关心别人。

通过游戏培养宝宝各方面的能力

汉字配对

游戏目的

让宝宝拿物与汉字配对，使宝宝认识事物间的关联性。

游戏方法

1.在游戏之前，应先让宝宝先认识其中一种东西的汉字，让他有把握把第一个放对，留下一个生词让他试着放，给他留下印象。

2.父母让刚会走的宝宝把两种水果分别放在这两张字卡下面做配对，看宝宝能否放对。

3.用同样的方法，让宝宝对应着放他能认识的其他食品、玩具和日常用品。

4.从游戏中学到的生词在游戏后必须复习，否则不容易记牢。

游戏提示

1.这个游戏是调动宝宝的全身器官来认字。通过身体的运动，眼看、手拿等多种运动协同才能完成，会比只用听和看留下的印象深一些。

2.刚学来的新词需要经常复习，否则很容易忘记。

我的模仿秀

游戏目的

让宝宝模仿每一个家庭成员时，学认称呼每一个人的汉字，使学习既有趣，又容易记住。在游戏中，也增进了宝宝的情感意识。

游戏方法

1.让宝宝穿上妈妈的围裙，做出炒菜的样子学当妈妈，一面认“妈妈”两个字。

2.让宝宝提着爸爸的皮包，学爸爸去上班的样子，认识“爸爸”两个字。

3.如果爷爷来了，可以让宝宝学爷爷的样子带上老花镜看报，在报上贴“爷爷”两个字让宝宝认识。

4.如果奶奶来了，奶奶经常用针线缝衣服，让宝宝学奶奶的样子，在要缝的衣物上贴上“奶奶”两个字，让宝宝学。

游戏提示

宝宝最喜欢模仿家人了，做这个游戏的同时宝宝也学会了称呼家庭成员的汉字。因为学会称呼正是这个年龄的特点，在会叫人的同时认识称呼大人的汉字就会特别顺利。

我也会布餐

游戏目的

通过这个游戏，可以培养宝宝的责任感，也可以使宝宝清楚数字的概念，同时增强宝宝的社交能力。

游戏方法

1.刚开始先让宝宝排几支汤匙。

2.等宝宝熟练了，可以让他根据人数放相当的汤匙。这样宝宝会先去数人数，然后再数汤匙的数量。

3.因为对汤匙放置的位置有把握了，宝宝应该会放在正确的地方。

4.让宝宝试试放筷子。由于筷子必须是一对的，因此宝宝会为了测量长短，用手将筷子整理好，以便测量长短。

游戏提示

1.让宝宝帮忙布置餐桌，越早开始训练越好。

2.除了很烫的饭或者汤之外，也可以让宝宝试着摆放简单的菜肴。

做个表情吧

游戏目的

让宝宝做出各种表情来增强表达能力。

游戏方法

1.妈妈边说“笑一笑”，边做出笑脸，宝宝会马上跟着做。

2.一边说“试试看做个可爱的表情”“笑一个看看”“皱皱眉头”，一边让宝宝做出各种表情。

在父母的调教下，宝宝也可做出各种搞怪表情，从而增强自己的表达能力。

3.问问宝宝：“哪种表情最漂亮呢？”

4.如果宝宝回答笑脸最漂亮的话，不妨对宝宝说：“对着镜子笑一个吧！”

游戏提示

和宝宝一起讨论在高兴、悲伤时会有什么表情，并做做看。

身体绘画

游戏目的

这个游戏能启发宝宝天生具有的艺术性。

游戏方法

1.在地上把报纸摊开。

2.在几个碗里，分别挤出不同颜色的水彩颜料。

3.让宝宝只穿内裤，然后在报纸上随意画画。

4.手掌、脚掌、手背、膝盖、肩膀等部位分别涂上水彩后，在报纸上抹抹看。

游戏提示

也可以教宝宝把钮扣或橡皮沾上颜料，在报纸上盖印。

图画盖子对一对

游戏目的

通过找另一半的游戏，可以开发宝宝的脑力，帮助宝宝了解事物的特征。

游戏方法

1.在彩色纸上画好图案后剪下来。

2.将剪下的图贴到塑料奶粉盖上。

3.用剪刀把塑料奶粉桶盖剪成两半。

4.剪成两半的图会变得较难区分、辨认，要耐心教宝宝。

5.让宝宝看图找出正确的另一半。

游戏提示

也可以贴上英文字母或数字来玩。还要注意奶粉桶的盖子不要划伤宝宝。

按颜色分珠子

游戏目的

让宝宝通过动手，认识不同颜色的汉字，培养宝宝的视觉能力和色彩认知能力。

游戏方法

1.把有6种颜色珠子的盒子给宝宝，让宝宝分到每个盒子里。

2.第一次妈妈可以帮助宝宝把汉字念出声音，以后让宝宝自己放入，把每种颜色的珠子分完。

3.宝宝每次放入时都会看到这种颜色的汉字，多放几回就记住了。

4.以后再玩时，妈妈不必帮助，让宝宝自己找相应颜色的汉字的盒子放入珠子。

游戏提示

认字也要多个感官同时活动，才能增强印象。

认识小床

游戏目的

帮助宝宝理解物体与物体间的特殊关系，提高宝宝语言表达能力。

游戏方法

1.抱着宝宝仔细看他的小床。

2.指着小被子说：“这是宝宝的小被子，睡进去好暖和。”

3.指着小枕头说：“这是宝宝的小枕头，睡上去香香的。”

4.指着宝宝的小床说：“这是宝宝的小床，它是宝宝的好朋友。”每次都要宝宝告诉你，他该在什么地方睡觉。

5.多重复，宝宝能够准确指出自己的小床、被子和枕头。

游戏提示

1.宝宝大一点后，可以让他练习认识家门。每次带他出门，都可以将住址周围的特点描述给他，让他记住家门。

2.进入别人家门时小心宠物，别吓着宝宝。

3.教宝宝讲礼貌，做得不对，能对邻居说对不起。

海绵作画

游戏目的

通过训练培养宝宝的想象力、创造力，从而提高宝宝的创造性思维能力。

游戏方法

1.为宝宝准备一个不怕被水弄湿的角落，妈妈先教宝宝怎样把海绵弄湿，把多余的水挤掉。在地上随意画图案，让宝宝观察。

2.接着让宝宝自己拿海绵随意作画。

3.宝宝也可能对水桶和海绵更感兴趣，用海绵吸饱了水，挤掉，再吸满……

1.5~2岁

快满2岁是宝宝成长过程中的又一个里程碑阶段。人体各部位的发育速度以大脑为最快。此时，宝宝的脑神经细胞体积增大，大脑机能逐步发挥作用，因此，对宝宝进行早期教育与训练就显得非常重要。

宝宝的生长情况

1.5~2岁宝宝身体发育一览表

	男宝宝	女宝宝
身高	平均85.1厘米 (78.6～91.6厘米)	平均83.8厘米 (77.4～90.2厘米)
体重	平均12.05千克 (9.5～14.6千克)	平均11.4千克 (9～13.8千克)

牙齿基本长全

2周岁时，绝大多数宝宝的牙齿颗数平均为16颗，即在已长出的上、下切牙和前磨牙的基础上，又长出4颗尖牙。只余下4颗后磨牙还未长出。

脑中出现表象

1～2岁是宝宝表象出现的时期。表象是指人的头脑中所保持的客观事物的形象。1岁半的宝宝会在头脑中回忆起妈妈，看到与妈妈相关联的东西也会想起妈妈，因此1岁半的孩子爱哭，可能因为宝宝的表象和回忆发展了，不能笼统地指责宝宝不服哄、任性。对于1岁半的宝宝可以利用数字化媒体进行有效教育，让他们更好地接触周围的人和事物。

宝宝的养育要点

不要大力摇晃宝宝

当宝宝被剧烈摇晃，可能导致脑部受伤，甚至严重出血。脑科专家解释说，宝宝的脑部易受损，因此摇晃宝宝的动作，会使脑部在撞向头骨时，血管撕破爆裂，造成内伤，如脑部出血或脑细胞死亡。

由于宝宝较难控制他们的颈和头部，再加上他们的头相对比较大，大力摇晃更容易使宝宝受伤，即使没有导致死亡，也有可能会使宝宝变得迟钝，或是身体瘫痪。

控制果汁饮用量

要控制宝宝甜果汁的饮用量，可以在白开水中加入1片橘子，或者将纯果汁的浓度适当稀释。要知道，果汁不仅不含水果所有的纤维素，还会降低宝宝的食欲。半杯浓果汁就含60～75卡路里热量。

早教要点

进行早期的安全教育

亲爱的宝宝越长越大，可以有更多的能力自己玩耍，做妈妈的也终于松了一口气。但是宝宝各种能力的提高，也同样意味着遭遇危险的概率大大增加。没有比安全问题更让爸爸妈妈担心的了，所以，教给宝宝一些安全常识，是早期教育中重要的一环。

防止意外的教育

要告诉宝宝，什么东西是会给他带来伤害的。譬如，当宝宝要去玩暖水瓶时，父母要告诉宝宝，开水会烫着。可以当着宝宝的面，倒出少许开水，稍停片刻，让宝宝摸一下，让他有感性认识。

防止伤人的教育

宝宝在游戏中常不知轻重，有时就会伤着对方或被对方伤害。有些父母在宝宝被打之后，经常说："他打你，你就狠狠打他！"宝宝在动手打架时，就会真的狠狠打，使对方受伤甚至致残。所以要教给宝宝尊重生命的观念，在平时讲故事时，给他灌输这方面的内容。要告诉宝宝不能用石头、棍子打人，也不能用手去触对方的眼睛，不能推小朋友，不能咬小朋友等等。

必要的安全措施

周岁以后的宝宝运动能力飞速发展，很快他就要会走、跑、跳了，由于活动量的增加，照顾起来就更吃力了。这个时期，宝宝经常会磕磕碰碰，因此，安全问题尤为重要。

- 随着宝宝活动范围的扩大，家中的危险物品（如刀叉、针、玻璃制品等）都要收好或放好。
- 宝宝的牙齿已经逐渐增多，但咀嚼能力仍然有限，应避免让他吃过硬的食物，如花生、瓜子、松子等；而桂圆、荔枝、杏等带核的食物要先剔除核，以免噎着宝宝。
- 不要让宝宝单独在阳台或窗户旁玩，尤其注意不要让他踩着小板凳登高，以免坠落。
- 这个时期的宝宝要么畏惧药品，要么不分种类，极端爱吃药片，因此要把药品放在安全的地方。

让宝宝独自在窗户边玩耍是一件很危险的事情，父母在宝宝活动能力增强后尤其要注意这点。

训练宝宝遵守纪律

在对周围事物无所认识的时候，宝宝很难明白什么是规矩。不过，当宝宝长到1半岁左右，情况就不同了。在6～12个月期间，父母对宝宝说“不”时，他开始有所领悟——从他否定的反应里，可以看出他听懂了。当他紧盯着父母，父母越不让他去做的事他偏要做时，这就是父母行使纪律之时了。从这一刻起，训练宝宝懂得约束的进程也就开始了。

父母可以自己做主，拟定一套自己希望宝宝能遵循的纪律。这纪律的拟定，在很大程度上由你的态度决定，以你在孩提时父母对你的约束的记忆为基础。

尽管你希望你的小宝宝听话、服从、讨人喜欢，但你还得做好他偶尔会挑战你的权威的准备。如果必要的话，提醒自己说：我的宝宝和别的宝宝没什么两样，我可以和其他为人父母者一样教育好孩子。

培养宝宝的合作意识

培养宝宝的合作精神，首先应从宝宝和父母合作开始。一般说来，宝宝是愿意与父母合作的，因为亲子合作的过程是互动需要的满足，而合作的成果又能提高自我概念。但有时宝宝也会不合作，令父母深感头痛。形成这种情形的原因是比较复杂的，需要做具体分析。

- 宝宝未能理解父母的意图和父母未能理解宝宝的特点。
- 父母双方的要求不一致，意见不一致，使宝宝无所适从，也导致宝宝不知怎么与父母合作。
- 有时，宝宝会用不合作的表现来试探一下父母的态度，看看父母到底会对他怎么样。

为了赢得宝宝的合作，父母一定要把做这件事情的意图告诉宝宝，让他知道为什么要这样做，不这样做会有什么后果。同时，父母要充分考虑宝宝的生理、心理特点，不能要求过高、过严；父母的意见要一致，不要当着宝宝的面争论。

此外，不要用乞求的口气和表情去感动宝宝，以求宝宝合作。如果宝宝坚持不合作，你可以对宝宝这种不合作的行为暂时不理睬，“忽视”一段时间，再另找合适的机会。

对宝宝进行IQ测试

语言能力

1.宝宝能说清楚大人姓名，父母、爷爷、奶奶、阿姨、叔叔等：

A.3人以上（20分）

B.2人（10分）

C.1人（5分）

D.不能说清楚（0分）

2.会唱几首歌：

A.宝宝唱音和吐字都正确（20分）

B.会唱一首，并且音调和吐字都正确（10分）

C.大概会唱，基本能辨认出是什么歌（5分）

D.会唱但不能辨认是什么歌（3分）

视听能力

1.宝宝能说出自己所画东西的名称，如铅笔、鸡蛋、大山、小鸭子等：

A.5种以上（20分）

B.4种（10分）

C.3种（5分）

D.2种以下（1分）

2.宝宝会贴脸谱（眉毛、眼睛、鼻子、嘴唇、耳朵）：

A.5种（20分）　　B.4种（10分）

C.3种（5分）　　D.2种（1分）

动作能力

1.按顺序将套塔套入套盒内时，宝宝能：

A.全部正确套上（20分）

B.套入8个（10分）

C.套入6个（6分）

D.套入4个（4分）

E.套入2个（2分）

2.学跳时，宝宝能：

A.自己双脚离地跳（20分）

B.自己扶物跳（10分）

C.父母牵双手从最后一级台阶跳下（5分）

D.父母各牵一手向前跳（3分）

思维能力

1.宝宝能说出图书或图画中人物的职业和称呼：

A.4人以上（20分）　　B.3人（10分）

C.2人（5分）　　D.1人（1分）

2.在布巾下放形块，用手在布上摸猜如圆形、正方形、三角形、长方形及其他形块时，宝宝能：

A.猜对4个以上（20分）

B.猜对3个（10分）

C.猜对2个（5分）

D.猜对1个（3分）

3.宝宝能用颜色形容常用的东西：

A.4种以上（20分）　　B.3种（10分）

C.2种（5分）　　D.1种（1分）

结果分析

以上全部题目共计180分，得分在80~110分之间为正常，111分及以上为优秀，79分及以下为暂时落后。

- 如果宝宝某项能力的总得分为满分，家长可跨过本月练习，提前进行下月相关训练。
- 如果总得分介于该种能力全部测试题的B项和C项分数和之间，建议家长针对该项能力对宝宝进行上一个月的相关训练。
- 如果宝宝某项能力的总得分小于该种能力全部测试题的C项分数和，建议家长严密注意宝宝是否有相应方面的能力障碍。

宝宝IQ开发与培养

语言能力

和玩具聊天

训练目的

激发宝宝的想象力和语言交流能力。

训练方法

1.准备一个色彩鲜艳的小猪玩具。

2.妈妈拿着玩具，引导宝宝和小猪聊天："小猪宝宝长得真可爱，宝宝长得可爱吗？"鼓励宝宝回答，让他和小猪宝宝聊天。

3.玩熟后，妈妈可以拿出家里其他的玩具，引导宝宝和它们聊天。

动作能力

小猫吃鱼

训练目的

让宝宝练习攀登及蹲下的动作，促进其肢体协调性和平衡性。

训练方法

1.在硬纸板上画几条小鱼，涂色后剪下。

2.将小鱼分列摆在几层高度不同的台阶上，然后让宝宝扮成小猫，在妈妈的儿歌提示下做动作。

3.妈妈说儿歌："小花猫，上高台。吃完鱼，走下来。"

4.如果宝宝不知道具体怎么做，妈妈可先示范一次。

5.让宝宝从低层弯腰取高层的小鱼，再从台阶上自己走下来。

思维能力

配对游戏

训练目的

发展宝宝的认知能力，从而提高宝宝的右脑形象思维能力。

训练方法

1.妈妈把画有雨点、雨伞、绳子、剪刀的图片摆在宝宝的面前。

2.拿出画有雨点的图片问宝宝："外面下雨了，你出门时该拿什么？"

3.引导宝宝将画有雨伞的图片放在画有雨点的图片的旁边。

4.再拿出画有绳子的图片问宝宝："什么东西能够把绳子剪开？"引导宝宝回答："剪刀。"

5.让宝宝将画有剪刀的图片放在画有绳子的图片的旁边。

6.妈妈可以不断变换日常用品的图片，以加深宝宝的认识，丰富宝宝的知识。

猜谜语

训练目的

培养宝宝的形象思维能力。

训练方法

1.准备好几个生动形象的谜语和相应的图片。

2.告诉宝宝说："今天要给宝宝猜几个谜语，宝宝要认真听好啦。"

3.然后开始说谜语，如"嘴像小铲子，脚像小扇子，走路晃膀子，'嘎嘎'唱歌子""红火球，天上挂，世世代代它当家，又发光，又发热，世世代代全靠它"等等。

4.宝宝猜出来后，父母拿出相应的图片给宝宝看，以加深其印象。如果宝宝一时猜不出来，父母可以予以适当提示。

数学能力

数数

训练目的

培养宝宝的计算能力。

训练方法

1.准备一些玩具。如果玩具不多，也可用家中的小型家什当道具。

2.先跟宝宝口头练习一下数数，如可与宝宝一起数“1、2、3、4、5”，或是说一些数数的儿歌，如“一二三四五，上山打老虎”等。

3.接下来由父母先提问：“那么电灯在哪里呢？”

4.宝宝找着电灯后，再告诉宝宝：“那你数数看，咱们家一共有几盏灯？”引导宝宝伸出小指头一边点一边数，然后让宝宝说出数字。

5.同样的训练还可以用其他道具进行，如“椅子在哪里？”“玩具小狗在哪里？”等。

认识几何形状

训练目的

让宝宝认识圆形、长方形、正方形、三角形等几何形状。

训练方法

1.把一张画有各种不同几何形状的硬卡片摆在宝宝面前，分别告诉宝宝图中形状的名称。

2.将图中的圆形、长方形、正方形、三角形剪下来。

3.父母用手指某一种形状，让宝宝说出其名称。也可由父母说出几何图形的名称，让宝宝用手指。

4.将已经被剪掉图形的硬纸片放平，把剪下来的几何形状放到图形旁边，让宝宝根据父母要求的顺序将圆形、三角形等放回到原来的地方去。

该训练中的各种几何图形大小要适宜，颜色也要统一，以便于宝宝初学阶段的掌握。

另外，在平时的生活中还可以随机告诉宝宝他看到的皮球是圆形的、餐桌是长方形的等等。

对宝宝进行EQ测试

社交能力

1.喜欢躲藏让人寻找（门后、柜子后、桌下、床下等）：

A.能藏到3处不同的地方（20分）

B.能藏到2处不同地方（10分）

C.总是藏到一个地方（5分）

2.同小朋友在一起时，宝宝：

A.会同人打招呼，笑，点头（20分）

B.有笑容，喜欢和小朋友在一起（10分）

C.动手抢别人的玩具（5分）

D.躲开别人自己玩（3分）

E.在妈妈身边不与其他的小朋友接近，也不会打招呼（1分）

3.听从上超市前的嘱咐（听话有奖、不得自己要求购物等），宝宝：

A.让妈妈满意得奖（20分）

B.基本满意未能得奖（10分）

C.生气但未发作（5分）

D.哭闹要求购物（0分）

4.妈妈帮助穿裤子时，宝宝会：

A.自己伸腿入两个裤管内（20分）

B.自己伸腿入1个裤管内（10分）

C.妈妈握腿放入裤管内（5分）

D.不肯穿裤子（0分）

5.脱鞋袜时，宝宝能：

A.动手去脱掉鞋袜（20分）

B.自己用脚蹬去鞋袜（10分）

C.蹬去鞋子（5分）

D.让妈妈帮助脱掉（0分）

生活能力

1.擦鼻涕时，宝宝：

A.会逐个鼻孔擤鼻涕，并且擤完后自己擦干净（20分）

B.自己会用手绢或纸巾，擦完叠好或扔掉（10分）

C.会用手纸，用完扔掉（5分）

D.需要妈妈帮助（0分）

2.吃饭时，宝宝能：

A.拿筷子吃饭（20分）

B.完全能够自己用勺子吃干净碗里的食物（10分）

C.吃去一大半（5分）

D.吃去一半（3分）

E.要人喂（0分）

结果分析

以上全部题目共计140分，得分在50～80分之间为正常，81分及以上为优秀，49分及以下为暂时落后。

- 如果宝宝某项能力的总得分为满分，家长可跨过本月练习，提前进行下月相关训练。
- 如果宝宝某项能力的总得分介于该种能力全部测试题的B项和C项分数和之间，建议家长针对该项能力对宝宝加强训练。
- 如果宝宝某项能力的总得分小于该种能力全部测试题的C项分数和，建议家长严密注意宝宝是否有相应方面的能力障碍。

宝宝EQ开发与培养

让宝宝不乱动别人的东西

是谁的

训练目的

让宝宝懂得每件物品的所属和所属者的称谓，知道不应当随便动用别人的东西。

训练方法

1.从分拖鞋开始训练宝宝，先让宝宝认识一家三口的拖鞋——最小的鞋是宝宝的，中号的鞋是妈妈的，最大的鞋是爸爸的。

2.在宝宝认识的过程中，妈妈可让宝宝相应地重复："这是我的""这是妈妈的""这是爸爸的"，以增强他头脑中"谁的就是谁的"的意识。

3.告诉宝宝每样东西都有其固定的使用者，为了不影响别人使用，谁都不应该乱动别人的东西，否则别人就会因为找不到而着急。

4.如果宝宝因为逆反心理而偏要乱动别人的东西，爸爸妈妈可以用藏起他最喜欢的玩具的方式来小小地“惩罚”他一下，以让他体会到找不着自己想要的东西的感觉。

培养宝宝知错就改的意识

做错事时会感到歉意

训练目的

让宝宝知道出错时应感到歉意，并应勇于承担责任，还要自己想办法预防和避免出错，而不是一味地怪罪客观因素。

训练方法

1.宝宝小时，当他因撞到家具而碰疼时，为了哄宝宝不哭，有些妈妈往往装作很生气的样子骂家具不好，让宝宝撞疼了；或者因为踢到路面障碍而摔倒时，妈妈也往往会用指责地面不好来哄宝宝高兴。这种方式往往会让宝宝形成这样一种认识，只要是自己不舒服，就是其他原因造成的。所以，妈妈要学着纠正用这种方式哄宝宝。

2.当宝宝再因为碰到家具而疼得大哭或因摔倒而生气时，妈妈要耐心指导宝宝，让他首先感觉到是由于自己不小心造成的，责任应该自己承担。然后再告诉宝宝正确的处理态度——以后走路小心些，或想办法绕过障碍而不是强求它不碰自己。这样宝宝就会渐渐养成不再怪罪他人他物的正确心理。

3.同理，当宝宝无意撞倒另一位宝宝时，妈妈要教育宝宝主动道歉，并马上扶起被他撞倒的宝宝，还要关心一下对方是否摔伤了，从而使宝宝掌握正确处理冲突的方式。

训练宝宝对别人的行为作出正确的反应

口令与行动

训练目的

让宝宝学会如何对别人的行为做出正确反应，帮助宝宝学习与人交往的技巧，从而提高其人际交往能力。

训练方法

1.逗一逗宝宝，让他高兴起来，有跟自己玩游戏的情绪。

2.先竖起拇指让宝宝看，然后引导宝宝也同样竖起拇指，贴住妈妈的拇指并比妈妈的拇指高出一截。

3.妈妈也可以训练宝宝玩正步走。妈妈与宝宝并排而站，妈妈像军人一样正步走，同时口里喊着口令：“一、二、一、二……”并让宝宝也学着妈妈的样子正步走。

4.待多次重复宝宝熟悉后，妈妈也可加进新训练项目：齐步走、跑步走、立正、向左转、向右转。不仅可以让宝宝学会分清左右，还能让宝宝学会立即、正确反应别人的行为。

训练宝宝自己洗脚

练习洗脚

训练目的

让宝宝学习自己洗脚，并且知道在睡前如果不洗澡也应洗脚，从而使他自觉保持清洁，并越来越会服务自我，减少妈妈照料人的辛劳。

训练方法

1.告诉宝宝晚睡前如果不洗澡就应该洗脚，并可告诉宝宝洗脚的好处——既能保持个人卫生，也能让双脚即便在冬季时都保持暖和，从而有利于入睡。

2.给宝宝准备好半盆温水，然后让他坐在小板凳上，自己脱去鞋袜，把双脚泡在温水里。

3.双脚都润湿后，再用手沾沾香皂，然后像洗手那样把香皂搓遍全脚，连脚趾缝也要一个个都搓到，然后再放入清水中冲洗干净。

4.洗完后，自己用干毛巾擦干，穿上拖鞋，再把其他用品收拾好，这个过程中尽量不让别人代劳。

5.妈妈要鼓励宝宝自理。如果宝宝倒水有困难，妈妈可暂时帮助他一下，待他大些时再自己倒洗脚水，但小的东西还是要让宝宝自己收拾的。

通过游戏培养宝宝各方面的能力

和娃娃玩

游戏目的

通过游戏培养宝宝的社交能力，增强宝宝的情感交流能力。

游戏方法

1.首先让宝宝帮娃娃取个好听的名字。

2.帮娃娃梳头或是换衣服。

3.让宝宝带娃娃坐在喜欢的地方，或是躺在睡觉的地方。

4.告诉宝宝如果胡乱敲打娃娃的话，娃娃是会痛的。

5.教宝宝和娃娃互相碰碰脸颊，打打招呼，寒暄一下。这样宝宝会觉得与娃娃之间有着很强的亲密感。

游戏提示

1.宝宝如果总是和娃娃腻在一起，会影响宝宝其他方面能力的发展，妈妈要指导宝宝和娃娃保持正确的关系。

2.即使贵了点，也要选择触感佳、表情富变化的娃娃，当作宝宝的礼物。

刷牙

游戏目的

这个游戏可以让宝宝学习使用东西的方法，培养宝宝的生活自理能力。

游戏方法

1.把杯子、汤匙、牙刷等物品放在桌上。

2.拿起其中一个交给宝宝，让他模仿要如

何使用。

3.妈妈拿起牙刷，做出刷牙的样子。

4.这次让宝宝拿起一个模仿看看。

游戏提示

即使宝宝拿着牙刷做出毫不相干的动作，也可以说是会用牙刷了，这时请不要阻止他，反而要鼓励他。宝宝拿着杯子，也可以模仿在花上浇水的样子。

及早让宝宝学会刷牙，不仅可以提高宝宝的生活自理能力，还可以保护宝宝的牙齿健康。

球滚回来

游戏目的

培养宝宝的合作精神，体验合作的快乐。

游戏方法

1.和宝宝面对面地坐着，手里拿着一个球。

2.喊着宝宝的名字，让宝宝看着自己，然后再把球滚过去。

3.让宝宝把球滚回来。

4.妈妈把球滚向宝宝的时候，说："小球滚向宝宝。"

5.当宝宝把球滚向妈妈的时候，说"小球滚向妈妈。"

游戏提示

宝宝已经到了喜欢滚球的年龄了，把球滚给宝宝，再让宝宝把球滚回来，可以培养宝宝的运动技能。可以在地板上设置几个障碍，为他提供一些可以解决的方法，让他自由选择，

早上好

游戏目的

通过游戏能够提升宝宝的语言能力，也可以为培养社交能力打基础。

游戏方法

1.让宝宝和自己的玩偶打招呼。

2.把玩偶放在宝宝容易看见的地方。

3.试着这样问宝宝："不错的早晨呢！""今天想玩什么呀？""我们今天玩过家家吗？"

4.妈妈也和宝宝一起向玩偶打招呼。

游戏提示

父母可以抓住机会，随时随地陪宝宝做类似的游戏，比如，和宝宝说"中午好！""晚上好！"等等。

给宝宝读报纸

游戏目的

全面开发宝宝的语言能力，让宝宝更好地了解这个世界，培养宝宝的社交能力。

游戏方法

1.先看宝宝最喜欢的版面，可能是广告版、电视节目介绍、天气预报、运动版等等。

2.如果有宝宝喜欢的电视节目的话，请告知宝宝播出时间。

3.看看天气，问宝宝该穿什么衣服。

4.漫画也会引起宝宝的注意。

5.请妈妈将宝宝感兴趣的内容一字不漏地念给宝宝听。

6.宝宝问问题的话，请先暂停，等回答完问题以后，再继续念。

7.请将宝宝喜欢的图或照片剪下来。

游戏提示

并不是只有妈妈关心世上的事，宝宝更加关心。妈妈和宝宝一起看报纸，可以养成宝宝读书的习惯。

熊宝宝的悄悄话

游戏目的

训练宝宝清晰正确的发音，培养宝宝的语言组织能力。

游戏方法

1.妈妈把宝宝喜欢的一个毛绒动物玩具（如玩具熊）举到耳边，假装正在听它说话。

2.悄悄地告诉宝宝，玩具熊在说：“我们一起玩吧！”

3.说“我们一起玩吧”的时候，用具有引导性的语调，同时要将玩具熊放到宝宝面前。

4.将玩具熊交给宝宝，帮着他问：“玩具熊，你在说什么？”然后马上回答。

游戏提示

继续做这个游戏，问问宝宝房间里不同的玩具或是物品都说了什么。比如，扮做一把椅子说：“我是一把椅子，谁想坐上来？”，假装玩具或物品说话时，要用一种具有引导性的语调。

小小乐队

游戏目的

让宝宝用耳朵听、用手敲打，认识不同材料的不同音色，从而发展宝宝的听觉能力。

游戏方法

1.爸爸妈妈敲着3种不同的罐子，让宝宝用耳朵仔细听听罐子所发出来的声音，然后请宝宝闭上眼睛听，猜一猜是哪一个罐子的声音。

2.让宝宝站在中间，然后爸爸妈妈从远处敲打其中一个罐子，让宝宝闭上眼睛指出声音的来源。

3.让宝宝用棒子敲打任何东西，包括门、窗、桌子等，了解音色的不同。

4.用各种瓶瓶罐罐及大纸箱当成乐器，配上音乐，请宝宝来一场即兴的演奏。

游戏提示

1.不要让宝宝敲打易碎物品，避免宝宝受伤。

2.要适时给予宝宝赞美，让宝宝更乐意尝试。

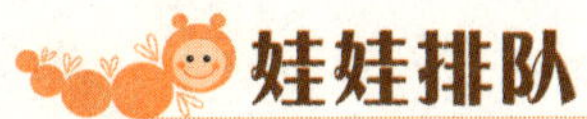

娃娃排队

游戏目的

通过游戏让宝宝认识顺序的概念。

游戏方法

1.妈妈坐在地上，把布偶随意放在一起，然后对宝宝说："你让布偶排好队，一个接着一个让妈妈抱抱它们。"

2.教导宝宝如何把凌乱的布偶一个接一个地整齐排列好，然后问问宝宝，谁是第一个和最后的一个。

游戏提示

若宝宝对游戏感兴趣，可增加布偶的数量。

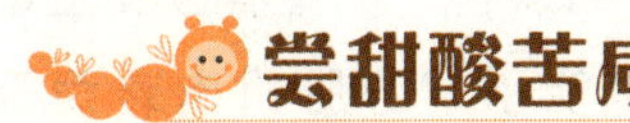

尝甜酸苦咸

游戏目的

这种游戏方式除了可以帮助宝宝认知不同食物的味道，还能让他理解不同味道的食物各有功能。

游戏方法

1.首先，妈妈要跟宝宝谈谈这些食物的名称和自己的经验。如："橙子含有丰富的维生素C，多吃对身体有益。""苦瓜是高纤蔬菜，同样含有丰富的营养，妈妈最爱吃。"

2.接着引导宝宝逐一尝尝食物的味道。譬如尝过苦瓜后，妈妈可以问宝宝苦的时候怎么办？吃药很苦，加点糖有效吗？刺激宝宝从多角度看待"苦"。

游戏提示

1.在游戏过程中，尽量跟宝宝讨论食物的味道，不要提及形态、颜色等.让宝宝全神贯注地辨别味道。

2.每吃完一种食物后喝几口水，边吃边谈食物的味道。

讲见闻

游戏目的

训练宝宝连续讲述一件事情的能力，培养宝宝的语言连贯性，从而提高宝宝的语言能力。

游戏方法

1.父母可以先让宝宝干一件事情或去一个地方，如周末带宝宝去动物园等。当宝宝回到家后，父母可以启发宝宝做较完整的讲述。

2.比如什么时候、和谁去哪里、都看见了什么等。

3.可反复进行2～3次。

游戏提示

一开始，宝宝很可能是断断续续地讲述，父母要逐步引导宝宝较完整地讲述一件事情。

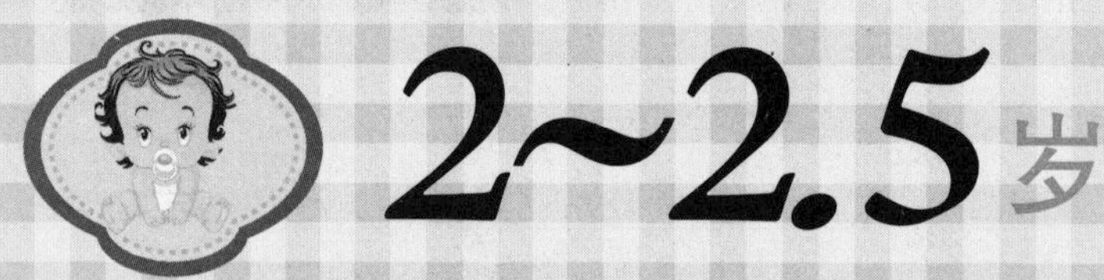

2~2.5岁

宝宝就快两岁半了。两年多来，宝宝发生了巨大变化，不知不觉中襁褓里的小宝宝已经变成一个古灵精怪的小鬼头了。两年多的辛苦操劳现在初见成效，健康活泼的宝宝是父母得到的最大回报。

宝宝的生长情况

2~2.5岁宝宝身体发育一览表

	男宝宝	女宝宝
身高	平均92.3厘米 (85.8～98.7厘米)	平均91.3厘米 (84.9～97.7厘米)
体重	平均13.55千克 (10.9～16.2千克)	平均13.1千克 (10.5～15.7千克)

进入第一反抗期

这阶段的宝宝自我意识有了很大的发展，宝宝知道“我”就是他自己，并产生了强烈的要摆脱大人的独立性倾向，什么事都要抢着自己去干，尽管干不好也不要别人帮忙。有时表现为不听大人的话，对大人的要求或指令产生对抗或违拗，宝宝已进入心理学上所称的“第一反抗期”。

开始“苗条”起来

2～2.5岁这个年龄阶段的宝宝，身长、体重均处于匀速生长阶段，而神经的发育仍较快，脑的功能正在逐渐成熟。但身高增长的速度相对高于体重增长的速度，因此，即使原来是胖乎乎的宝宝，到了现在这个年龄阶段也开始“苗条”起来了。

宝宝的养育要点

食物不要太咸

宝宝的肾脏发育尚未成熟，没有能力排除血液中过多的钠，因而很容易受到食盐过多的损害，严重者会发生肾盂肾炎，还可能引起心脏肌肉衰弱等疾病。再者吃咸了，宝宝会在饭后大量饮水，冲淡了胃酸的浓度，还会影响消化。因此宝宝的食物不能太咸。

教宝宝学漱口

应教会宝宝将水含在口内、闭口，然后鼓动两腮，使漱口水与牙齿、牙龈及口腔黏膜表面充分接触，利用水力来回冲洗口腔内各个部位，使牙齿表面、牙缝和牙龈等处的食物碎屑得以清除。可以先做给宝宝看，让宝宝边学边漱口，逐步掌握。

早教要点

引导宝宝的反抗行为

宝宝到2岁前后，运动功能发达，能够自由行动了，加之其语言能力也迅速发展了，能理解物体和语言的关系了，这更加勾起了宝宝的好奇心。另一个原因是在这之前已经建立了牢固的亲子关系，宝宝产生了安全感，即使离开父母也不要紧。

许多宝宝在2岁左右会平生第一次大发脾气。宝宝在小的时候也许发过火，但随着其预见能力越来越强，其失望感也就越来越强烈。期望值越高，其挫败感则越强。起初，对大多数对抗期宝宝来说，他们的愤怒情绪多半都是由某件东西诱发的，如卡在椅子背后的玩具，或者拼板塞不进拼图框里去。随后，越来越多的情况是，有些宝宝的怒气指向了父母：妈妈不肯打开冰箱的门，或者爸爸把面包切成了两半，而他要的是一个完整的面包。

宝宝在2岁前后会有反抗意识，容易发脾气，父母对此最好不予理睬，让宝宝自己平静下来。

对发脾气的宝宝，父母最好采取不予理睬的态度，不要试图去安抚宝宝。如果父母对宝宝发脾气的问题关注较多，无论这种关注是积极的还是消极的，都有可能产生相反的效果。

对宝宝多称赞少责备

多夸奖宝宝，能使宝宝建立起自信，“自己是受父母宠爱的”，情绪也就很稳定。因此对于称赞宝宝的问题，父母不要过多考虑，不断地夸宝宝就行了。但是对于别人说的话还听不太懂，行动和判断力都远未成熟的宝宝，怎样称赞才能表达出父母的心情？具体方法如下：

- 当宝宝做对事情的时候，父母一定要予以夸奖，如果是做错事情，也一定要予以斥责。但父母亲千万不能以自己当时心情的好坏来赞美或责骂，因为这样做将会导致宝宝心生迷惑和无所适从。
- 当宝宝的所作所为值得称赞时，父母可以利用购买他一直想要得到的东西，或带他到他希望去的地方等方法鼓励他保持这种行为。

保护宝宝的好奇心

打击压制宝宝的好奇心，也就扼杀了宝宝探索事物的欲望。因此，父母

要精心保护宝宝的好奇心，并在保护的基础上，对宝宝的好奇心进行科学的引导，让宝宝的好奇心发挥出更多作用。

同时，要逐步地教育宝宝有不能做的事情。譬如当宝宝开始乱画乱涂时，有的父母会把家中墙壁都贴上纸，不过，这样一来当宝宝到别人家玩时或许也会到处乱画。

所以，要教育宝宝在什么地方可以画，而在什么地方不可以画。

不要不问情由就斥责宝宝，如果反复地教育，宝宝慢慢也会知道事情有限度，而且还会产生自信，知道自己所做的事情受到父母肯定，父母是疼爱自己的。

当然，当宝宝做出玩电源插头、煤气开关等危险的动作时，父母一定要以认真严肃的语气警告宝宝："这绝对不可以！"当看到平常和蔼宽容的爸爸妈妈摆出严厉的面孔，宝宝也会懂得这件事是不能做的。

培养宝宝的积极性

父母常常会挫伤宝宝的积极性。因为当宝宝要做什么游戏时，在父母眼中大多是毫无意义的。其实，在宝宝的眼中，没有什么无意义的。在这些游戏中，宝宝会通过自己反复试验获得体验，从而培养出学习的积极性。培养宝宝的积极性，父母必须创造一个环境，让宝宝能找到自己想干的事情。此外，父母要多加鼓励，这不仅会使宝宝受到激励，并能使宝宝产生一种"连锁反应"——对新知识的学习和对旧知识继续努力巩固的愿望。另外，当宝宝找到了想做的事情后，父母只需守望着宝宝去进行挑战。尽管父母明白守望的重要性，但是等候到令人焦急时，或者宝宝在眼前遭遇了失败，实际上父母很难做到不插手。这种能守望的耐性，一直到青春期，父母都是最需要的。

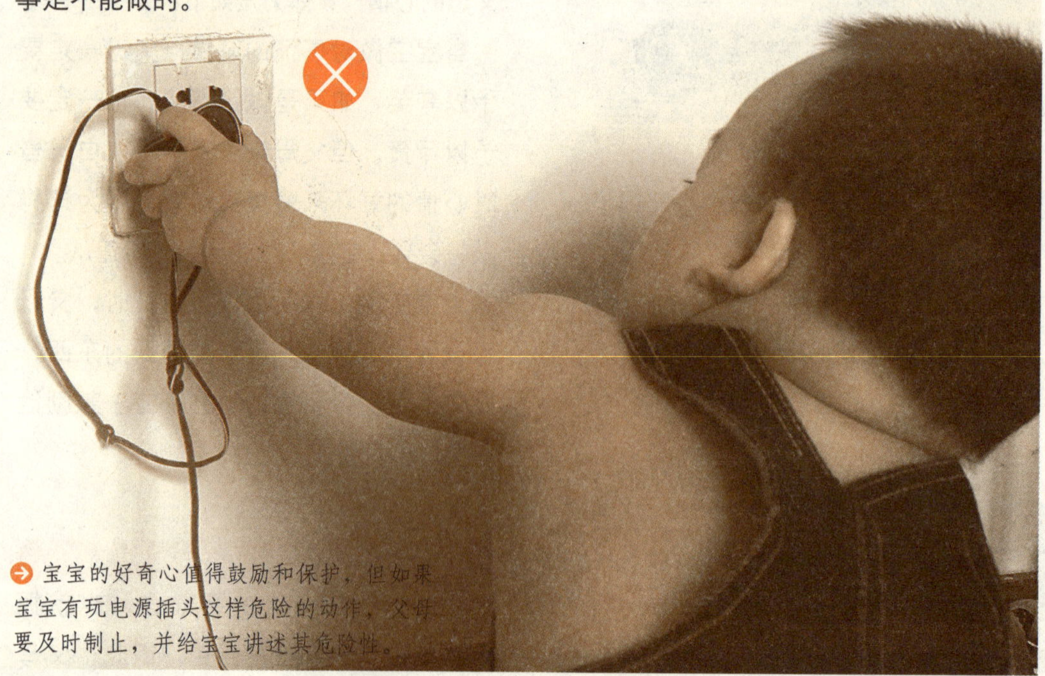

宝宝的好奇心值得鼓励和保护，但如果宝宝有玩电源插头这样危险的动作，父母要及时制止，并给宝宝讲述其危险性。

对宝宝进行IQ测试

语言能力

1.礼貌用语“谢谢”“请你”“你早”“你好”“再见”“晚安”“对不起”“没关系”“不客气”“你走好”等，宝宝会说：

A.10种以上（20分） B.6种（10分）

C.4种（5分） D.2种（3分）

E.1种（1分）

2.能够问许多问题，如这是什么？为什么？他是谁？里面有什么等：

A.5种以上（20分） B.4种（10分）

C.3种（5分） D.1种（3分）

动作能力

1.为已打开并搅乱的6个以上大小不同的瓶子、盒子盖盖，宝宝能盖上：

A.全部盖对（20分）

B.5个（10分）

C.4个（5分）

D.3个（3分）

2.捏面团模仿做条、球、碗、盘、不倒翁、兔子等，宝宝能做：

A.6种以上（20分） B.5种（10分）

C.4种（5分） D.3种（3分）

E.2种（1分）

3.钻入比自己矮的洞（爬入或弯腰），宝宝能：

A.不碰头和身体，衣服干净（20分）

B.不碰头爬入（10分）

C.碰头及身体后进入（5分）

D.进不去（0分）

4.对于骑三轮车，宝宝：

A.熟练，骑得快（20分）

B.直走，也会转弯（15分）

C.直走（10分）

D.大人扶把会骑（5分）

E.大人推着走（1分）

思维能力

1.按口令伸右手、左手、右脚、左脚、右腿、左腿时，宝宝能伸对：

A.5项以上（20分）

B.3项（10分）

C.2项（5分）

D.1项（1分）

2.能分清我的、你的、他的、大家的：

A.4项（20分）

B.3项（10分）

C.2项（5分）

D.1项（1分）

结果分析

以上全部题目共计160分，得分在60～100分之间为正常，101分及以上为优秀，59分及以下为暂时落后。

- 如果宝宝某项能力的总得分为满分，家长可跨过本月练习，提前进行下月相关训练。
- 如果宝宝某项能力的总得分介于该种能力全部测试题的B项和C项分数和之间，建议家长针对该项能力对宝宝加强训练。
- 如果宝宝某项能力的总得分小于该种能力全部测试题的C项分数和，建议家长严密注意宝宝是否有相应方面的能力障碍。

宝宝IQ开发与培养

语言能力

词语接龙

训练目的

丰富宝宝的词汇量，锻炼其语言反应能力。

训练方法

1.告诉宝宝训练规则，就是用前一个词的后一字做为下一词的前一字。如果宝宝还不能完全理解，要给予示范。

2.父母说一个词，引导宝宝接着末字再说一个词，如铅笔—笔记—记住—住址……看看能一直说到多长。

3.待宝宝对这个游戏熟练或玩烦后，父母可换一种更复杂、难度也更高一点的接龙游戏，如故事接龙：从前有一个猎人……动物接龙：四只脚的，如狮子—老虎—大象—兔子……空中的，如老鹰—鸽子……

视听能力

猜一猜这是谁

训练目的

提高宝宝的听觉判断能力和听觉记忆能力。

训练方法

1.父母可以先用图片或音乐给宝宝讲讲各种动物都能发出什么样的声音，并重复几遍，以让宝宝了解不同的动物发出的声音。

2.爸爸或妈妈在被窝里或门后发出不同动物的叫声，如狗的叫声、狮子的叫声等。

3.让宝宝猜猜被窝里或门后藏的是什么动物。

积木上有什么

训练目的

锻炼宝宝的视觉记忆能力。

训练方法

1.拿出几块积木，在上面画上或贴上一些图画。把上面的画一一指给宝宝看，并提醒宝宝记住。

2.10秒钟以后，把宝宝看过的积木盖起来，然后问他积木上分别画了些什么东西。

3.可以逐渐增加积木的块数，以对宝宝进行记忆训练，看他最多能记住多少块积木上的画面。

妈妈和宝宝一起认识积木上的画，可以培养宝宝的视觉记忆能力。

动作能力

套圈

训练目的

提高宝宝的手眼协调能力。

训练方法

1.准备几件玩具、几个大环，然后把宝宝带到较空旷的场地上。

2.在地上摆放一些玩具（玩具之间要有一定间距），然后在离玩具1米左右之处画一条线，让宝宝站在线外。

3.让宝宝试着把大环抛向玩具。如果套中，要为宝宝鼓掌叫好。

4.如果宝宝总是套不住，妈妈可以让宝宝站得近一些，以让宝宝的准确率高些，提高其兴趣。

思维能力

小小故事家

训练目的

发展宝宝的想象力以及创造性思维的能力。

训练方法

1.准备一本适合宝宝的图画书，最好图画很多，文字很少。

2.妈妈和宝宝一起边看图画书边编故事。

3.妈妈可用图画书上的几个句子做基础来编故事，试着编出符合图画情节的有趣故事。也可由自己提示，引导宝宝展开想象力，编出符合图画情节的故事。

百变纸箱

训练目的

培养宝宝的创造性思维能力。

训练方法

1.给宝宝准备一个大纸箱，然后在纸箱上挖出1个或2个（在不同的侧面上挖）“山洞”，让宝宝随心所欲地钻着玩。

2.宝宝在缩起身体钻过山洞的动作过程中，身体的柔软度能够不断增强。

3.启发宝宝自己想玩法，比如可以把箱子当房子“住”；把箱子背在背上爬行，扮成蜗牛等。

数学能力

小猴摘香蕉

训练目的

让宝宝接触简单的加法。

训练方法

1.妈妈向宝宝出示小猴子的图片，告诉宝宝：“小猴子现在要去摘香蕉了，它先摘了1根香蕉。”这时妈妈给宝宝出示一张香蕉的图片并问：“小猴子现在摘了几根香蕉了？”让宝宝回答。

2.妈妈接着说：“小猴子很喜欢它的小妹妹，所以还要给它的妹妹再摘1根香蕉。”再出示一张香蕉图片问宝宝：“小猴子现在一共摘了几根香蕉了啊？”

3.问宝宝：“这2根香蕉是怎么来的呀？”引导宝宝说出2根香蕉是由1根香蕉再添上1根香蕉得到的。

对宝宝进行EQ测试

社交能力

1.宝宝看见小伙伴打人咬人时：

A.敢于拉开，保护弱者（20分）

B.叫妈妈帮忙（10分）

C.自己躲开（5分）

D.参与攻击（0分）

2.在宽容和分享方面，宝宝能做到：

A.主动乐意照顾别人，能分享玩具、用具和食物（20分）

B.听大人吩咐才去做（10分）

C.有时乐意，有时勉强照料和分享（5分）

D.不肯照料别人，独占玩具和食物（0分）

3.宝宝能与孩子们一起玩过家家，并且：

A.会主持（20分）

B.受欢迎（10分）

C.能参与（5分）

D.受到孤立（0分）

4.在记忆楼号、单元号、门号和电话号码等数字方面，宝宝能：

A.全部记住（20分）

B.记住3个（10分）

C.有时会错1个数（5分）

D.记不住（0分）

生活能力

1.学洗脸（洗五官）、漱口（漱牙缝、漱咽、吐出），宝宝能：

A.会上下刷牙，洗脸漱口（20分）

B.洗脸漱口全正确（10分）

C.会漱口（5分）

D.将水吞下（2分）

E.妈妈帮洗（0分）

2.吃饭时，宝宝会：

A.用筷子夹菜（20分）

B.用筷子扒饭入口（10分）

C.用勺子吃干净（5分）

D.要人喂（0分）

3.洗手、开关水龙头、擦肥皂、洗净指缝、洗净甲缝、洗净后擦手这几项，宝宝能做对：

A.5项以上（20分）

B.4项（10分）

C.3项（5分）

D.2项（1分）

4.宝宝自己收拾玩具：

A.主动收拾排放整齐形成习惯（20分）

B.服从吩咐自己干，欠整齐（10分）

C.同大人一起干（5分）

D.不愿去干（0分）

结果分析

以上全部题目共计160分，得分在60～100分之间为正常，101分及以上为优秀，59分及以下为暂时落后。

- 如果宝宝某项能力的总得分为满分，家长可跨过本月练习，提前进行下月相关训练。
- 如果宝宝某项能力的总得分介于该种能力全部测试题的B项和C项分数和之间，建议家长针对该项能力对宝宝加强训练。
- 如果宝宝某项能力的总得分小于该种能力全部测试题的C项分数和，建议家长严密注意宝宝是否有相应方面的能力障碍。

宝宝EQ开发与培养

教宝宝学会保护自己

对付打人咬人的孩子

训练目的

让宝宝学会对付打人和咬人的孩子，并能维持场面，学会保护自己。

训练方法

1.2岁的宝宝中有些宝宝爱打人，另一些宝宝则喜欢咬人。为了避免宝宝受到伤害，父母必须提前对宝宝进行这方面的教育。

2.当某一个宝宝要打人时，看到的宝宝最好拉开被打的宝宝，以免两人打起架来，并赶快叫旁边的大人来帮助维持局面。如果打人的宝宝因此向自己打来，则应当一面大声叫喊："某某要打人啦。"（把他的名字喊出来，以让打人的宝宝感到害怕），一边跑着找地方躲起来。

3.咬人的宝宝经常表现为毫无预兆性地突然张嘴把旁边的宝宝咬一口，被咬的宝宝则会疼而且大哭。当遇到此事时，被咬的宝宝应该赶快去找大人或就近治疗，而看见的宝宝则应把此事马上告诉旁边的大人，以便使局面得到控制。

4.为了避免自己的宝宝养成打人或咬人的恶习，父母平时一定要教育好他。但应该注意的是：应该尽量避免对宝宝进行体罚，因为据研究，经常受到体罚的宝宝容易带有攻击性，并会在其他同伴中发泄自己的情绪。

训练宝宝使用筷子

用筷子吃饭

训练目的

让宝宝学会正确拿筷子，会自己夹菜，还会换用公筷夹取盘里的菜，从而渐渐分清左右，并提高生活能力。

训练方法

1.2岁的宝宝会用勺子自己吃饭后，应该马上再学习用筷子。

2.让宝宝学会用筷子的关键是让他知道怎样才是正确握筷——用前三指拿第一根筷子，使第一根筷子活动自如，第四和五指固定第二根筷子，使两根筷子动静相对，从而实现夹菜的功能。注意不要让宝宝用拳头握筷，即使是在宝宝学习用筷的最初阶段。因为用拳头握筷的结果只能是让宝宝学会扒饭入口，而不会夹菜。

3.家中最好用公筷或公勺，让宝宝学会从盘子里拿菜时使用公筷，并放下公筷拿自己的筷子吃饭。有了这种训练后，宝宝再在大庭广众下吃饭就会显得有礼貌，而且对自己要求也会更高。

4.经常用筷子能够锻炼手部的精细动作能力，同时还会让左脑的语言中枢得到锻炼。

鼓励宝宝和其他小朋友玩游戏

过家家

训练目的

让宝宝用游戏表演家庭生活，从而丰富他对家庭的认识，并学会同年龄不同的孩子一起游戏，互助合作。并在“大的照顾小的、小的服从大的”的游戏规则中培养社会关系意识。

训练方法

1.给宝宝一些可以代替日常用品的小东西，如放饼干点心的塑料小碗、吃冰淇淋的小勺和小碗、可以当刀板用的塑料小片、大小盒子、板凳、小毛巾等。

2.妈妈可在家先同宝宝玩一玩过家家，如让宝宝照料娃娃睡觉等。宝宝熟悉了相关的规则后，就可让他与平时总在一起玩的宝宝们玩这个游戏了。

3.在反复游戏的过程中，宝宝能逐渐学会主动听大孩子们的吩咐，做自己力所能及的事，还能学会服从和与人合作，并渐渐发展与其他小朋友的良好关系。

纠正宝宝说谎的坏习惯

不做说谎的坏宝宝

训练目的

让宝宝认识到说谎是一种错误行为，并学会不再说谎。

训练方法

1.宝宝第一次说谎时，父母千万不要着急或者批评他，首先要找出原因，然后再对宝宝进行教育，切记态度要温和。

2.在批评宝宝说谎时，要顾及他的自尊心，不要当众或在公共场合斥责他。

3.要给宝宝改正错误的机会，一旦宝宝承认了错误，说出了真相，就不要再追问下去。必要时还需及时给予鼓励，并注意在以后不要动不动就提及宝宝的“痛处”。

宝宝在玩过家家游戏中不仅可以学会照顾别人，还能培养社会关系意识。

通过游戏培养宝宝各方面的能力

用火柴做做看

游戏目的

训练宝宝的手进行精细动作的能力，同时给宝宝足够的思考空间，培养宝宝的创造力。

游戏方法

1.用火柴摆出简单的数字。

2.在摆放小火柴的过程当中，不仅可以让手做更精细的动作；在摆放时，还能集中注意力，也能开发创造力。

3.在摆出数字5之后，再多给宝宝两根火柴，要他摆数字8看看，宝宝虽然会先苦恼，不过应该还是可以摆出8的。

4.也可以利用火柴摆出汽车、火车或梯子等图形。

游戏提示

这个时候的宝宝不会将什么东西都放进嘴巴里，所以火柴或牙签都是很好的玩具。

和爸爸摔跤

游戏目的

通过这个游戏可以不断提升宝宝的运动能力，同时，增强和爸爸的亲子关系。

游戏方法

1.帮宝宝在腰间绑好布条。

2.妈妈是裁判，爸爸做对手，同样在腰间绑上布条。

3.爸爸可以突然一下子把宝宝提起再放下，让宝宝兴奋起来。

4.有时宝宝要将爸爸撂倒时，会因力气不够而摔倒。

游戏提示

爸爸可以故意“放水”，假装摔倒。当宝宝撂倒爸爸时，请妈妈鼓掌且欢呼大叫。

白天和夜晚

游戏目的

开发宝宝的创造力以及绘画潜能，同时增强宝宝的认知能力，起到脑力开发的作用。

认识太阳和月亮是宝宝分清白天和黑夜的好方法，父母可经常对宝宝进行这样的训练。

游戏方法

1.在彩色纸上画出“太阳”“月亮”“星星”“跑着玩的小孩与睡着的小孩”后，用剪刀分别把它们剪下来。

2.和宝宝讨论在白天这一边应该贴上“太阳”“月亮”，还是“星星”。

3.如果宝宝贴好“太阳”，再请他把“跑着玩的小孩”贴在适当的位置上。

4.在夜晚这一边，先将底色、建筑物、道路涂黑之后，请宝宝说说看应该贴上“太阳”“月亮”，还是“星星”。

5.请宝宝在夜晚的天空中贴上黄色的月亮与星星。

6.如果宝宝贴好月亮和星星，再请他把“睡着的小孩”贴上。

游戏提示

可以让宝宝自由发挥，不管宝宝做得怎样，都要加以鼓励。

自己吃饭

游戏目的

促进宝宝手眼协调能力的发展，培养宝宝自己吃饭的生活自理能力。

游戏方法

1.先拿筷子给宝宝玩。

2.妈妈做一个用筷子喂玩具娃娃吃东西的姿势。

3.妈妈做一个用筷子喂自己吃东西的姿势。

4.妈妈再做一个用筷子喂宝宝吃东西的姿势。

5.妈妈说：“宝宝，吃东西！”

游戏提示

妈妈用筷子夹一小块饼干，然后送入自己的嘴巴里。妈妈又在筷子间夹一小块饼干，送到宝宝的嘴里。让宝宝手里拿一双筷子，筷子间也放一小块饼干，握着宝宝的手把筷子喂到自己口中。这样宝宝就能练习自己吃饭了。

望远镜中的世界

游戏目的

培养宝宝的认知能力，引起宝宝对新事物的兴趣。

游戏方法

1.让宝宝透过望远镜观察物体，仔细思考究竟是什么东西。

2.让宝宝感觉用肉眼直接看与用望远镜看时的差异。

游戏提示

1.这是透过望远镜看东西，并且猜猜是什么东西的游戏。

2.用望远镜所看到的世界，给予宝宝很大的惊奇，景物会变得不同喔！

3.将望远镜倒过来看的话，物体看起来会有新的变化。

叠衣服

游戏目的

让宝宝养成正确的生活习惯，提高生活自理能力，同时开发宝宝的脑力。

游戏方法

1.妈妈可以问宝宝：“这是谁的衣服？是什么衣服？如：裤子、裙子……”

2.一面教宝宝叠衣服的正确方法，一面协

助宝宝叠衣服。

3.叠衣服时，一面叠一面数着“1次，2次，3次……”

4.让宝宝找另一只袜子。因袜子的种类、样子和颜色不同，找的时候既有趣又可以培养宝宝集中注意力。

5.衣服全叠好时，让宝宝将衣服放进自己的衣柜里。

游戏提示

让宝宝帮忙叠衣服。尤其在叠宝宝自己的衣服时，直接让宝宝自己叠是很好的做法。

包装礼物

游戏目的

通过游戏训练宝宝的动手能力，加强宝宝的情感教育。

游戏方法

1.给宝宝看包装得很漂亮的礼盒，引起宝宝的好奇心。

2.对宝宝说：“一起来包装礼物吧！”游戏开始了！

3.宝宝剪好纸张后，妈妈协助宝宝，让他能将包装纸覆盖在纸盒上，并做折叠的动作。

4.妈妈可以先在纸上留下折痕，也可以帮助宝宝折。

5.让宝宝用胶带将包装纸的开口处一一粘贴固定。

6.让宝宝将装糖的纸盒包好，送给好朋友当作礼物。

游戏提示

1.箱子的包装必须经过裁切、折叠纸张及粘贴胶带等步骤，这些都需要手指的灵活运用，是很好的脑力开发游戏。只要将杂志或广告传单当成包装纸，即能灵活运用。

2.和宝宝一起包装要送给家人或朋友的礼物。

打电话

游戏目的

通过游戏培养宝宝的社交能力和语言能力。

游戏方法

1.这个游戏可以让宝宝自己玩，也可以和家长一起玩。

2.说：“铃铃铃——铃铃铃——”假装电话铃正在响，拿起话筒。

3.当妈妈和一个虚构的人交谈的时候，例如，宝宝认识的人，像朋友家的哥哥，不要忘了与宝宝说话。“你好，你是谁？”

4.打完要说“再见”之后再挂上电话。

5.把话筒给宝宝，鼓励宝宝进行一次想象中的电话聊天。

游戏提示

1.电话游戏的内容一开始很简单，基本上是由家长充当另外一个角色。

2.当宝宝有了联想思维能力后，他更喜欢一个人直接操作，比如：和要好的朋友谈论过家家的事情，甚至还有帮助妈妈做饭买菜等好玩的事情。

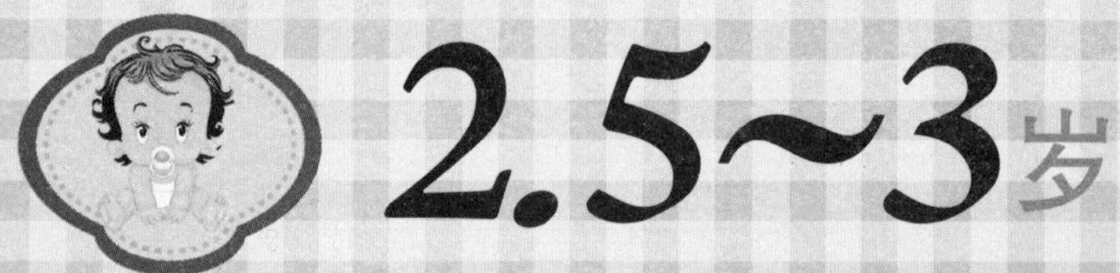

2.5~3岁

从摇篮里的牙牙学语到口齿伶俐，从蹒跚学步到奔跑自如，宝宝终于迎来了第三个生日。俗话说：三岁看大，七岁看老。宝宝的各方面优劣表现已经为父母所熟悉，不同的兴趣爱好和个性差异也已显露无遗。

宝宝的生长情况

2.5~3岁宝宝身体发育一览表

	男宝宝	女宝宝
身高	平均96.6厘米 (89.9～103.2厘米)	平均95.6厘米 (88.8～102.3厘米)
体重	平均14.65千克 (11.8～17.5千克)	平均14.15千克 (11.3～17.0千克)

脊椎骨产生变化

宝宝的脊椎骨弯曲起来。这种弯曲由四部分组成。

颈椎向前弯曲，胸椎部分向后突，下面腰椎部分又微微向前突起弯曲，最下面的部分是骶骨，向后弯曲。脊椎骨形成的这种前曲后弯是为了适应剧烈的运动和保护内脏而形成的，起一种弹簧的作用。

脚掌心产生变化

宝宝的脚掌心开始明显内凹。在此之前，宝宝的脚掌心不明显，被称为“生理性平足底”。这是由于皮下脂肪太多的缘故。3岁以后，那些连接小骨的韧带和肌肉等发达起来，脚掌心就明显地内凹起来，长时间走路时脚也不会感到累和疼了。

宝宝的养育要点

让宝宝少吃零食

经常吃零食，胃肠道要随时分泌消化液，加重了胃肠的负担，使胃得不到休息，容易引起消化不良。因此要尽量少给宝宝吃零食。

适当让宝宝自己选择衣服

科学家们认为两岁多的宝宝已开始对自己有了一些了解，有了“自我意识”，这时应该开始有意识地培养宝宝的独立性，逐渐给宝宝一些自主权。父母尊重宝宝的权力使宝宝增强自豪感、责任感，自信心也会增强。让宝宝决定自己今天穿什么，还能培养宝宝的生活自理能力，父母还可以多给宝宝讲解一些穿衣服的常识，使宝宝获得许多有用的生活常识。

早教要点

正确处理宝宝耍赖

耍赖的原因

- 向父母争取控制权，从而表达自己的意见。
- 引起父母关心和注意。宝宝如果发现不听话或哭闹可以引起父母更多的关注，这种蛮横不讲理的举动也许就会经常出现。
- 曾经获得错误的鼓励：当宝宝因不听话而受到斥责时，父母如果因心疼或是管教方便而答应宝宝的要求，那就可能向宝宝传达一项错误的鼓励信息，使宝宝认为只要自己哭闹，父母就会答应他的要求，进而变本加厉地耍赖。

正确"抵赖"

- 当宝宝能好好地提出自己要求的时候，当宝宝的要求没有被满足却没有哭闹的时候，当宝宝哭闹后要求仍未得到满足而主动放弃哭闹的时候，父母都要及时地给与表扬。
- 家庭成员教育孩子时态度要一致。当宝宝的要求不合理时，爸爸妈妈要坚决说"不"，不要因为宝宝哭闹或爷爷奶奶"讲情"而姑息迁就，否则会给他造成"我一哭闹，爸爸妈妈就没辙了"的错觉，下次还会故伎重演。

教宝宝学会分辨性别

让宝宝学会分辨性别，可以使他在行为上表现出符合性别要求的特点，以适应社会互动的需要。

父母对宝宝进行大小便训练时，是进行性别教育的好时机。由于男孩和女孩的排便方式不同，宝宝可以从中知道自己的性别归类。再大一些的宝宝不仅知道自己是男孩还是女孩，还能从照片上分辨男女。3～5岁的宝宝能从头发的长短、服饰打扮以及一定的行为方式辨别一个人的性别，但发型、服饰改变后，他们认为性别也随之改变，表现出对性别的"不守恒"。在5～7岁间，宝宝学到了性别守恒或性别保留概念，此时他们明白自己将永远是男性或女性。宝宝的性别认同离不开成人，尤其是父母的养育方式和教育态度，也离不开宝宝自己认知能力的发展。宝宝在家庭中会把父母当作自己的榜样，进行模仿，男孩模仿爸爸的行为，女孩模仿妈妈的行为。这样，就逐渐形成了正确的性别认同。

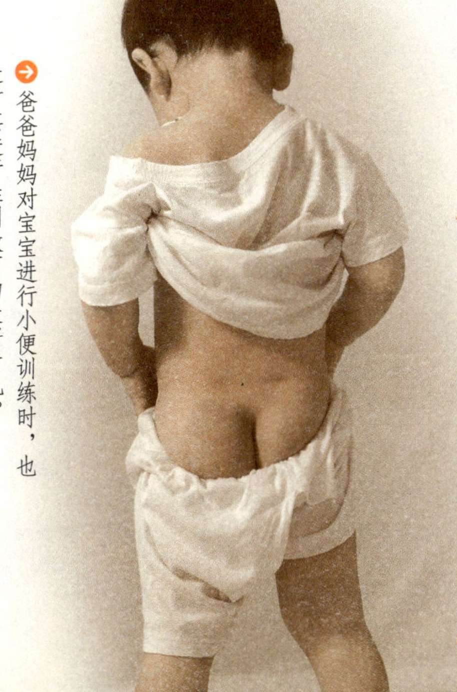

爸爸妈妈对宝宝进行小便训练时，也是对其进行性别教育的最好时机。

不介入宝宝的活动

3岁左右的宝宝，对见到的一切都想弄个明白，他经常坐在几件玩具前，这儿摆摆，那儿放放，一坐就是很长时间。当宝宝全身心地投入到那几件百玩不厌的玩具中时，正是他注意力高度集中的时候，这时父母过去指导，不但会引起宝宝的反感和烦躁，还会无意间破坏宝宝的想法和注意力。

父母有这种行为，是因为不相信宝宝的能力，不尊重宝宝的需要，对宝宝过度保护、过分庇护。这种教养方式的结果必然剥夺了宝宝获得经验的机会，使他们受到挫折，体会不到努力的乐趣，享受不到成功的喜悦，还助长了他们依赖、脆弱或对抗、厌恶的心理。

不强迫宝宝改变用手习惯

从大脑的结构来看，宝宝惯用左手或右手的习惯，和宝宝的大脑特质有直接的关系，反而和宝宝的聪明才智、叛逆与否没有绝对的关系。有的长辈说，左撇子的宝宝比较聪明，但是个性比较叛逆。这其实是无稽之谈，不论宝宝习惯于用左手或右手，只要用心引导，每个宝宝都能变成聪明又乖巧的小天使。

聪明的妈妈会让宝宝顺其自然地发挥所长，而不去强迫宝宝改变用手习惯。虽说强迫宝宝改变用手习惯还不至于会阻碍宝宝的发展，但长久下来让宝宝处于挫折与无助感中，容易造成宝宝说话结巴、神经紧张、情绪不安、注意力不集中等等，相信这都不是妈妈们乐见的事。至于左撇子学写字的问题，妈妈们不用太担心，宝宝在刚开始学写字时，的确会有写出来的字是左右颠倒的情形，但是只要让宝宝多观察几遍自己写的字和书上的字有哪里不同，宝宝很快就会自我纠正，以后写错的机会也会越来越少。

孩子无论是用左手还是用右手，都是健康的习惯，父母不用强制性地去改变。

对宝宝进行IQ测试

语言能力

1.看图讲1～2句话，宝宝能连续讲对几张图：

A.不少于5张（20分）

B.3张（10分）

C.2张（5分）

D.1张（1分）

2.讲一件毛衣的物名、用途、颜色、特点时，宝宝：

A.4项都能准确说出（20分）

B.说不全，但经提示后能说全（10分）

C.只能讲2项（5分）

D.只能讲1项（1分）

视听能力

1.用笔添上未画完的人物所缺少的部位，宝宝能添对：

A.不少于6处（20分） B.5处（10分）

C.3处（5分） D.1处（1分）

2.从8幅有错误的图中，宝宝能看出几幅错漏图：

A. 6幅以上（20分） B.5幅（10分）

C. 4幅（5分） D.3幅（1分）

动作能力

走平衡木时，宝宝能：

A.很熟练地自己单独玩（20分）

B.不太熟练地自己玩（10分）

C.扶人能玩（5分）

D.不会玩（0分）

思维能力

按吃、穿、用、玩将物品分类，宝宝能将苹果、毛衣、剪刀、铅笔、鸡蛋、勺子、娃娃、伞、碗、西红柿、积木、钥匙、钟、面包、鞋分对：

A.都分对（20分）；

B.10个以上（10分）

C. 5个以上（5分）

D.3个以上（1分）

数学能力

1.在点数方面，宝宝能点到：

A.15个以上（20分）

B.10个（10分）

C. 5个（3分）

D. 4个（1分）

2.听吩咐一次最多能拿几个东西：

A.7～8个（20分）

B.6个（10分）

C. 5个（5分）

D. 4个（1分）

结果分析

以上全部题目共计160分，得分在60～100分之间为正常，101分及以上为优秀，59分及以下为暂时落后。

- 如果宝宝某项能力的总得分为满分，家长可跨过本月练习，提前进行下月相关训练。
- 如果宝宝某项能力的总得分介于该种能力全部测试题的B项和C项分数和之间，建议家长针对该项能力对宝宝加强训练。
- 如果宝宝某项能力的总得分小于该种能力全部测试题的C项分数和，建议家长严密注意宝宝是否有相应方面的能力障碍。

宝宝IQ开发与培养

语言能力

创作儿歌

训练目的

为宝宝提供有创意的联想机会，提升其语言表达能力。

训练方法

1.请宝宝想一个主题，比如下雨、小草等。

2.鼓励宝宝想一想和下雨有关的事情，如大雨、小雨、青蛙叫等。

3.协助宝宝将他所联想的事物联结起来，并且大声朗诵出来，这样就完成了一个宝宝自创的儿歌了。

视听能力

听指令，扔袜子球

训练目的

在学会识别颜色的同时锻炼宝宝的手眼协调能力。

训练方法

1.找几双颜色不同的干净袜子，并将每一只袜子都卷成一个袜子球。再准备一个干净的大塑料桶或塑料整理箱。

2.把塑料桶放在房间的某一处，然后让宝宝站在离桶半米到一米左右的地方，在他的身边放上刚才卷好的袜子球。

3.妈妈站在塑料桶的对面，发出指令让宝宝往塑料桶里扔哪种颜色的袜子。

4.如果宝宝拿对袜子并准确地扔进了桶里，妈妈要及时表扬宝宝。如果宝宝扔在了桶外面，妈妈要负责把袜子球捡回来，并给宝宝滚过去，然后鼓励其再来一次。

动作能力

兔子跳圈

训练目的

锻炼宝宝双脚离地连续跳的能力。

训练方法

1.在院子里或空旷的场地上画一个圈作为兔子的家。

2.让宝宝带上小兔子的头饰（如果没有的话，可让宝宝把左右手放在头部两侧，各伸出两根手指模仿兔子的耳朵），然后走到离圈2米左右的地方。

3.让宝宝双脚离地连续跳跃，一直跳到兔子的家。

倒立行走

训练目的

训练宝宝上肢的力量和身体的平衡性。

训练方法

1.准备几块软垫。让宝宝趴在软垫上，双手撑地，然后妈妈抓住宝宝的两腿，使宝宝两腿向上倒立。

2.宝宝要两手交替前行，妈妈可以一边跟着宝宝走一边数数：“1、2、3、4，2、2、3、4……”注意速度要与宝宝爬行的速度保持一致。

思维能力

哭笑宝宝

训练目的

帮助宝宝在迅速反应中发展思维的逆向性和流畅性，提升其逻辑思维能力。

训练方法

1.告诉宝宝，自己要和他一起玩一个经典的游戏——“石头、剪子、布”。并帮助宝宝熟悉训练的规则，必要时父母可以先做个示范。

2.对游戏做个小小的改动——胜利的一方要做“哭”的动作，而输的一方却必须做“笑”的动作，如果谁先做错谁就要被“罚”。

数学能力

听数取物

训练目的

测试宝宝能理解到多大的数。

训练方法

1.给宝宝拿出数量足够多的彩球或积木，比如10个。

2.告诉宝宝按照自己所说的数拿出彩球或积木，看宝宝最大能拿到几。

3.一般来说，2岁时宝宝能准确地拿3个积木，所以你可以从3个开始，让宝宝拿4个、5个、6个……最后看宝宝最多能准确地拿到几个。3岁的宝宝一般能拿对4～5个，少数宝宝能拿对6～8个。

走几步跳几步

训练目的

培养宝宝对数学的兴趣

训练方法

1.带宝宝到户外较宽敞的场地上玩耍。

2.妈妈带着宝宝，先从3以内的数字变化做起，比如一边走一边说：“走1步，跳2步。”然后妈妈示范一下走1步、跳2步的动作。

3.宝宝熟练地做出上步的动作后，妈妈可稍稍加大难度，如对宝宝说：“走2步，跳3步。”

4.等宝宝十分熟练后，可以逐步做4以内甚至5以内的变化。

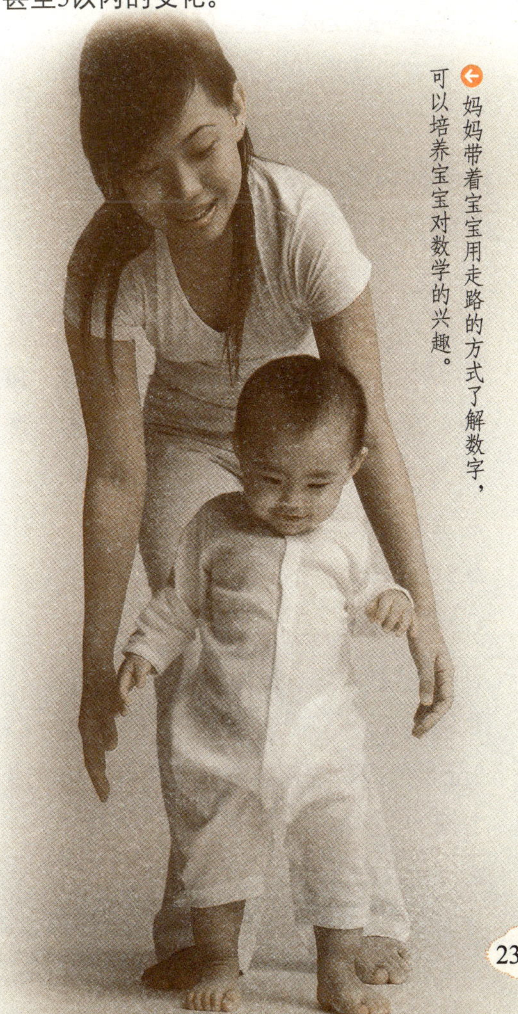

妈妈带着宝宝用走路的方式了解数字，可以培养宝宝对数学的兴趣。

对宝宝进行EQ测试

社交能力

1.摆饭桌、擦桌子、放凳子、摆碗筷或勺子，宝宝能：

A.做全4项（20分）

B.做4项，但数目不齐全（10分）

C.做3项，有时会不齐全（5分）

D.做2项，有时会不齐全（3分）

E.做1项，但一般不齐全（1分）

2.玩石头、剪子、布游戏时，宝宝：

A.知道输赢（20分）

B.能及时出手（10分）

C.不能及时出手（5分）

3.在选择朋友时，宝宝倾向于：

A.有共同兴趣（20分）

B.合得来（10分）

C.随意扎堆（5分）

D.自己玩（0分）

生活能力

1.洗脚时，脱鞋袜、打肥皂、洗脚缝、擦干、穿上干净袜子和鞋或拖鞋，宝宝能做到：

A.全都能做到（20分）

B.5项（10分）

C.3项（5分）

D.2项（3分）

E.1项（1分）

2.上厕所时，在用手纸、整理裤子和衣服方面，宝宝能：

A.完全自己做（20分）

B.自己做后要妈妈再帮助整理一下（10分）

C.能完成其中一项（5分）

D.完全需要大人帮助（0分）

3.穿上衣时，分清前后、分清反正、会系扣，这3项宝宝：

A.都会做（20分）

B.会做2项（10分）

C.会做1项（5分）

D.都不会做（0分）

4.刷牙时，宝宝能：

A.上、下、里、外刷（20分）

B.上下刷（15分）

C.里外刷（10分）

D.横刷（5分）

E.妈妈帮助刷牙（1分）

5.穿鞋、袜、背心、裤衩，宝宝：

A.都会穿（20分）

B.会穿3种（10分）

C.会穿2种（5分）

D.会穿1种（3分）

E.每种会穿（1分）

结果分析

以上全部题目共计160分，得分在60～100分之间为正常，101分及以上为优秀，59分及以下为暂时落后。

- 如果宝宝某项能力的总得分为满分，家长可跨过本月练习，提前进行下月相关训练。
- 如果宝宝某项能力的总得分介于该种能力全部测试题的B项和C项分数和之间，建议家长针对该项能力对宝宝加强训练。
- 如果宝宝某项能力的总得分小于该种能力全部测试题的C项分数和，建议家长严密注意宝宝是否有相应方面的能力障碍。

宝宝EQ开发与培养

教宝宝爱护公共卫生

做个讲卫生的好宝宝

训练目的

让宝宝注意保持公共卫生，同时也养成良好的个人卫生习惯。

训练方法

1.最初时，可以在带宝宝上街的时候提醒他注意街道两边的卫生设施，并告诉他各种卫生设施的名称和相应的用途。

2.等宝宝熟悉了第一步以后，父母再把宝宝带出去。但这次，轮到宝宝回答父母的提问了。两人可边走边看，边问边答。比如妈妈问："那个绿色的箱子叫什么？"宝宝答："垃圾桶。"妈妈："嗯，宝宝真聪明。那垃圾桶是用来做什么的呢？"宝宝答："装垃圾的。"妈妈高兴而带鼓励性地说："对啦，那为什么垃圾桶上会标明'可回收'和'不可回收'呢？"……

3.如果宝宝能够比较熟练地回答妈妈的问题，则证明他已经对公共卫生设施有了基本了解，这时妈妈即可对他进行维护公共卫生的教育。如妈妈说："宝宝在路上吃香蕉，吃完后该把香蕉皮扔到哪里呢？"宝宝答："扔到垃圾桶里。"妈妈接着可以："嗯，宝宝真乖。有一位小朋友吃完雪糕后把包装纸扔到了地上，他做得对吗？他应该怎么做呢？"

4.如果宝宝兴致较高，妈妈还可顺便对宝宝进行个人卫生的教育，比如告诉他不讲究卫生的不良后果等。

训练宝宝区分左右

分左右穿鞋

训练目的

让宝宝分清左右脚和左右鞋，学会穿鞋自理，从而为顺利进入幼儿园做好准备。

训练方法

1.让宝宝在进入有地毯或铺上地垫的地方之前自己脱掉鞋子，并把鞋倒过来，让鞋跟朝里，以便出来时穿上。

2.再次穿鞋时，妈妈可趁机对宝宝进行区分左右脚的教育——告诉宝宝他经常握笔和用筷子的手是右手，和右手一侧的就是右脚，另一只则是左脚。然后让宝宝认识左右鞋——拿起宝宝的两只鞋让他仔细看，比较一下单只鞋子的内外两侧，并告诉他较长的一侧在里面穿上才舒服，因为宝宝的大脚趾是在内侧的，鞋子只有用较长的一侧才能"装"下它。

3.给宝宝讲解完毕后，故意把鞋放错一下，看宝宝是不是能穿对。如果宝宝穿对了，就表扬他一下，并让他记住刚才是怎么穿的。如果宝宝穿错了，妈妈不要批评宝宝，而是让他站起来走几步，然后问他脚是不是不舒服。假如宝宝回答"不舒服"，那就鼓励他重新穿一次试试；假如宝宝回答“舒服”，那就建议宝宝把两只鞋换穿一下再次感觉，然后引导其与上一次的感觉进行对比。

入幼儿园后，午睡时宝宝是需要脱鞋的，睡醒时又是需要穿鞋的。如果宝宝入幼儿园还经常穿错，不仅脚会很难受，还可能引起足部变形，所以应训练宝宝在入园前学会穿对鞋。

提高宝宝的社会适应性

该到哪里去

训练目的

培养宝宝对事物关系的认识能力和思维判断能力，提高其社会适应能力。

训练方法

1.父母可以先想出一些宝宝比较熟悉的活动场所，然后对他进行提问。

2.父母可以这样问宝宝：“看电影要到哪里去呢？”

3.等宝宝回答了之后，再问：“书要到什么地方去买？”“迷路了应该问谁？”“生病了要去哪里医治？”

4.经常和宝宝玩这样的游戏，并在游戏过程中教给宝宝越来越多的生活常识。

训练提示

父母应该在日常生活中经常对宝宝进行这样的锻炼，以便宝宝更好地学习事物之间的关系。

教宝宝遵守交通规则

红绿灯

训练目的

让宝宝了解最简单的交通规则，并学会按信号做动作。

训练方法

1.自制红绿灯和方向盘（方向盘用圆形物品代替）。

2.由爸爸或妈妈扮演警察，警察要手拿红绿信号灯指挥交通。

3.宝宝扮成司机开汽车，红灯时要停车，绿灯时要行驶。

4.玩过几遍后，父母可与宝宝互换角色。也可以进一步告诉宝宝违反规则要受罚，教育宝宝要遵守交通规则。

通过游戏培养宝宝各方面的能力

数数上楼梯

游戏目的

练习大动作与平衡能力，巩固宝宝已初步形成的“数”的概念。

游戏方法

1.拉着宝宝站在书柜前。

2.从第一本书开始数数。

3.数到第二本及后面几本的时候，大声说出数字。

4.重复几次，让宝宝也跟着数。

妈妈与宝宝一边上楼梯，一边数数，可以巩固宝宝对数字的认识。

游戏提示

上楼梯的时候，妈妈拉着宝宝的手，可以一人念一个数字。一般由妈妈起头，先上一阶，妈妈数“1”，再上一格，宝宝数“2”，妈妈再数“3”，宝宝再数“4”，以此类推，直到10阶。从头再来，由宝宝开始。

水染画

游戏目的

利用各种纸类玩吸水游戏，并观察现象，从而训练宝宝对事物的认知能力，开发宝宝的智力。

游戏方法

1.在塑料盆里挤入水彩颜料，可先用黄色的水彩试试看。

2.搅拌一下，让水彩颜料在水里溶解。

3.将图画纸半浸入水中后，观察彩色的水在纸上的扩散速度。

4.用报纸或包装纸，也可以用棉花或布试试看。

5.宝宝会对色彩在纸上扩散开来的样子感到惊奇。

游戏提示

利用有颜色的水把小黄瓜、胡萝卜或葱染色，让它们吸收水分，然后切开、观察里面色彩的扩散程度。

替大人找书

游戏目的

利用宝宝的好奇心，让宝宝开始对书报产生兴趣，愿意自己认识更多的汉字。

游戏方法

1.宝宝会认识自己常看的书，也喜欢看妈妈在看什么书，学会读出书名。所以当妈妈需要时，宝宝会替妈妈找书，如果找对了会得到妈妈的赞赏，宝宝自己也很得意，就更爱替爸爸妈妈找书。

2.有些书放在书架上，或者放在卧室、饭厅甚至放在走廊的小桌上，宝宝也能找出来。因为宝宝已经认识一些汉字，就算其中有几个字不认识也能连蒙带猜地把书找出来。可以趁势让宝宝学习不认识的字，使他能把书名完整地读出来。

游戏提示

宝宝如果认识汉字，不但能找书、找报纸、找画报等，并且可以慢慢学会看书报上的大标题，能猜出大概内容。让宝宝知道认识汉字有很多用途，不但能找到书名，以后还能看懂书的内容，像大人一样。

购物小帮手

游戏目的

让宝宝能更熟练地使用语言与人交流，产生强烈的社交意识。

游戏方法

1.让宝宝多亲近家附近常常见到的老板或者店员。

2.买东西时，让宝宝问问东西的价格："多少钱？"

3.让宝宝把从爸爸那里接到的钱交给老板或店员。

4.可以让宝宝去接找回的零钱。

5.虽然刚开始宝宝会愣在那儿不知该做什么，但是爸爸给他勇气、老板帮助他的话，他就会渐渐地有自信了。

6.让宝宝每一次进出商店时，都能主动向人打招呼问候。

游戏提示

不论是否怕生，多数的宝宝在第一次看见不认识的人时，总是会害羞或畏畏缩缩的。带宝宝在家附近的市场里买东西，可以帮助他培养社交能力和自信心。

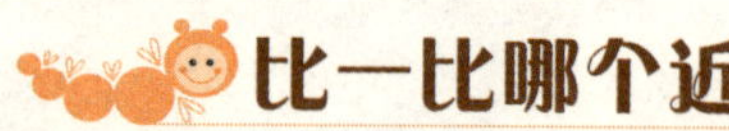

比一比哪个近

游戏目的

这个游戏可以让宝宝了解远与近的概念，还能锻炼宝宝的控制力。

游戏方法

1.将线拉直放在地上，父母与宝宝分别拿着1颗小球，然后看谁能将小球滚得离线最近。

2.开始几次，由父母告诉宝宝哪个离线近，哪个离得远。渐渐地，让宝宝自己判断游戏的结果，比较哪个小球离线最近。

游戏提示

1.小球大小、轻重要适中，以免宝宝误吞或砸伤自己。

2.也可以准备一副扑克牌，先让宝宝把不同的花色归类，然后根据大小顺序依次排列起来。还可以用扑克牌比大小，帮助宝宝熟悉数字、理解数字。

妈妈要吃梨

游戏目的

训练宝宝辨识物品，认识水果，开发宝宝的认知能力。

游戏方法

1.将一些梨和苹果混合放在一起。告诉宝宝："你来发水果给大家。"

2.然后妈妈和宝宝一人一个果盘，对他说："妈妈爱吃梨，宝宝爱吃苹果，快把梨挑出来给妈妈，剩下就是你的喽！"

3.如果宝宝在挑选水果时出现错误，妈妈应及时纠正，直到宝宝分清楚为止。

游戏提示

1.宝宝已经能够分清苹果和梨之后，再增加1～3个品种的水果，再加一个果盘，进行多种水果的分类游戏，有给爸爸的，有给奶奶的，有给爷爷的。

2.做完游戏后，水果一定要清洗，别让宝宝吃不干净的水果。

高矮肥瘦

游戏目的

可教导宝宝认识肥与瘦、高与矮的概念，同时也可让宝宝学习分类的观念。

游戏方法

1.先把纸筒垂直竖立在地上，向宝宝介绍说："这个又矮又肥的，我们叫它小胖，至于那个又高又瘦的，就叫它高个子。"然后再问宝宝又矮又肥的纸筒是哪个？当宝宝正确地拿着卫生纸卷筒后，再问他们又高又瘦的是哪一个。

2.把小胖子与高个子做个翻滚比赛，将纸筒平放在地上，然后向前滚动，妈妈与宝宝一同滚动纸筒。

3.让宝宝躺下，由妈妈做高个子，宝宝做小胖子，教宝宝在地上滚，看谁滚得快。如果宝宝快，要给予表扬

游戏提示

1.预先铺上软垫让宝宝在上面滚，以免受伤。在游戏前告诉宝宝应该注意安全事项。

2.可多加几个纸筒增加难度。

贴画游戏

游戏目的

丰富宝宝的想象力，锻炼宝宝做精细动作。

游戏方法

1.妈妈剪出一块大小适当的硬纸板。

2.宝宝用粘合剂将落叶粘在纸板上，位置随意。

3.依照硬纸板的四边长度，将小树枝或藤蔓剪成对应的小段。

4.用粘合剂将小树枝或藤蔓粘合在纸板的边缘。为防止脱落，在粘合剂风干前用胶带辅助固定。

游戏提示

有了画框后，硬纸板看起来就像一幅漂亮的抽象画。看着自己的作品，妈妈和宝宝的心底会涌出强烈的创作欲。此刻看着自己用双手装点出的以秋天为主题的作品，妈妈和宝宝可以从中享受到秋天浓郁的艺术气息。

挑食、偏食不利于宝宝的大脑发育

宝宝偏食、挑食的主要表现

只挑几种食物吃，不吃其他食物，时间长了，宝宝食欲日渐减退，甚至拒食。

宝宝偏食、挑食的危害

- 明显营养不良或已患上营养素缺乏性疾病，如佝偻病、贫血、经常呼吸道感染等。
- 偏食、挑食影响的绝对不是宝宝一时的生长发育，而是会影响他将来的一生。据调查，我国1～7岁的厌食症儿童中，仅有17%是因疾病引起的，剩下的83%都是因为饮食结构不合理、饮食习惯不良和喂养不当所致。我国婴儿吃奶（特别是母乳喂养）时，前4个月生长发育水平和日本、欧美的婴儿都差不多，但4个月后我国婴儿生长发育曲线与国际参照曲线相比却开始走势下滑、偏低，并且一直延续到青春期。而这与我国婴儿饮食行为、饮食习惯和喂养不当直接相关。

宝宝不偏食、不挑食才能得到全面的营养。

父母应该怎么办

- 帮宝宝养成良好的饮食习惯，使其定时进餐，并适当控制其零食。
- 及时添加“换乳食品”，即泥糊状食物。
- 使宝宝的饮食多样化，荤素、粗细合理搭配，蔬菜、水果样样都吃。
- 节制宝宝对冷饮、甜食的进食，以免其脾胃和消化功能受损。
- 父母要以身作则，给宝宝做饮食方面的良好示范。
- 保证宝宝睡眠充足、运动适当以及定时排便，以诱发、调动、保护和促进其食欲。
- 改善进餐环境，避免批评、讥笑、强迫、看电视等可能打扰宝宝进食的因素。

不良进餐习惯会影响宝宝EQ的发展

过于喜欢甜食

糖在人体内的最终代谢物是一种带阴离子的酸根，这种物质如果在体内存积过多，就会使宝宝的体液改变其碱性的正常状态，变成酸性体质。而一旦长期如此，宝宝的脑功能就会逐渐下降，出现精神不振、记忆力涣散、反应迟钝等症状，情况严重的宝宝甚至会患上神经衰弱。所以，过多地食用甜食并不是仅仅与发胖和龋齿有关，也会给宝宝的大脑发育带来负面影响。

过于喜欢咸食

长期食用过咸的食物，宝宝体内的钠离子浓度会升高，而这不仅会引起感冒、胃炎、高血压等疾病，还会对大脑造成伤害。

经常囫囵吞食

有关研究证明，细嚼慢咽不仅对人的消化系统有好处，还是促进脑发育和IQ发展的极佳手段，这一点对正处于脑发育期的宝宝来说尤其重要。这就需要父母们注意培养宝宝的咀嚼习惯，并且注意不要过早给宝宝太硬的食物，以免超过其咀嚼能力，致使宝宝不咀嚼就直接咽下去，久而久之养成囫囵吞食的习惯。另外，也可刻意让宝宝拉长两口饭菜之间的间隔时间，以保证宝宝充分地咀嚼。

常吃低脂食物

有些父母会用成人的所谓“低脂”膳食标准来要求宝宝，从而导致宝宝的脂肪摄取量太少。而脂肪是大脑的重要组成部分，其重要性比蛋白质还要高，因而被列为脑的“第一需要”（蛋白质为“第二需要”），尤其是不饱和脂肪酸。

一日三餐顿顿饱

在民间，有“傻吃、吃傻”的说法，这个说法不无道理。如果父母们总是让宝宝一日三餐顿顿饱食，就会使宝宝身体内的血液过久地聚集在胃肠处，从而造成宝宝大脑缺血、缺氧，进而妨碍宝宝脑细胞的发育。因此，父母们千万不要以为宝宝吃得多是件好事。如果发现宝宝每顿都吃得太多，一定要适当地限制宝宝的食量。否则宝宝不但会长得很胖，还会有IQ下降的危险。

应对不愿吃辅食的宝宝

6个月以上的宝宝，如果长期不添加辅食，就会由于摄入的铁、叶酸和维生素B_{12}等营养物质缺乏而导致营养性贫血。有些宝宝由于错过了添加辅食的最好时机，或由于添加辅食方法不当等原因，到了9个月时还不愿意吃辅食，当父母将装满食物的勺子送到宝宝嘴里时，宝宝会用舌尖把食物推出口外，或表现出其他不愿吃辅食的行为。

宝宝如果还不会咀嚼，也不会吞咽食物，父母千万不要失去信心，也不要过于担心，而应耐心地从米粥、菜泥、水果糊、蛋黄等流质及细碎的食品开始，逐渐过渡到半固体食物；从一小口开始，逐渐一勺接一勺地喂，直到宝宝会吃辅食为止。另外，妈妈还应注意下列几点：

- 最好先添加菜汁后添加果汁，并且每种吃3天就再换另一种。
- 果汁较浓时可以添加适量的水进行稀释，但6个月内的宝宝在喝果汁最好不要加盐和糖，除非宝宝不喜欢喝，可稍微加一点。
- 循序渐进，不可着急。如果宝宝坚持不吃，就暂时不喂了，以免宝宝产生厌烦情绪。
- 可创造一些良好的进食氛围以提高宝宝的进食欲望，比如给宝宝放他喜欢的音乐等。

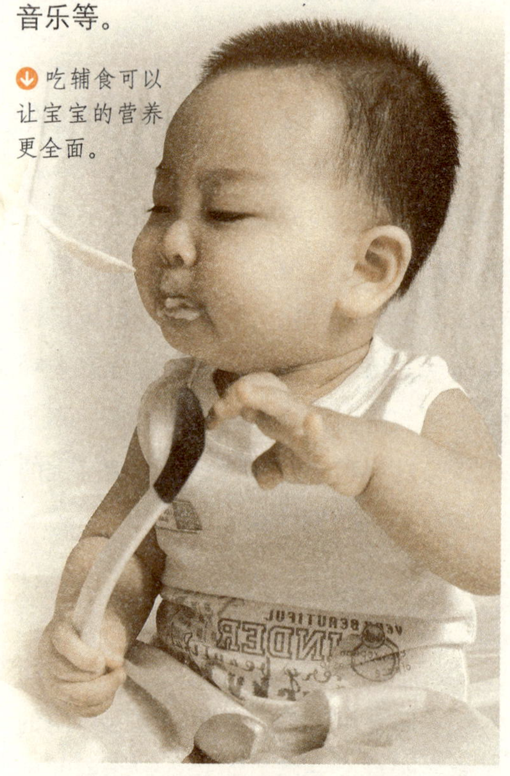

吃辅食可以让宝宝的营养更全面。

胎教早教一点通

添加辅食的原则

给宝宝添加辅食的原则可以总结为16个字：由少到多，由稀到稠，由细到粗，由此到彼。需要注意的是，无论新添加了何种辅食，父母都需密切注意宝宝的消化和排便情况，一旦发现异常，就要暂停两天或更换其他辅食。

父爱在宝宝EQ发展中的作用

长期以来，在对宝宝的抚养教育中，人们总习惯于强调母爱的力量。其实，父爱的力量同样也是伟大的。就像鸟儿起飞的两个翅膀一样，母爱和父爱都是宝宝健康成长所必需的条件，两者缺一不可。

但遗憾的是，生活在现代社会的男性却往往由于工作需要、认识不足等不能或不与自己的宝宝长时间待在一起，从而导致许多年幼的宝宝患上了“父爱缺乏综合征”。

“父爱缺乏综合征”的表现

- 婴儿期的宝宝容易烦躁不安、夜哭、睡眠质量不好、食欲减退；幼儿期的宝宝则经常情绪烦躁、做事缺乏耐心、好冲动等。
- 胆小、依赖、容易情绪沮丧，婴幼儿期时比别的宝宝更容易哭闹。
- 不喜欢交际，经常游离在集体之外，显得过于内向、缺乏自信。
- 感情比较冷漠，显得比较自私自利。
- 性格忧郁、自卑、孤独，年长后得精神类疾病的几率加大。
- 在性别意识和性别定位上经常出现一些问题。

父爱对宝宝的影响和作用

- 在宝宝眼里，父亲是力量的象征，是安全的化身，父亲角色的弱化和缺失，会给宝宝带来心理上的不安全感。而如果父亲能够经常与宝宝一起，让宝宝能够从父亲的关爱中体会安全，从父亲的行动中感受力量，则非常有利于他坚定、自信、果敢性格的养成。
- 父亲的形象在宝宝构建对性别的正确认知中发挥着重要作用。如果父亲角色缺失或弱化，则男性宝宝容易性格渐趋柔弱，缺乏阳刚之气；女性宝宝则会在以后与男性交往时表现出焦虑和无所适从。
- 父亲是培养宝宝学习健全家庭生活方式的第一任教师。有研究证明，如果父亲尊重母亲，以体谅、爱护、关怀、帮助的态度对待她，那么这个家庭中的男性宝宝将来也会以同样的态度对待异性。
- 父亲是影响宝宝IQ发育的重要因素。很多研究证明，父亲能够给予宝宝更丰富、更广阔的知识，可以培养宝宝的动手操作能力、创新意识，促进宝宝求知欲、好奇心的发展。一项追踪研究发现，凡与父亲在一起交往机会多的儿童，其IQ水平更高，尤其男孩更是如此。

看来，父亲在宝宝成长过程中的确

具有母亲无法替代的角色优势和影响作用。因此，一个称职的父亲，应该在追求事业成功的同时承担起关爱宝宝的责任，想办法多与宝宝相处，以促进宝宝的健康成长。

父亲应该怎么做

对于和宝宝生活在一起、可以天天见到宝宝的父亲来说，可以：

- 每天都花些时间跟宝宝一起做游戏。如果太忙，就利用上班之前、下班之后的时间抱抱宝宝，并尽量利用一切可以利用的时间和宝宝玩一会儿游戏。
- 无论妈妈是全职太太还是职业女性，都要给予父亲养育宝宝的机会，而不要因为父亲做事“笨手笨脚”就剥夺他照顾宝宝的权利。
- 尊重父亲对宝宝的养育方式，而不是动辄指手画脚，以便让父亲能够以他独特的“男子汉方式”来养育宝宝。

对于因夫妻两地分居等原因不能和宝宝生活在一起、不能常见面的父亲来说，可以：

- 利用假期多带宝宝玩耍。宝宝和父亲在一起时，妈妈可以多拍一些他和父亲玩耍的照片，在父亲不在的时候给他看。
- 平时父亲可以找机会多拍一些工作照或生活照，寄回来给宝宝看。
- 打电话时，不管宝宝会不会说话，都要跟他说上几句，以让他感觉到父亲虽然不在身边，但是他有一个真实的、非常爱他的父亲。
- 平常时妈妈可以经常给宝宝讲父亲的情况，即便他听不懂。
- 对宝宝的养育不要管得太细，而要尽量多带他玩一些带点冒险性质的游戏，还要鼓励宝宝大胆探索，以弥补缺乏父爱给他带来的缺憾。

父爱在宝宝的成长过程中也是不可缺失的，所以爸爸要抓住机会多同宝宝在一起玩玩游戏。

游戏对儿童成长的意义

游戏不仅仅是娱乐

教育家克鲁普斯卡娅说：“对孩子来说，游戏是学习，游戏是劳动，游戏是重要的教育形式”，我们决不能低估游戏对于儿童的重要性——这是一切学习的基础。即便是新生儿也能从游戏中获益。

医学与健康专家告诉我们：与儿童共戏可以使父母和孩子都保持情绪兴奋状态，它能激发体内细胞的活力，有益双方身心健康。

社会学家告诉我们：与儿童共戏可以培养孩子与父母的亲和力，影响他对身外世界和人际关系的认识。

心理学家告诉我们：与儿童共戏可以健全孩子人格，有助于开放性格的养成。

游戏是儿童的最佳学习方式

心理学家的实验表明，游戏是包含了多种认知成分的复杂的心理活动，是儿童的最佳学习方式。

游戏与观察

儿童在游戏活动中无时无刻不在观察着周围的环境和事物，丰富感性知识，使游戏顺利开展。游戏构成了发展儿童观察力的有效手段。

游戏与想象

儿童游戏中，想象的主要表现是联想。儿童所产生的新颖联想，能帮助儿童积极主动地解决问题，从而表现出极大的创造性。

游戏与记忆

由于大多数游戏都在一定程度上反映着儿童经历过的事件，因此需要儿童不断地有意回忆或追忆过去的事件。儿童在游戏中，往往是以记忆表象的方式保持过去的经历的。

游戏与思维

在游戏活动中，怎样确定游戏的主题、如何分配角色、每个角色的不同分工分别是什么、多个角色之间如何共同行动，如何把过去的经验与当前的情境结合，这一切需要儿童积极思考，不断解决问题。

附录一 想象力与智力

想象力是智力活动的翅膀

想象力的作用主要是创造新知识。智力要素中的观察力、记忆力、思维力在学习中的作用主要是获取知识。想象力是智力活动的翅膀，它能使人的智力活动展翅高飞，使人认识到无法直接感知到的事物与形象，使人看到宏观世界和微观世界，追溯过去，展望未来。

想象力是智力活动富有创造性的最基本的条件

人类从事任何活动，特别是创造性活动，都离不开想象。因为，只有展开想象力的翅膀才有可能构成关于活动本身以及活动结果的种种表象。

人类思想的进步、科学事业的发展以及丰富多彩的现代文明和现代社会，都离不开人的想象力。在创造性智力活动中，人们要揭示事物的本质，把握那些不能为人们直接感知到的事物的隐蔽联系，填补知识链条的空白，创造出不曾有过的新产品，就必须借助于想象去设计新产品的形象。

想象力对科学发展的重大意义

想象力是创造发明的向导，是人们向科学技术探索的先驱

科学史上许多重大发现、新发明和新创造都离不开想象，特别是离不开创造性想象和幻想。幻想被人们称作科学发明的翅膀。如：20世纪初，人们根据太阳的能源，曾设想在地球上模拟太阳中的热核反应来获得能量，这种想象，后来导致了氢弹的产生。

想象是知识进化的源泉，是重大科学理论的蓝图

世界上很多重大科学理论问题，在没有被人们理解和认识之前，总有一个假说阶段。科学家们总是以现有技术和理论为依据，通过想象进行假设，通过假设进行推

理，从而得到科学假说。然后通过实验和实践得到验证，便确立为新的理论。如爱因斯坦的相对论是从想象开始的。在他年轻的时候，就曾根据自己掌握的知识，想象到如果有人追上了每秒30万千米的光速将会怎样？如果有人坐在自由下落的升降机中将会看到什么？这在当时曾被人们看作是毫无意义的想象，而爱因斯坦却紧紧追逐着自己的想象，他沉溺于自己想象的研究十几年，终于发现了相对论，推动了现代科学技术革命性的发展。

想象给人以勇气，给人以力量，给人以智慧

列宁曾引用皮萨列夫的一段话议论想象：如果一个人完全没有幻想的能力，那我就真是不能设想，有什么刺激力量会驱使人们在艺术、科学和实际生活中从事广泛而艰苦的工作，并把它坚持到底。世界科学技术发展史上所记载的重大发明，都是科学家们产生大胆想象，并追逐着自己的想象不放，不顾一切地去推导和验证的结果。有人为了自己崇高的幻想，付出了毕生的心血，甚至不惜牺牲自己的生命。这么大的动力是从何而来呢，是为着追求真理，是幻想的刺激和驱使。如：达尔文为证实“通过自然选择的物种起源”的设想，突破了神造论的束缚，艰苦奋斗20多年，终于把自己的想象变成了轰动当时整个学术界的伟大理论——自然选择进化学说。

丰富的想象能促使人们更好地感知和观察

丰富的想象使感知敏锐、观察细致，而敏锐的感知和细致的观察又使人的想象更加丰富和深刻。如在18世纪欧洲纺织工业发展中，纺线满足不了织布的要求，人们正在研究如何提高纺线的效率。当过木工的纺织工人格里沃斯也在整天想象如何改进纺车。有一次他与妻子珍妮谈话，不慎碰翻了纺车，纺车的纺锤从水平位置变成了垂直位置，但轮子仍然带动着那根锭子飞快地转动着。这意外的现象使他灵感一动，想到如果把很多纺锤同时竖起来，不是一次可以拉出很多线吗？后来，他发明了提高效率8倍的纺车——“珍妮纺车”。

各种各样丰富的玩具可以激发宝宝的想象力，让宝宝在『类比』世界中更好地观察和感知世界。

附录二 不要用知识束缚孩子的想象力

在教育界经常会听到这样的评价：中国孩子的知识基础扎实，但想象力不足。那么，中国孩子的想象力到哪里去了呢？事实上，想象力是每个人都有的一种能力，并非伟人、奇人或者外国孩子所特有，但为什么中国孩子的想象力就是不足呢？

因为成人让他们过于相信知识，因为成人忽视了孩子的想象力，于是原本想象丰富的孩子变得不会去想象了，所谓“用进废退”，想象力就是这样在“不用中退化”了。今天，如果父母还相信“想象力比知识更为重要”，那么用智慧加以引导吧！

允许孩子奇思妙想

孩子虽然没有成人那么多的知识经验，但却可能更富有想象力，因为他们更少有固定的“答案”与“思维模式”。想象力成长所需要的土壤是宽容的、放松的、自由的与多样的。因此，如果孩子对一个你早已认为不是问题的问题思考时，请允许他的奇思妙想。

留给孩子想象的空间

现在大多数家庭都是独生子女，周围有太多相对孩子而“博学”的成人，很多时候，只要孩子问，成人就会赶快回答，生怕破坏了孩子的“求知欲”，结果孩子习惯于得到一个“标准答案”，而懒得去思考，更不要说去想象了。

向孩子提出“想象”的问题

激发孩子想象力的问题，往往是那些“开放式”的问题，是允许孩子自由发挥的问题，比如：爸爸陪孩子看有关飞机的图书时，这样问孩子：“你能想象未来的飞机是什么样的吗？如果让你造一架飞机，你会怎么造呢？会造出怎样的飞机呢？”孩子在思考和回答的过程中，定然会充分地发挥想象力。

附录三 0～3岁宝宝的游戏特点

1岁以前的宝宝

大多数喜欢缠着父母一起玩耍。这时父母应多陪宝宝做游戏，一方面可以在游戏中建立良好的亲子关系，另一方面陪伴宝宝玩耍时能教宝宝说话，帮助他把看到、听到、摸到、闻到、尝到的东西和父母所说的话联系起来，发展着他的理解能力。

1岁多的宝宝

父母可以鼓励宝宝把自己的玩具和别的小朋友交换，这时的宝宝总是眼馋别人的东西，一般比较乐于交换玩具，这会让他感受到与人相处的乐趣，也培养宝宝的社会适应能力。

2岁多的宝宝

虽然与小朋友玩耍时是以各自玩耍为主，但是宝宝会表现出更愿意在小朋友集中的地方玩，也表现出对别的宝宝所做游戏的兴趣。

这时宝宝一般也有了几个较为熟悉的、他能叫出名字来的小朋友，他也能根据自己的好恶和平时的接触对每个小朋友作出自己的评价，他会告诉你，他喜欢谁，不喜欢谁。自己不喜欢的小朋友就不愿意和人家玩，但一般不会有争吵和冲突发生。

3岁多的宝宝

这时的宝宝往往有了一两个关系更为密切的好朋友，更愿意和好朋友一起玩。这时的宝宝喜欢玩的游戏的内容增加了，想象和模仿能力增强了，逆反心理也有所增强，小朋友之间的争吵也开始出现了，一般是因为争玩具、游戏意见不和或者谁不和自己好了等等，这是宝宝社会性增强的表现，与宝宝这个年龄的思维方式有关。

附录四 母乳喂养与宝宝大脑发育

母乳具有代乳品无法替代的营养

出生以后至2个月左右的宝宝正处于脑细胞“突发生长期”的第二个高峰前夜。在此时，保证母乳喂养是促进宝宝脑发育的最重要因素。有研究显示，母乳已被发现有300种与宝宝生长发育密切相关的物质，是其他代乳品中所没有的。尤其是最近发现的对脑发育有特别作用的牛磺酸——一种婴儿必需的氨基酸，母乳中的含量是牛乳的10～30倍。因此，对宝宝来说，再也没有比母乳更好的天然营养食品了。

母乳喂养可对宝宝大脑发育形成良性刺激

除了“营养”的关系外，喂乳行为本身对宝宝的良性刺激也是促进宝宝脑发育的一个重要因素。母子在多种感官上的接触和亲近、彼此体温的感觉、母子间的声音交流、宝宝在母亲怀抱中所感受到的安全感以及由此所激发的母子间的交感反应，这对处在脑发育关键期的宝宝来说太重要了！实际上，母乳喂养是开发宝宝感知、激发其人类独具的感情和高级神经中枢的综合活动。

母乳喂养的情感作用不容忽视

母乳能降低宝宝的患病率、死亡率，减少营养不良的危险性，而且经济、方便、省时省力，真可谓是好处多多。除此之外，喂奶时，宝宝躺在妈妈的怀抱里，接触到妈妈温暖的肌肤，闻到妈妈身上熟悉的气味，还能再次听到早在子宫内就已熟悉的妈妈的心跳节律，再加上妈妈爱抚的动作和温柔的言语，这一切都会让宝宝感受到母爱，产生愉快的情绪，有利于培养母子之间的良好关系和深厚情感。

如果确实无法给宝宝喂奶，那一定要在保证宝宝营养的同时给宝宝更多的母爱，以弥补人工喂养的缺陷。如喂奶粉时也要像喂母乳一样怀抱着宝宝，以尽量缩小人工喂养与母乳喂养之间的差别，使宝宝也能像母乳喂养儿一样身心愉快、健康成长。

附录五 影响宝宝IQ、EQ的营养素和饮食方法

关注“聪明元素”——碘

在人体所需的各种营养素中，对IQ影响最显著、最直接的是碘元素，因为以碘为主要元素合成的甲状腺激素可直接影响脑细胞的发育和增生。宝宝补碘有以下4诀窍：

- 母乳喂养的宝宝尿液碘水平会高出其他方式喂养的宝宝1倍以上，因此母乳喂养是补碘的良好途径。
- 海产品的含碘量最高，所以如有可能，妈妈可以每周都给宝宝安排吃1～2次海产品。
- 为宝宝选购含碘的婴幼儿配方食品，以免宝宝体内碘量不足。
- 坚持使用食用碘盐烹调食品。

蛋白质能促进宝宝语言能力的发育

语言能力较其他方面更能反映宝宝的IQ水平。在提高宝宝语言能力的众多方法中，最重要的一条是保证宝宝获得足够的滋养大脑神经的物质，以促进其语言中枢的正常发育。而占脑干重量30%～35%的蛋白质在促进语言中枢发育方面起着极其重要的作用。因此，宝宝应摄食足够的优质蛋白质。

大豆富含优质蛋白质，而且是植物中唯一类似于动物蛋白的完全蛋白质。并且，大豆蛋白不含胆固醇，还可降低人体血清中的胆固醇，这一点显然又使它优于动物蛋白。因此，可以经常给宝宝补充豆类食品及各种豆制品。

胎教早教一点通

大豆的食用方式影响蛋白吸收

人体对大豆蛋白的吸收多少跟食用方式有关，其中，对干炒大豆的蛋白消化率不超过50%，煮大豆也仅为65%，而制成豆浆，蛋白消化率则高达95%左右。因此，每天喝一杯豆浆不失为摄取优质蛋白的一个有效途径。

钙是宝宝动作能力发育的重要营养素

钙不但是构成人体骨骼的主要成分，也对人体的循环、呼吸、神经、肌肉、骨骼等各系统的正常生理功能起着重要的调节作用。有关研究表明，人体神经细胞在代谢的过程中，蛋白质等的代谢所需要的多种酶和激素均需在钙离子的激活下才有生物活性。钙的来源以奶及奶制品为最好，奶类不但含钙丰富，且吸收率高，是补钙的良好来源。蛋黄和鱼贝类含钙很高，蛋黄一般每100克含钙100毫克以上；泥鳅每100克含钙299毫克；蚌、螺含钙量每100克达2458毫克；虾皮含钙也极高，每100克达991毫克；植物性食物以干豆类含钙量最高，尤其是大豆制品，最高可达每100克含钙1019毫克，一般含量也达每100克100～400毫克。

胎教早教一点通

菠菜影响钙的吸收

食用一些含草酸、植酸较多的绿色菜如菠菜等时，需要先用开水烫，然后再食用，否则会影响钙的吸收。

适当的辅食有助宝宝IQ

可以添加辅食的时间

宝宝4个月时，母乳尚不能完全被其他食品代替，而是：

- 只要还有母乳，即使上班后也要每天坚持喂宝宝3次，不足的次数再用母乳化奶粉或牛奶替代。总共喂5次，同时要观察宝宝的大便情况。
- 可在喂奶间开始添加辅食，如蛋黄，研碎后用小勺喂；水果泥，将水果切碎碾成泥后用小勺喂。此外，还需要给宝宝继续补充服用浓缩鱼肝油滴剂及果汁水。
- 如母乳不能满足宝宝需求或根本没有母乳时，可完全改用人工喂养，每天5次，每次1瓶。并同时开始添加辅食，如蛋黄、水果泥等。

必须添加辅食的时间

宝宝5个月以后，乳类虽然还是他最好的食品，但完全用母乳喂养已不能满足其生长发育的需要，这时添加辅食已经成为宝宝营养需求的必需。

- 此时开始添加辅食，除可为宝宝补充更充足的营养外，也会使其对断奶做好心理准备。

- 添加辅食的原则是由稀到稠、由少到多、由细到粗、由一种到多种，并且要根据宝宝的消化情况而定。

正确补充益智食品

所谓“益智食品”并不是指某一种食品，也不是指某一种营养成分，而是一种平衡的营养状态，是需要父母认真加以选取，并给予合理组合的。父母可以按照下列提示并针对宝宝的具体情况给予补充：

- **富含优质蛋白质**：蛋类、乳类、鱼类、禽类、瘦肉及大豆类。
- **富含不饱和脂肪酸**：植物油、葵花籽、南瓜籽、花生、西瓜籽、核桃、鱼、虾等。
- **富含脑磷脂**：猪脑、羊脑、鸡脑等。
- **富含卵磷脂**：鸡蛋黄、鸭蛋黄、鹌鹑蛋黄、大豆及其制品。
- **富含维生素A**：动物肝脏、乳类、蛋类及胡萝卜、韭菜、海带和黑木耳。
- **富含维生素C**：鲜枣、猕猴桃、柑橘、柠檬、柚子、菜花、绿叶蔬菜、辣椒、西红柿等。
- **富含维生素D**：谷类、豆类、花生、核桃、芝麻、香菇、蔬菜、蛋类、奶类、猪瘦肉、动物脏腑类、酵母、鳝鱼等。

营养均衡与宝宝IQ发育

食物是保证合理营养的物质基础，但每种食物所含的营养素都不同，并且没有任何一种天然食物能包含人体所需要的全部营养素。因此，只有保证宝宝食物的品种多样化，使热量和各种营养素均数量充足、比例恰当，才能使宝宝健康成长。总而言之，只有营养均衡，宝宝才能更好地生长发育。

保证宝宝营养均衡需要做到以下几点：

- 培养宝宝良好的饮食习惯，以使其保持较好的食欲，避免挑食、偏食和吃过多的零食。
- 要实现食物的多样化，并让宝宝尽早尝到同一类食物的不同口味。
- 3岁以下的宝宝要以奶制品为营养“底座”，同时适量补充其他食品。
- 不可强迫或哄骗宝宝进食，不可鼓励宝宝快速进食，也不可不分时间、场合地给宝宝吃食物，以免干扰宝宝自身的调节系统，使他失去食欲。
- 控制总量，营养不过量。过度喂养、喂养不足等都会影响宝宝的正常生长发育，因此在吃的问题上，“总量控制”是关键。父母们可以查阅相关标准，争取将宝宝每日的热量总摄入量控制在一个合乎其生理需要的范围之内。

附录六 精心呵护患病的宝宝

宝宝发烧的护理

日常生活中，宝宝时常会出现发烧现象，这可能与宝宝抵抗力下降有关。除了服药打针，父母还应学会正确的护理方法。

测量体温

如果感觉到宝宝的头部发烫，应给他测量体温。可选择腋下体温计、肛门体温计或婴儿专用体温计。一般来说，宝宝的体温超过37.5℃，怀疑发烧；超过38℃应认为发烧了。

如果体温在37.5℃～38.5℃之间、精神状态良好，应每小时测量体温1次，做好记录，密切观察；如精神萎靡、体温不高，应及时去医院诊治；如果体温超过38.5℃，应立即找儿科医生诊治。当宝宝发烧时，有的父母会给宝宝捂太多太厚的被褥，以便发汗、退烧。其实，这样做不仅不容易退烧，而且还会因出汗过多，出现脱水现象，危及生命。

提高宝宝抗病能力

新生儿的抗病能力是比较强的，因为新生儿从母体中获得了较多免疫球蛋白，这些免疫球蛋白可以抵抗常见细菌和病毒的侵袭。从免疫能力形成来看，6个月～3岁以内是宝宝抗病能力最低的时期，容易患感冒等感染性或传染性疾病。针对上述情况，父母要适时制定计划免疫，合理安排宝宝的饮食，多晒太阳，适当补充维生素A和维生素D，这样能够促进宝宝免疫系统成熟，减少宝宝患病概率。

给宝宝喂药的方法

宝宝生病了免不了要吃药。对父母来说，给宝宝喂药可是一件十分艰难的任务，因为，几乎所有的宝宝都不喜欢吃药。这需要父母掌握正确的喂药方法，给宝宝及时喂药，尽早治愈疾病。

不可粗暴强硬

有的父母在劝说无效时，便采取“强硬措施”，如按住宝宝的双手，捏住鼻子，在宝宝张口呼吸或哭闹时，把药灌进宝宝嘴里。这种做法是极不妥当和不安全的，很容易呛到宝宝。

正确的喂药方法

通常，苦药粉可加糖水喂服。如果是药片，首先将它碾碎，再加糖水或罐头水喂服。喂药时，将宝宝抱在怀里，呈半卧位姿态，妈妈先用一只匙子压住宝宝舌头中部，爸爸则用匙将药液送入舌头后部，喂完药后再喂点糖水，把宝宝抱起来轻轻拍打背部。喂药之前，最好不要让宝宝吃东西，免得服药后引起反胃、呕吐。喂药一定要按时按量，不可中断，也不可随意漏服或加服，否则将达不到治疗的目的，且会引起不良后果。

切忌用茶水送服

切忌用茶水给宝宝喂药。因为茶中有一种叫鞣酸的物质，会与药物中所含蛋白质、生物碱或金属盐等成分起化学反应，生成不易溶解的沉淀物，影响人体吸收，降低疗效。如加了糖水等饮料，宝宝仍拒绝服药时，可将药放在粥里再喂。

头部外伤的护理

宝宝头部外伤后，父母要采取科学的护理方式。头部外伤轻微，只是头上出现肿块时，早期可用浸透水的小毛巾拧干后冷敷，也可用湿布把水袋包好，放在青肿脸部位15～30分钟，防止伤口肿胀。

伤口出血时，用一块消毒后的纱布或毛巾按住伤口，用力压迫10分钟左右，然后用一块大纱布将受伤部位包扎好，以达到止血的目的。如果头皮有裂伤，应立即送医院进行处理。

在宝宝受伤后24小时内，要密切观察孩子的表现，如果出现嗜睡、呕吐、易怒、抽风、脸色苍白、发呆、言语模糊或不连贯、鼻子或耳朵渗出液体或血水等症状，应立即送孩子上医院。如果头部受到较重撞击后没有出现明显的症状，应让孩子卧床休息，每隔3小时叫醒孩子一次，如发生昏迷，应立即送医院急救。

严重头外伤引起大量出血时，不能施压阻止出血，以免把创口里的颅骨碎片或其他异物压入脑里，可用一块垫布轻轻绑在孩子伤口上，立即送宝宝去有脑外科的医院进行治疗。有淡黄色或带血液体从鼻子或耳内流出时，不要去阻止液体的外流，可用一块纱布垫在宝宝耳部或鼻部吸收流出的液体，并立即送宝宝去医院就诊。

家用简易小药箱

在家中为宝宝备一些常用的中药和西药，当宝宝有些轻微不适时，父母就不必慌张地跑医院。当然，家里备的药物只能用在宝宝病情较轻的时候，一旦病情变化或严重，一定要及时到医院看诊治，以免延误病情。

选药原则

- 选择不良反应少的药品，以上市时间长的药为主，尽量避免选择新药。
- 选择服用方便的药品，如片剂、颗粒剂、口服液、滴眼剂等剂型。
- 选择大型药品企业、名牌企业生产的药品，其生产的药品，质量和疗效都更有保障。

常备药品

- **外用药**：碘酒1瓶，用于消毒；外用止血、止痛药（如云南白药）、润滑肛表用的凡士林（1小盒）；清凉油、万花油、皮炎平等，这些药品用处也较大。
- **眼药水**：如氯霉素眼药水，用于眼角膜炎、沙眼等。
- **口服药品**：一般情况下备齐以下几类就可以了。

1.感冒类药：如速效伤风胶囊、感康等。

2.解热镇痛药：如阿斯匹林。

3.胃肠道药：中成药常备霍香正气丸、胃乃安、正露丸等，西药常备胃康U、易蒙停等。

4.抗菌素药：此类药都为处方药，不良反应较大，应在医生指导下使用。

存放药品，要做到避光、防湿、防热、密封。药品最好装在深色或棕色瓶内，置于干燥通风处，拧紧瓶盖。一定要注意药品出厂日期及有效日期。如药品出现变色、霉变或超过有效日期，就应弃之不用。

千万不要“久病成良医”，乱给宝宝吃药。

附录七　生活中对宝宝造成威胁的安全隐患

- **浴缸**：浴缸里的水深虽然只有10厘米，但也足以使小婴儿溺毙。因此，在不洗澡的时候，一定要保证浴缸里没有水。另外，在洗衣机附近更不要放置可以垫脚的东西。
- **楼梯**：现在家中有楼梯的家庭越来越多，有时一不注意，宝宝就摸爬到了楼梯上，这很容易造成宝宝从楼梯上滚落下来，因此有条件的话最好在楼梯处装上安全栏杆，防止宝宝攀爬。
- **床铺、沙发椅**：成长快速的宝宝，不知何时已经学会翻身，如让宝宝在沙发或床上睡觉，记得一定不要只留下他单独一人。最安全的宝宝睡觉场所应该是装好围栏的婴儿床。
- **电源插座**：如果把手指或物品插入电源插座，就有触电或短路的危险。现在市面上有卖安全插座和插座挡板，有宝宝的家庭可考虑购买使用。
- **门、窗**：手指被门夹住是婴幼儿的常见危险之一，在开关门时必须先确认宝宝的方位，为了保险起见，也可以到市面上购买安全挡门器。
- **厨房**：经常在厨房劳作的人通常都是与宝宝最亲近的人，因此宝宝的好奇心也最容易在厨房里得到满足。但厨房里的器具真的样样都危险，因此，在宝宝未满3岁以前，应尽量避免让宝宝进入厨房，更不可带着宝宝炒菜、做家务。
- **柜子**：宝宝很容易被装饰柜子里的东西所吸引，但如果宝宝自己去打开，就很容易被夹住手。因此，最好锁上柜子，不让宝宝能轻松地打开柜门。
- **桌子**：现在市面上出售各种边角防护套，因此可以把家里有角的东西套起来，以免孩子撞伤或擦伤。当孩子想拿到桌子上的东西时，会去拉桌布，这样就很容易被砸到或被热食烫伤，因此最好不要在桌子上铺桌布。
- **婴儿车**：年龄尚小的宝宝经常会做出一些意想不到的动作，哪怕坐在婴儿车里，只要不系好安全带，他也许就会蹬蹬腿、站起来。因此，让宝宝坐婴儿车时一定要系好安全带。
- **自行车**：用自行车带宝宝，一直就是比较危险的事情，特别是年龄较小的宝宝，他们容易在自行车行驶途中将小脚伸进轮子里。此外，严禁父母为了图方便将宝宝独自一个人留在自行车座椅上停在路边，翻车事故的后果不堪设想！

图书在版编目(CIP)数据

胎教早教益智游戏同步百科／中国早教网编著.
—北京：中国人口出版社，2011.10
(幸福摇篮系列)
ISBN 978-7-5101-0898-3

Ⅰ.①胎… Ⅱ.①中… Ⅲ.①胎教-基本知识②早期教育-基本知识
Ⅳ.①G61

中国版本图书馆CIP数据核字（2011）第200373号

胎教早教益智游戏同步百科

中国早教网　编著

出版发行	中国人口出版社
印　　刷	北京朝阳新艺印刷有限公司
开　　本	787毫米×1092毫米　1/16
印　　张	16
字　　数	200千字
版　　次	2011年10月第1版
印　　次	2011年10月第1次印刷
书　　号	ISBN 978-7-5101-0898-3
定　　价	26.80元
社　　长	陶庆军
网　　址	www.rkcbs.net
电子信箱	rkcbs@126.com
电　　话	(010) 83534662
传　　真	(010) 83519401
地　　址	北京市宣武区广安门南街80号中加大厦
邮　　编	100054